RECUEIL
ALPHABÉTIQUE
DES
DROITS DE TRAITES.

Q = Z

RECUEIL

ALPHABÉTIQUE

DES DROITS

DE TRAITES UNIFORMES,

DE CEUX

D'ENTRÉE ET DE SORTIE

DES CINQ GROSSES FERMES;

DE DOUANE DE LYON ET DE VALENCE, &c.

PRÉCÉDÉ

D'OBSERVATIONS sur ces Droits & les cas où ils sont exigibles ; sur le Commerce des Isles Françoises, de Guinée & de la Compagnie des Indes, les Privileges des Villes & Foires, &c. Suivi du Réglement général du dernier mai 1607, du Titre commun & de l'Ordonnance de 1687, avec leur Commentaire.

____

TOME QUATRIEME.

____

1786.

RÉGLEMENT

GÉNÉRAL

DU CONSEIL,

Du dernier mai 1607;

SUR LES TRAITES.

SUR ce qui a été repréfenté au roi en fon confeil, par Me Charles Duham, fermier général des cinq groffes fermes de France, la douane de Lyon y comprife ; qu'encore que les édits & ordonnances, déclarations, arrêts & réglements faits & donnés concernant lefdites fermes, faffent évidemment voir que les rois, prédéceffeurs de fa majefté, ont cidevant eu un foin particulier des droits d'icelles, reconnoiffant bien que ce font les plus anciens

& les plus légitimes revenus de l'État, & ceux qui font le moins à charge à leurs fujets : néanmoins depuis plufieurs années, les officiers qui les ont adminiftrées, auffi bien que les fermiers qui les ont tenues à ferme , ont tellement négligé de les faire valoir, & exécuter lefdits édits & ordonnances dans leur févérité, que ce manquement a donné une telle licence aux marchands, que la plupart d'iceux font fortir leurs marchandifes & denrées dans les pays étrangers, & provinces réputées étrangeres , & les en font venir, fans fe foucier prefque de payer lefdits droits : & fi quelquefois les commis & gardes du fuppliant les faififfent, les juges fouverains & inférieurs, font fi indulgents à l'avantage des marchands, au préjudice defdits droits, que contre les défenfes fi expreffes contenues en icelles, ne fe foucient nullement, par leurs arrêts & jugements, de les renverfer : que s'il n'y eft pourvu promptement par l'autorité de fa majefté, elle verra dans peu, que fefdits droits, dont a été fait un fi rare & fingulier état, fe réduiront à fi peu, qu'à peine vaudront-ils les frais. A CES CAUSES, icelui Duham requéroit qu'il plût à fa majefté, pour rétablir lefdites fermes, remettre lefdits édits & ordonnances d'icelles en leur vigueur, de faire un réglement général, ferme, folide & conforme à icelles, afin de donner de la crainte à ceux qui les méprifent, & fermer la porte à la fraude aux fufdits droits, & contraventions journalieres qui fe font à iceux. VU tous les fufdits édits, ordonnances, déclarations & réglements faits depuis les années 1369 & 1376 jufques à préfent, étant en un gros cahier; baux & tarifs faits enfuite; plufieurs arrêts & jugements contraires à icelles, & autres pieces. Après avoir ouï le rapport des fieurs confeillers d'état, commiffaires à ce députés; & tout confidéré : LE ROI EN SON CONSEIL, ayant égard auxdites remontrances, & voulant remettre les fufdits édits & ordonnances des rois fes prédéceffeurs en leur luftre & vigueur, réprimer les abus & défordres qui s'y font gliffés par le paffé, & établir un bon ordre à l'avenir, a ordonné & ordonne :

ARTICLE PREMIER.

QUE, fuivant & conformément à icelles, toutes les marchandifes & denrées qui feront tranfportées de France dans les pays étrangers, ou provinces du royaume, où les bureaux, pour la perception des droits defdites fermes, ne font établis, paieront les traites foraines & domaniales dus pour icelles; comme auffi celles qui en viendront, paieront les droits d'entrées, fuivant les baux, pancartes & tarifs d'icelles fermes, à peine de confifcation defdites marchandifes & denrées, & des navires, vaiffeaux, bateaux, chevaux, charrettes & équipages, & d'amende arbitraire.

LES difpofitions de cet article ont été répétées par l'article 1er. du titre 1er. de l'ordonnance de 1687; mais l'article 1er. du titre 2, au ieu de laiffer arbitraire l'amende à prononcer en cas de contravention, l'a fixée à 300 liv.

I I.

QUE lefdits droits feront payés; favoir ceux de fortie, aux premiers & plus proches bureaux des enlevements & chargements; & pour ceux de l'entrée, au premier & plus proche bureau de l'entrée, fans fe pouvoir excufer par les marchands, leurs facteurs & voituriers, fur les bureaux qui font les plus avancés, foit en fortant ou entrant; & en cas qu'il n'y foit fatisfait, le tout fera faifi, & procédé à la confifcation, comme dit eft.

CES difpofitions font répétées dans l'article 1ᵉʳ. du titre 2 de l'ordonnance de 1687.

I I I.

VEUT & entend fadite majefté, que de tous les fufdits droits, aucunes perfonnes, quelles qu'elles foient, provinces, villes, bourgs, paroiffes & communautés, princes & feigneurs, gentilshommes, nobles, religieux & autres, foit de leur crû, concrû, pour leur provifion, fervice, ufage ou autrement, n'en feront exempts; ains que nonobftant tous les privileges qu'ils pourroient prétendre & avoir, qu'iceux droits feront payés, & par corps; pour lequel payement, en cas de refus, les receveurs & commis du fermier, pourront décerner leurs contraintes contre les redevables, comme pour les deniers & affaires de fa majefté.

LA premiere partie de cet article eft confirmée par l'article 1ᵉʳ. du titre 1ᵉʳ. de l'ordonnance de 1687; l'autre par l'article 14 du titre 2.

I V.

ET d'autant que les marchands, leurs facteurs, voituriers & conducteurs defdites marchandifes & denrées, pour frauder lefdits droits,
prennent fouvent des voies & chemins détournés, qui ne vont & n'aboutiffent pas droite-
ment aux bureaux defdites fermes, fa majefté
veut & ordonne, qu'ils tiendront & garderont
les chemins & paffages où font & feront établis iceux bureaux, déclarant tous autres chemins faux & obliques, & comme tels prohibés
& défendus ; avec défenfes d'y paffer, ni vo-
guer, ni marcher de nuit, le tout aux mêmes
peines.

CES difpofitions font l'objet de l'article 23 du titre 2
de l'ordonnance de 1687 ; il étend la défenfe de paffer
par des chemins obliques, au jour comme à la nuit.

V.

VOULANT, en outre, que lefdites marchandifes & denrées, foient directement conduites
& déchargées auxdits bureaux, & là y faire
leurs déclarations précifes & certaines, comme
fera dit ci-après, & y payer les droits dus ; &
tous entrepôts défendus, en quelques lieux
que ce foit, à peine de confifcation & d'amende.

L'OBLIGATION de conduire les marchandifes directement au bureau, a été rappelée par les articles 1er. & 2
du titre 2 de l'ordonnance de 1687.

V I.

ET pour éviter, autant qu'il fe peut, les
fraudes, abus & malverfations qui fe commet-

tent journellement aux fufdits droits, par lefdits marchands, leurs facteurs & voituriers, en ce qui regarde & concerne les déclarations qu'ils doivent faire, fadite majefté a ordonné & ordonne, qu'auparavant l'ouverture des balles ou ballots, & vifites des marchandifes & denrées étant dans iceux, ils feront tenus de bailler & mettre ès mains des commis defdits fermiers, un inventaire-mémoire, ou facture, figné d'eux, contenant au vrai, & fans aucune fuppofition ou déguifement, toutes & chacunes les marchandifes & denrées qu'ils tranfportent ou conduifent, par poids, par nombre, ou quantité & qualité, fans aucune chofe en réferver ; après lefquelles déclarations, mémoires, factures ou inventaires ainfi baillés, fi, lors de la vifite qui fe fera, il s'en trouve autre ou plus grande quantité, ou que l'une fût fuppofée ou déguifée pour l'autre, en ce cas, le tout fera & demeurera confifqué au profit d'iceux, & les fraudeurs condamnés en l'amende.

On a toujours eftimé qu'il importoit de faire précéder les vifites des déclarations exactes. Auffi ce qui a été prefcrit, à cet égard, par l'article ci-deffus, a été de nouveau ordonné par les articles 3, 4, 5 & 8 du titre 2 de l'ordonnance de 1687 ; mais l'article 13 du même titre n'a prononcé, en cas d'excédant, que la confifcation de la marchandife excédante, au lieu de celle de la totalité du chargement voulue par l'article ci-deffus.

V I I.

ET comme affez fouvent, lorfque les marchands & propriétaires defdites marchandifes & denrées, fe voyant furpris en fraude defdits droits, ou contraventions auxdits édits & ordonnances, s'excusent sur leurs facteurs, serviteurs ou voituriers ; a sadite majesté ordonné & ordonne, que si les déclarations faites par iceux sont fausses, supposées & non véritables, que les propriétaires desdites marchandises & denrées en feront & demeureront garants & responsables, comme si eux-mêmes les avoient faites & baillées, & que les marchandises feront pareillement saisies & confisquées, avec les vaisseaux, charrettes & équipages.

La garantie prononcée par cet article, a été répétée par l'article 19 du titre 14 de l'ordonnance de 1687.

V I I I.

Et quant aux marchandises & denrées qui font transportées aux frontieres de ce royaume, & ès villes, bourgs & villages qui font situés aux limites d'icelui, & au-de là des bureaux desdites fermes, fous faveur des acquits à caution, que les commis délivrent journellement aux marchands & particuliers, habitants desdits lieux, pour les chofes qu'ils difent être pour leurs provifions & subfiftances, lefquelles y étant déchargées, en rapportent certificat de la defcente; mais affez & trop fouvent, à caufe de la proximité defdites frontieres avec les pays étrangers, ils les y transportent facilement, & par ces moyens iniques, fraudent lefdits droits, à la ruine des fufdites fermes : defirant fa majefté y pourvoir, ou au moins y apporter toutes les précautions requifes, a ordonné & ordonne, que dans le temps qui fera préfixe & limité par iceux acquits, auxdits marchands & particuliers, habitants defdites frontieres, ils rapporteront à iceux commis, certificats en bonne & due forme, foit des commis defdites fermes, s'il y en a, ou des notaires, maires, échevins, fyndics ou curés defdites frontieres, comme lefdites chofes y auront été déchargées, ufées & confommées, & non tranfportées hors de France, à l'exception des vins dont il fera parlé ci-après. Pour le regard defquels vins, veut & entend fadite majefté, que les commis du fermier les marquent d'un fer chaud, où il y aura une fleur de lis, ou les rouaneront, à leur choix & option, en plufieurs douves des futailles; lefquels vaiffeaux & futailles, lefdits marchands & habitants, propriétaires & autres qui les auront pris par acquit à caution, feront tenus & obligés, & par corps, de les exhiber & repréfenter auxdits commis, lorfqu'ils feront leurs vifites & les en requerront; au défaut de quoi, lefdits vins ou la valeur d'iceux, feront confifqués au profit defdits fermiers, & les contrevenants condamnés en amende.

LES difpofitions de cet article, quant aux acquits à caution, font plus détaillées dans le titre 6 de l'ordonnance de 1687 ; & celles relatives aux inventaires des vins, font l'objet du titre 7.

I X.

FAIT fa majefté défenfes fur les mêmes peines, à tous marchands, meffagers, maîtres des coches, voituriers, rouliers & autres, d'enlever ni tranfporter des marchandifes & denrées, des villes & lieux où il y a des bureaux éta-

blis, & même d'entrer ou paſſer de province
en province, ſans prendre un paſſavant, ni
d'approcher plus près de la frontiere des pays
étrangers, & provinces où ne ſont établis leſdits bureaux, que de quatre lieues, ſans être
porteurs & garnis d'un acquit à caution, qu'ils
prendront aux premiers & plus proches bureaux où ils paſſeront ; lequel ils repréſenteront
de bureau en bureau, & le laiſſeront au dernier
ſans en abuſer, ſur ſemblables peines.

Voyez l'article 10 du titre 2 de l'ordonnance de 1687
pour les marchandiſes enlevées des lieux où il y a bureau, & le titre 6 pour les acquits à caution.

X.

Et parce que pluſieurs marchands, à deſſein
de frauder leſdits droits, font des magaſins &
entrepôts de quantité de marchandiſes, aux
villes & lieux approchants des frontieres des
pays étrangers, ou provinces réputées telles,
pour de là les tranſporter plus facilement à
l'étranger, ou aux ſuſdites provinces, ſans rien
payer ; ſadite majeſté a d'abondant, fait & fait
défenſes à tous marchands, leurs faĉteurs ou
autres, de faire aucuns magaſins ou entrepôts
de marchandiſes & denrées au-de là deſdits
bureaux, ni plus proches des ſuſdites frontieres
de quatre lieues, ſur ſemblables peines.

Voyez pour la défenſe de former des entrepôts dans
les quatre lieues de la frontiere, l'article 7 du titre 9 de
l'ordonnance de 1687.

X I.

Et comme ſadite majeſté a une ample connoiſſance, ainſi qu'elle a fait voir par les baux

précédents des fufdites fermes, que les officiers
en titre font non-feulement inutiles, mais de
plus nuifibles au bien defdites fermes, a fait
& fait défenfes à tous juges & leurs lieutenants,
receveurs, contrôleurs, gardes & greffiers, de
s'entremettre en l'exercice defdites charges, ni
de s'immifcer en l'adminiftration defdits droits,
fi ce n'eft du gré & confentement defdits fermiers.

La liberté laiffée par cet article & par le fuivant, au
fermier, ou, pour mieux dire, à fes commis, de choifir
les juges des droits, pouvoit occafionner des abus plus
grands que ceux que l'on avoit en vue de réprimer. Ces
juges ont été défignés par l'article 1er. du titre 12 de l'ordonnance de 1687.

X I I.

Et afin que prompte juftice puiffe être faite,
de ceux qui feront furpris en fraude des fufdits
droits, & contreviendront aux fufdits édits &
ordonnances, fadite majefté veut & entend,
qu'auffi-tôt icelles fraudes & contraventions
découvertes, que les commis & gardes defdits
fermiers en dreffent fur le champ les procès
verbaux de faifie véritables, auxquels ils feront
figner ou interpelleront de figner les parties
faifies ; & auxquels procès verbaux ainfi faits,
fa majefté ordonne foi y être ajoutée ; ce fait,
& auffi-tôt les porteront pardevant les premiers
& plus proches juges des lieux, ou pardevant
tels autres que lefdits fermiers voudront nommer & choifir, foit juges royaux, gradués ou
autres, à leur choix & option ; lefquels, à caufe
que lefdites fraudes aux fufdits droits, & con-

traventions auxdites ordonnances, feront réputées autant de crimes & délits, procéderont
fommairement & extraordinairement , & dans
le plus bref temps que faire fe pourra, au jugement d'icelles faifies : & que les fentences &
jugements qui feront par eux rendus, portant
condamnations defdits droits, amendes & confifcations feront exécutés par provifion, nonobftant oppofitions ou appellations quelconques
aux cautions fournies par lefdits fermiers, pour
l'exécution de leurs baux. Et pour le regard
des fentences criminelles , portant condamnation de peines afflictives , feulement fera différé
à l'appel, fi aucun eft interjeté. Les appellations
de toutes lefquelles fentences & jugements ,
reffortiront directement audit confeil , avec
défenfes à toutes les cours fouveraines & autres
juges de ce royaume, d'en prendre ni prétendre aucune connoiffance , fur les peines qui y
appartiennent.

Voyez ce qui a été dit fur l'article 11 , de la faculté
accordée au fermier de fe donner des juges. Quant aux
formalités des procès - verbaux , elles ont fait l'objet du
titre 11 de l'ordonnance de 1687.

X I I I.

Lesdits édits & ordonnances , voulant de
tout temps que les provinces de ce Royaume
qui font la Bretagne, la Guyenne, le Languedoc, Provence, Dauphiné, Metz , Toul, Ver-
dun , Limofin, Auvergne, la Marche , Com-
brailles , Angoumois , Perigord , Quercy .
Forez, Beaujolois, & autres où ne font établis

iceux Bureaux, & où ne fe levent lefdits droits, foient & demeurent reputées & cenfées comme étrangeres, par ces raifons effentielles, que la plûpart des habitants d'icelles trafiquent avec les étrangers, & dans beaucoup de provinces où ne font, comme dit eft, lefdits bureaux établis, le tout fans rien payer. Sadite majefté a ordonné, que les fufdites provinces les fouf-friront & en feront les établiffements aux fron-tieres d'icelles, qui bornent lefdits pays étran-gers, à leur pourfuite & diligence, dans fix mois du jourd'hui ; finon après ledit temps paffé, que tout ce qui y fera tranfporté, des provinces qui ont reçu lefdits bureaux, ou viendra en icelles, paiera les fufdits droits d'entrée & fortie, comme fi les marchandifes & denrées alloient & venoient defdits pays étrangers ; & à ce défaut, que le tout fera faifi & confifqué avec amende & dépens.

CET article avoit offert aux provinces qui y font dé-nommées, de recevoir les bureaux ; & à cette condition, elles auroient été comprifes dans l'étendue des cinq groffes fermes. Toutes s'y font refufées, à l'exception du Beau-jolois, encore ne s'y eft-il déterminé qu'en 1717.

X I V.

ET pour le regard des droits d'entrée des drogueries & épiceries, ordonnés être levés ès années 1545 & 1549, comme auffi les droits de la traite-domaniale, établis ès années 1577 & 1580, & les édits & ordonnances, qui por-tent défenfes de tranfporter hors de France, l'or & l'argent, bagues, joyaux, & autres chofes défendues; enfemble ceux concernant la douane de Lyon, établis ès années 1540, 1564, 1566, & autres : sadite majesté veut & ordonne, que les édits & déclarations d'icelles, soient gardés & observés , & exécutés de point en point selon leur forme & teneur ; avec défenses à toutes personnes d'y contrevenir sur les peines y portées. FAIT au conseil d'état du roi ; tenu à Fontainebleau, le dernier jour de mai mil six cent sept.

TITRE COMMUN de l'ordonnance du mois de juillet 1681, pour toutes les fermes, avec son commentaire.

ARTICLE PREMIER.

DÉFENDONS à tous nos officiers, aux fermiers & sous-fermiers de nos droits, & aux redevables, de former ou recevoir aucun débat contre les fixations faites par ces présentes , & par nos réglements des mois de mai & de juin 1680, & les tarifs attachés sous le contre-scel , sous prétexte de calcul ou autrement ; dans lesquelles fixations, déclarons y avoir compris les parisis, sous & six deniers.

LA fixation des droits ne peut être susceptible d'aucune contestation. Il est également défendu au fermier & au redevable d'en former à ce sujet, & au juge de les admettre. Les droits, en effet, quant à leur quotité, n'ont d'autre titre que la volonté du souverain : il suffit qu'elle soit clairement exprimée ; il n'est point permis d'en rechercher le motif, ou du moins de prétendre s'en faire un prétexte pour difcuter cette quotité. Cette légiflation eft totalement réfervée au fouverain : elle doit être diftinguée des branches dont la manutention a été abandonnée à des juges, & qui confiftent dans la connoiffance des contef-tations qui naiffent à l'occafion de la perception des droits, & de l'exécution des réglements, tendants à en affurer le recouvrement. Ainfi, lorfque le commerce croit avoir lieu de fe plaindre d'un droit, c'eft au confeil qu'il doit faire fes repréfentations.

I I.

NUL n'eft exempt de nos droits, finon ceux dont les privileges font compris dans ces pré-fentes, & dans nos réglements des mois de mai & juin 1680 ; n'entendons néanmoins préjudicier aux privileges & exemptions de nos droits dont les villes, bourgs & paroiffes ont joui jufqu'à préfent, en vertu des lettres de conceffion des rois nos prédéceffeurs, & de confirmation que nous leur avons accordée, à l'exception des droits établis depuis les con-ceffions & confirmations, auxquelles les lieux exempts des anciens demeureront affujettis.

LES privileges font de deux efpeces relativement à leurs titres. Les uns font établis par les ordonnances, & ne font point dans le cas de la confirmation, parce qu'ils font des exemptions qui ont la même origine, & font re-vêtus de la même force que la regle générale. Les autres font des conceffions particulieres accordées par des let-tres-patentes ; & ces conceffions n'étant point regardées comme lois de l'état, mais feulement comme des volon-tés particulieres du prince dont elles émanent, elles per-dent leur force avec lui, & ont befoin d'être confirmées par chacun de fes fucceffeurs. Il eft de principe, au furplus, que les privileges n'ont d'application qu'aux objets qui font fpécialement dénommés dans leurs titres, parce qu'un privilege, étant une exception à la loi, eft une chofe de rigueur qui ne peut s'étendre, & qui exige la volonté la plus clairement exprimée. Ainsi , toutes les expreffions vagues & indéterminées , font regardées comme des chofes de ftyle. Les conféquences qu'on en tire ont le défaut des arguments qui prouvent trop , & les expref-fions générales ne font point admifes. Il eft de regle auffi , & ce font les propres termes de l'ordonnance , que les droits établis poftérieurement à leurs conceffions , doivent être acquittés ; & c'eft une chofe fondée en raifon , en ce qu'il eft abfurde que l'exemption d'un droit foit accor-dée avant fa création. Il y a cependant beaucoup de lettres-patentes qui , indépendamment des termes généraux , ajoutent les termes *des droits mis & à mettre ;* ce qui étant rapproché de la difpofition de cet article , & des obferva-tions faites ci-deffus , doit donner une jufte idée de la vé-ritable valeur de ces termes.

I I I.

LES veuves des privilégiés jouiront , pen-dant leur viduité, des privileges dont jouiffoient leurs maris au jour de leur décès , s'il n'y a difpofition expreffe à ce contraire.

IL n'étoit pas poffible de conferver à une veuve la jouiffance du privilege de fon dernier mari , lorfqu'elle paffoit à des fecondes noces , parce qu'il eft de principe , que les femmes n'ont d'autre état que celui de leur mari ; & qu'il féroit contre toute raifon qu'une femme qui a un fecond mari , jouît à la fois de deux états. Il ne s'agit point d'ailleurs dans cet article des droits de traites , dont nul n'eft exempt , fa majefté les payant fur les objets de fa propre confommation.

I V.

LES fermiers de nos droits , auront contre les fous-fermiers , les mêmes actions, privile-ges , hypotheques , droits de contraindre & pourfuivre, que nous avons contre les fermiers ; voulons néanmoins que leurs droits foient prefcrits par cinq ans , à compter du jour des baux defdites fermes expirés, & que les inftances par eux intentées foient fujettes à péremption, comme entre nos autres fujets, le tout s'il n'y a interruption : lefquelles prefcriptions & péremptions n'entendons avoir lieu lorfque nous fommes partie, comme exerçant les droits des fermiers nos débiteurs.

Le fermier qui tient directement du roi, le repréfente néceffairement vis-à-vis des fous-fermiers qui tiennent de lui, lorfqu'il en exifte. Ainfi il eft jufte qu'il puiffe exercer contr'eux les mêmes pourfuites auxquelles il eft fujet de la part du roi : mais comme il n'eft point à préfumer que les actions languiffent entre les fermiers & les fous-fermiers, & que d'ailleurs l'efpece des affaires fuppofe de la célérité dans les demandes & dans les recouvrements, l'ordonnance a jugé à propos d'établir une prefcription de cinq années, à compter du jour de l'expiration des baux, pour tous les objets fur lefquels il n'y auroit pas de conteftation. Quant à ceux où il y auroit inftance, elle a établi que les fermiers & fous-fermiers fuivroient les regles générales qui ont fixé la prefcription à trente ans, & la péremption à trois ans : & par une difpofition expreffe, le roi a excepté les cas où il eft partie, fur le principe qu'il eft toujours cenfé mineur.

V.

Ce que nous avons ordonné à l'égard des fermiers contre les fous-fermiers, aura lieu à l'égard des fermiers & fous-fermiers contre leurs commis.

Cet article eft une fuite du précédent, étant naturel que les fermiers & fous-fermiers puiffent exercer contre leurs commis, les mêmes pourfuites dont le roi peut ufer à leur égard.

Pour conftater la fituation du comptable en débet, & affurer le fuccès des pourfuites, le fermier eft autorifé, par la déclaration du roi du 5 mai 1690, à faire mettre le fcellé

fur

fur fes effets & papiers : ce fcellé doit être levé dans la huitaine au pluftard, par le juge auquel la connoiffance en
appartient, & à fon défaut, par le plus prochain juge des
lieux ; l'inventaire fait, les comptes dreffés fur les acquits
& regiftres qui fe trouveront fous les fcellés. Les états
finaux pofés, & les débets formés fur les pieces, intervient
le jugement defdits comptes ; le tout en préfence & fur les
conclufions du procureur du roi.

On ne doit point laiffer renfermer fous le fcellé les regiftres de la recette, & autres fervant à la régie de l'année
courante ; il faut feulement les faire arrêter & parapher
par le juge, & les remettre à celui chargé de faire les
fonctions de receveur par intérim pour continuer le fervice, & faire faire mention du tout dans le procès-verbal
d'appofition de fcellés.

V I.

VOULONS que les fermiers qui feront crédit
de nos droits, & qui viendront par action,
oppofition, intervention, plainte ou autrement,
même dans les cas où ils pourroient fe faire
payer fur le champ, foient préférés fur les
meubles, à tous autres créanciers, même à ceux
qui ont prêté leurs deniers pour les acheter ;
aux exceptions portées par le réglement de nos
droits d'aides.

LA préférence fur le mobilier des redevables, eft un
privilege accordé au fermier pour le recouvrement de fes
droits : ce privilege eft fondé, non-feulement fur la nature de la dette qui eft provifoire, vu qu'il s'agit des revenus de l'état, mais auffi fur ce que le crédit des droits
étant une faveur accordée au commerce & à la fociété,
il en réfulte que le fermier qui fe prête à ce tempérament,
eft dans un cas plus favorable qu'un autre créancier, &
doit être dédommagé de cette facilité, même excité à la
continuer par une plus grande fûreté pour fon recouvrement. C'eft par une fuite de ce principe, que la loi lui
donne l'avantage, même fur les particuliers qui préten-

droient avoir fourni les deniers pour l'achat des meubles ; & ces préférences, envisagées d'après ces principes, sont des faveurs nécessaires, & plus utiles encore au public qu'à la régie. (Voyez encore l'article 16 du titre 8 des droits de gros, de l'ordonnance de 1680, à l'occasion des exceptions dont il s'agit dans celui-ci.)

V I I.

N'ENTENDONS la préférence portée par l'article précédent, avoir lieu, sinon lorsque les soumissions & promesses que nos fermiers ou sous-fermiers auront prises des redevables, seront libellées pour nos droits, conformément aux registres & déclarations qui en auront été faites.

Il étoit à craindre qu'on abusât de l'article précédent, en employant le nom du fermier pour nuire à des créanciers qui ont intérêt de le contester : il falloit donc mettre ces créanciers en état d'exiger qu'il leur fût justifié que les sommes réclamées sous le nom du fermier, étoient pour des droits dus.

V I I I.

N'ENTENDONS aussi que la préférence ordonnée pour nos droits, ait lieu pour les confiscations de la juste valeur, en ce qu'elles excedent nos droits, ni pour l'amende & les dépens.

Les droits sont les revenus du roi, au lieu que les amendes, confiscations & dépens, sont choses accidentelles qui ne regardent ordinairement que le fermier seul. L'ordonnance a en conséquence jugé à propos de distinguer dans cet art. la cause du fermier de celle du roi ; & c'est par cette considération que, pour les choses qui sont étrangeres au roi, & personnelles au fermier, ce dernier a été rejeté dans la classe des autres créanciers ordinaires ; la préférence n'a uniquement lieu que pour les droits dus.

I X.

Dans les contestations & instances de préférence entre les fermiers & fous-fermiers d'un bail précédent, & ceux du bail courant faififfant ou oppofant fur les meubles de leurs débiteurs communs pour nos droits, confifcations, amendes & dépens, ceux du bail courant feront préférés à ceux du bail précédent, à moins que leur faifie ou oppofition n'ait été formée avant l'expiration du bail, auquel cas ils viendront par concurrence; laquelle aura lieu pareillement en cas que tous les baux fuffent expirés avant les faifies & oppofitions, & auffi lorfque les fermiers des baux courants fe trouveront créanciers & oppofants fur les autres biens.

Le motif de la provifion a été une raifon pour qu'en fait de faifie mobiliere, les fermiers du bail courant fuffent préférés à ceux des baux expirés. D'ailleurs, il eft certain que les fermiers d'un bail expiré, font dans le cas d'une moindre faveur, non-feulement parce qu'ils paroiffent agir pour leur compte perfonnel, mais auffi parce qu'on leur peut reprocher quelque négligence, & qu'en fait de concurrence fur le mobilier, le créancier le plus diligent a toujours l'avantage. C'eft par une fuite de ces principes, que le fermier du bail expiré, n'eft admis qu'à la concurrence, quoique la faifie ait été faite pendant la durée de fon bail; cette concurrence eft de droit commun, dans le cas où tous les fermiers agiffent également pour des baux expirés; & quant à la difcuffion des fonds, on rentre dans les regles générales fuivant lefquelles la préférence fe regle fuivant la priorité de l'hypotheque.

X.

CHACUN fermier ou fous-fermier fera refponfable civilement de fes commis, même le fermier général, des faits ou délits du fous-fermier. Enjoignons aux fous-fermiers & aux perteurs de la procuration du fermier général pour la recette & administration des droits compris dans les sous-baux, lorsqu'ils procéderont dans les jurisdictions inférieures, en nos cours & en notre conseil, soit en demandant, soit en défendant, ou qu'ils décerneront ou feront exécuter aucunes contraintes sous le nom du fermier général, d'ajouter les noms & domicile du sous-fermier & de ses cautions, & de déclarer que les actions & procédures sont faites à leur poursuite & diligence, à peine de nullité, & de tous dépens, dommages & intérêts.

LA garantie civile stipulée par cet article, tant à la charge du fermier général, pour les sous-fermiers lorsqu'il en existe, qu'à la charge de l'un ou de l'autre pour leurs commis, est une obligation prise dans la nature des choses, parce que le sous-fermier régit les droits du fermier général, & que les commis sont les instruments des uns & des autres. Au moyen de quoi, il est nécessaire que les actions intentées contre les uns & les autres, puissent remonter successivement jusqu'à celui qui tient directement la ferme du roi. On doit voir au surplus les observations faites sur l'art. 17, du tit. 14 de l'ordonnance de 1687, relativement à la garantie civile, & aux bornes dont elle est susceptible.

X I.

PERMETTONS aux fermiers & sous-fermiers de nos droits, aux commis ayant la direction générale de leurs fermes ou départements, commis à la recette & au contrôle, capitaines & lieutenants de brigade à pied & à cheval, capitaines & lieutenants de pataches ; ensemble aux commis aux exercices, & autres ayant serment en justice, de porter épées & autres armes ; les déclarons exempts de tutelle & de curatelle, de collecte, de logements de gens de guerre, de guet & de garde : défendons à nos officiers des élections & greniers à sel, habitants des villes & paroisses, asséeurs & collecteurs, de les comprendre dans les rôles, en cas qu'ils n'aient point été imposés avant leurs fermes & commissions, ni d'augmenter l'imposition qui a été faite de leurs personnes auparavant le tout, sinon à proportion des immeubles qu'ils auront acquis depuis, ou en cas de trafic.

L'ADMINISTRATION des finances étant une des parties les plus intéressantes du gouvernement, & les personnes qui y sont employées étant, non-seulement, sous la sauve-garde du roi, mais même devant être à l'abri de toutes violences de la part des redevables, il étoit indispensable de leur permettre le port des armes nécessaires à leur défense, & capables d'en imposer aux rebellionaires : il étoit indispensable aussi de les exempter des charges ordinaires de la société, telles que les curatelles & tutelles, pour ne point les distraire des fonctions que leur imposoient leurs emplois. Il étoit juste que le gouvernement leur ôtât les charges qu'il impose sur les autres sujets, telles que les logements des gens de guerre, le guet, & la garde ; enfin, on ne pouvoit espérer qu'ils se livrassent à leurs fonctions avec tout le zele qu'elles exigent, s'ils demeuroient sujets aux impositions de la taille & de l'impôt du sel. Cependant dans cet article, leur privilege a été limité au cas où ils n'auroient pas été imposés avant que de prendre leurs commissions, ou à ne pouvoir être augmentés s'ils l'avoient été, sauf néanmoins le cas de commerce ou d'acquisition de fonds ; l'intention de l'ordonnance, ayant été de concilier les privileges avec les regles naturelles de la société. On doit voir d'après ces explications, que les privileges & exemptions accordés aux employés, sont des faveurs faites à la ferme, dont l'utilité réelle remonte au gouvernement ; parce qu'il est de l'intérêt de l'État que la régie des droits soit assuré, qu'elle se fasse avec la plus grande économie possible : au moyen de quoi, les privileges des employés doivent être considérés comme une partie de leurs appointements ; & ils méritent, par cet endroit, la plus grande protection de la part du gouvernement.

X I I.

POURRA le fermier de nos droits, décerner ses contraintes contre ses procureurs & commis qui seront en demeure de compter ou de payer; en vertu desquelles ils pourront être constitués prisonniers, & ne seront reçus au bénéfice de cession.

LA contrainte est un acte qui équivaut à un jugement provisoire, & dont l'usage a été établi en faveur de la régie par la nécessité d'accélérer les recouvrements. Les contraintes vis-à-vis les commis, sont de deux especes: les unes pour les obliger à compter, les autres pour les obliger à payer les sommes dont ils sont en débet. Elles sont toutes deux dans le cas d'être exécutées par corps ; & le bénéfice de cession a été refusé, non-seulement à cause de la nature de la dette, mais par la nécessité d'ôter les embarras indispensables dans la discussion des fonds.

X I I I.

NE seront aussi reçus au bénéfice de cession, ceux de nos sujets qui sont contraignables, par corps, au payement de nos droits.

LES redevables des droits sont assujettis aux poursuites prescrites par l'article précédent ; & le bénéfice de cession leur a été également refusé par les raisons rapportées sur cet article.

X I V.

LES gages de ceux qui sont employés par les fermiers de nos droits, & par leurs procureurs & fous-fermiers, ne pourront être faifis à la requête de leurs créanciers, fauf à eux à fe pourvoir fur les autres biens ; & fi aucunes faifies étoient faites, nous leur en faifons main-levée par ces préfentes, & déchargeons les débiteurs des gages des affignations qui leur feront données pour affirmer, & des condamnations qui pourront intervenir.

LES appointements font une efpece de folde : par cette raifon, ils ne font point faififfables. D'ailleurs, les employés pouvant quitter leur fervice, la faifie de leurs appointements auroit été inutile à leurs créanciers, en même temps qu'elle auroit porté le trouble dans la régie, & qu'elle en auroit fufpendu les opérations par la retraite des employés. Ainfi le privilege dont il s'agit, ne doit pas être regardé comme un préjudice réel pour les créanciers, ni comme une faveur uniquement accordée aux employés, mais comme un privilege néceffaire à la ferme, & une précaution indifpenfable pour en affurer le fervice. On ne doit donc pas être furpris de la précifion avec laquelle l'ordonnance s'exprime. Auffi, fes difpofitions fur cet objet ont été confirmées par des réglements récents qui ont étendu cette faveur aux gratifications & remifes.

En effet, des lettres-patentes rendues le 28 décembre 1782, ont ordonné que les gages, appointements, gratifications & remifes de toute nature accordés aux employés des fermes & régies, ne pourroient être faifis à requête de leurs créanciers, comme étant lefdites gratifications & remifes comprifes dans les difpofitions de l'ordonnance du mois de juillet 1681 ; & ont fait main-levée des faifies ou oppofitions faites ou à faire fur lefdites gratifications ou remifes.

Malgré ces difpofitions, on faifoit des faifies & oppofitions fur des émoluments revenants à des employés qui n'étoient plus en place, fous prétexte que les réglements qui défendoient les faifies des appointements, remifes & gratifications des perfonnes qui n'étoient plus dans l'emploi, étoient faififfables; ces procédures étoient contraires à l'efprit

B 4

de l'ordonnances du mois de juillet 1681 , & des lettres-patentes du mois de décembre 1782 , par lefquelles les attributions des employés avoient été regardées comme le falaire de l'exercice de leur emploi , & la rétribution néceffaire à leur fubfiftance, & devoient par cette raifon, être dans tous les cas , infaififfables , foit que les employés fuffent en place, ou qu'ils n'exerçaffent plus leur emploi. Il réfultoit d'ailleurs , de ces faifies & oppofitions, une fufpenfion des opérations de la comptabilité des fermes & régies , & elle préjudicioit à l'ordre qui devoit toujours exifter dans toutes les parties des finances de fa majefté ; il y a été pourvu par un arrêt du 22 mai 1784. En ordonnant l'exécution de l'art. 14 , du titre commun , & des lettres-patentes du 28 décembre 1782 , il difpofe, que les gages, gratifications & remifes de toute nature accordés aux employés des fermes & régies , ne peuvent être faifis à la requête de leurs créanciers , foit que lefdits employés ne foient plus en place, ou qu'ils exercent encore leur emploi. Il fait pleine & entiere main-levée de toutes faifies ou oppofitions, faites ou à faire fur lefdites gratifications & remifes ; veut que nonobftant icelles, tous caiffiers & receveurs defdites fermes & régies , puiffent valablement payer lefdites gratifications & remifes.

X V.

DÉFENDONS à ceux qui auront obtenu des condamnations contre les Fermiers & fous-fermiers de nos droits , ou qui feront leurs créanciers par promeffes, obligations ou autrement, de faifir ou arrêter entre les mains des redevables de nos droits , ce qu'ils en doivent ; voulons que nonobftant les faifies, dont nous faifons main-levée par ces préfentes, les particuliers foient contraints au payement, & que les faififfants foient condamnés aux dommages & intérêts des fermiers & fous-fermiers.

LES fermiers n'étant point propriétaires des droits ; mais feulement chargés de leur recouvrement pour le compte

du roi, sauf les claufes de leur bail qui établiffent les rifques
de perte, ou les efpérances de profit ; les droits dus par
les redevables, ne doivent jamais être faifis fur eux,
non-feulement, pour raifon de leurs dettes perfonnelles ;
mais même pour raifon de dettes contractées par la ferme;
& leurs créanciers, à quelque titre que ce foit, ne peuvent
exercer les condamnations prononcées à leur profit, que
fur les biens - fonds du fermier.

Un particulier, qui, plaidant contre la ferme, obtient
des dommages intérêts ou dépens, n'a de recours que
contre l'adjudicataire ou fes cautions : au moyen de quoi,
c'eft abufivement qu'on pourfuit les receveurs qui ont
ftipulé dans les inftances. Ils font dans le cas de tous les
fondés de procuration qui ne peuvent avoir rien de perfonnel dans les inftances qu'ils foutiennent, & on ne doit
pas douter qu'une faifie mobiliere, ou une contrainte par
corps exercée contre un receveur, en vertu d'une condamnation prononcée contre l'adjudicataire, mettroit ce
receveur dans le cas de prétendre des dommages & intérêts ; on ne peut non plus faifir les deniers de fa caiffe,
attendu que ces deniers font cenfés appartenir au roi. C'eft
contre les cautions uniquement, comme on l'a dit, qu'on
doit procéder pour recouvrer les condamnations adju-
gées.

Il a été, au refte, rendu, le 19 janvier 1778, des lettres-
patentes enregiftrées en la cour des aides de Paris, le
28 août fuivant, qui réglent la maniere dont les arrêts,
fentences, jugements & contraintes doivent être mis à
exécution contre l'adjudicataire. Cette loi, à laquelle on
a donné la fanction de l'enregiftrement pour prévenir toute
difficulté, n'a fait que confirmer ce qui avoit déjà été décidé
par des arrêts du confeil & autres réglements antérieurs.

L'article 1er. de ces lettres-patentes défend à tous huiffiers, fergents & autres porteurs d'arrêts, fentences, jugements exécutoires ou contraintes pour affaires nées dans
le reffort de la cour des aides de Paris, de les mettre à
exécution contre l'adjudicataire & fes cautions, qu'après
avoir préalablement remis lefdites pieces, foit à Paris
entre les mains du receveur général des fermes, foit dans
la province en celles du directeur dans le département
duquel lefdites affaires auront eu lieu, & ce, au choix
defdits porteurs d'actes.

Suivant l'article 2 defdites lettres-patentes, le receveur général des fermes à Paris, & le directeur dans la province, font tenus de donner leur récépiffé defdites pieces, & de les rendre & reftituer avec vifa & paraphe : favoir, le receveur général des fermes, à l'expiration de la huitaine du jour de la remife, les fêtes & dimanches noncompris, & le directeur dans la province, après le délai d'un mois, à compter du jour de ladite remife ; à peine par lefdits dépofitaires d'y être contraints par toutes voies, & même par corps.

Ce délai, lorfqu'il s'agit de fentences, donne au directeur le temps néceffaire de confulter la ferme générale & de recevoir fes ordres avant que d'acquiefcer ou d'interjeter appel. Il réfulte un autre avantage de cette difpofition ; c'eft que n'étant plus acquitté aucune condamnation par les receveurs particuliers, la ferme prévient les doubles emplois qui fe font fouvent réalifés. D'ailleurs, les payements, lorfqu'il y a lieu d'en faire, fe faifant fous les yeux du directeur par le receveur général, dans le compte duquel la dépenfe eft de nature à être portée, celui-ci eft dans le cas de veiller à ce qu'il ne foit acquitté que ce qui eft réellement exigible.

L'article 3 veut que les pieces ayant été communiquées & rendues dans la forme & les délais indiqués par l'article 2, le receveur général ou le directeur dans la province puiffent être contraints perfonnellement, chacun en droit foi, par toutes voies dues & raifonnables, autres que la contrainte par corps, à payer les fommes portées auxdits titres, jugements exécutoires ; il n'excepte, pour cette contrainte, que le cas exprimé par l'article 2 du titre 34 de l'ordonnance civile de 1667.

Ce cas eft celui des fentences ou arrêts d'itérato pour payement de dépens ou dommages & intérêts, après les quatre mois.

L'article 4 déclare nulles & de nul effet toutes faifies de deniers des recettes, oppofitions, fignifications & empêchements entre les mains des receveurs généraux & particuliers des fermes, & en celles des redevables des droits d'icelles ; il veut qu'elles foient déclarées nulles & comme non avenues, & il en fait main-levée. Il fait très-expreffes inhibitions & défenfes, fous peine d'interdiction, de 300 liv. d'amende, & de tous dépens, dommages-intérêts, à tous huiffiers & fergents de faire aucun defdits exploits, faifies, oppofitions ou empêchements contraires auxdites difpofitions.

Cet article prononçant nullité de toutes faifies des deniers de recettes & autres, & en faifant main-levée, lorfque des faifies de cette nature viennent à fe réalifer, celui des prépofés de la ferme à qui elles font notifiées, doit faire fignifier aux faififfants ou oppofants l'article 4, en proteftant de nullité de la faifie ou oppofition.

A l'égard des faifies qui ont pour caufe les créances des particuliers contre ceux dont l'adjudicataire peut être débiteur, & dans lefquelles celui-ci eft tiers faifi, & non partie faifie, elles ne peuvent être formées qu'entre les mains du receveur général à Paris ; & pour être valables, il faut qu'elles foient vifées & paraphées par ce receveur général ; autrement, & fi elles étoient formées entre les mains d'autres receveurs, ou fi étant formées entre les mains du receveur général à Paris, elles n'étoient pas revêtues de fon vifa & paraphées, elles feroient encore nulles.

X V I.

LES commis délivreront *gratis* les congés, acquits, paffavants, certificats, billets d'envoi, lettres de voiture, & les autres actes de pareille qualité ; leur défendons de rien exiger ni recevoir, que ce qui leur eft permis par nos réglements, à peine de concuffion ; pourront néanmoins fe faire rembourfer des frais pour le timbre du papier.

ON doit voir au fujet de cet article, ce qui eft porté par les art. 11 & 12, du titre premier de l'ordonnance de 1687, qui fixent les droits d'acquits. Au furplus l'objet du préfent article, n'eft que d'interdire aux employés les rétributions perfonnelles, qu'ils pourroient exiger, & qui méritoient d'autant plus d'être prohibées, qu'il eft jufte que le fermier paye fes commis, & qu'ils ne foient pas à la charge du public.

X V I I.

LES marques & démarques feront faites fans frais fur les vaiffeaux & futailles par les commis, fur les peines portées par l'article précédent.

CET article eft une fuite du précédent. On doit avoir pour principe qu'aucune des opérations qui fe font en vertu des réglemens, n'autorife les commis qui en font chargés, à rien exiger des redevables ; qu'en cas qu'ils en reçoivent quelque chofe, ils doivent en être punis d'autant plus févérement, que c'eft une concuffion envers le public & une infidélité envers la régie.

X V I I I.

CE que nous avons ordonné, pour nos droits d'aides, de la capacité, preftation & réitération de ferment des commis, & pour le pouvoir qu'ils ont de fe fervir de tels huiffiers & fergents que bon leur femblera, fera exécuté pour nos autres droits, dans les jurifdictions auxquelles la connoiffance en appartient.

LES difpofitions de cet article, ont donné lieu à celles des articles 8, 9 & 13, du titre 14, de l'ordonnance de 1687, fur lefquelles on peut voir les obfervations qu'elles ont occafionnées.

X I X.

LES procès-verbaux des commis & gardes, bien & dûment faits & affirmés en juftice, feront crus jufqu'à infcription de faux.

CHACUN des termes de cet article mérite attention. La difpofition générale eft que les procès verbaux rendus par les employés foient crus, jufqu'à infcription de faux, pourvu qu'ils foient bien, & dûment faits & affirmés.

Ainfi, fans recourir à l'infcription, on peut anéantir un procès verbal, en établiflant qu'il n'eft pas bien & dûment fait & affirmé.

Il auroit été à fouhaiter que la loi fe fût expliquée clairement fur ce qu'elle entend par un procès verbal, bien & dûment fait & affirmé; & on fent combien fon filence à cet égard, porte à l'arbitraire fur un point effentiel. Pour y fuppléer & répandre quelque jour fur une matiere auffi intéreffante, il paroît qu'on peut établir une diftinction fur les termes dont fe fert l'ordonnance, en féparant le fond de la forme d'un procès verbal. Un acte de cette efpece quoique rédigé très-régulierement, peut cependant ne pas foutenir les conclufions prifes en conféquence, foit parce que la contravention qu'il conftate, n'en eft pas une, examen fait des circonftances qui y font rapportées, foit parce que l'omiffion de quelques circonftances, laifferoit la contravention incertaine, foit, enfin, parce que quelques explications qui fe lieroient avec les faits contenus au procès-verbal, & qui feroient clairement juftifiées, diffiperoient l'apparence de contravention fur laquelle il feroit fondé: au moyen de quoi, un procès-verbal peut-être bien fait, & ne l'être pas dûment, c'eft-à-dire, ne pas être concluant au fond; & ce feroit le cas de mettre les parties hors de cour.

Il peut arriver qu'un procès-verbal, quoique revêtu de fes formalités, contienne des équivoques & des amphibologies dans la rédaction qui donne matiere à argumenter raifonnablement contre une partie des faits qu'il contient, & qui les rendent douteux. Alors le procès-verbal ne feroit pas bien fait, quoique réellement il fût fondé; & l'efpece de vice qu'on lui reprocheroit, tiendroit également au fond & à la forme.

Il eft des défectuofités d'une troifieme efpece, qui portent uniquement fur la forme; c'eft-à-dire, qui opérent la nullité d'un procès-verbal, fans contefter l'évidence de la contravention qu'il conftitue; & ces défectuofités font des fins de non-recevoir, qui fe propofent comme moyens préalables: c'eft à ce caractere qu'on reconnoît les nullités qui font uniquement de forme, & qui fe difcutent fans aucun examen de fond.

Ces nullités peuvent fe ranger en beaucoup de claffes, fuivant leurs différents rapports: les unes font relatives aux faififfants ; d'autres à l'adjudicataire, pour qui & au nom de qui les commis faififfent ; d'autres à la partie faifie ; d'autres enfin à l'objet & aux circonftances de la faifie.

Quelques réflexions fur chacune de ces quatre divifions pourront donner une idée fur ce que l'on appelle nullité & fur ce qui doit en avoir l'effet. 1°. Il eft néceffaire que les commis foient parties capables pour faifir ; qu'ils aient conféquemment l'âge requis par les réglements ; qu'ils ne foient pas dans les liens de la juftice par quelque décret, ou recufables par quelques condamnations infamantes, qu'ils aient ferment en juftice, & qu'ils fe faffent connoître dans leurs procès-verbaux, en y inférant leurs noms & qualités, & qu'ils ont prêté ferment.

2°. Ce qui concerne l'adjudicataire, à la requête duquel le procès-verbal eft rendu, doit être clairement énoncé : ainfi, fon nom, fa qualité, fa demeure, ne doivent pas être omis ; il doit être fait pour lui une élection de domicile fur les lieux, c'eft-à-dire dans celui de la jurifdiction.

3°. La partie faifie doit être défignée de maniere qu'il n'y ait point erreur fur la perfonne, & que le particulier pourfuivi ne puiffe pas prétendre qu'il n'eft pas le même que celui contre lequel le procès-verbal eft rendu : il doit auffi lui être fait, lorfqu'elle eft préfente, toutes les fommations & interpellations néceffaires pour conftater que la découverte de la contravention, la faifie & le dépôt des objets & les actes relatifs ont été faits contradictoirement avec elle ; qu'elle a entendu les faits établis à fa charge ; qu'il lui en a été demandé raifon ; qu'elle a pu y répondre, ou qu'elle l'a fait, & qu'elle a figné le tout, ou refufé de figner.

4°. Enfin, la nature, l'efpece, la quantité & la qualité des effets faifis doivent être décrites autant qu'il eft poffible ; les motifs & la déclaration de la faifie doivent être exprimés : on doit pourvoir à tout ce qui doit empêcher la partie de méconnoître l'objet de fa contravention, & obferver les regles particulieres établies en cette vue.

Ces explications peuvent faire connoître, en général, en quoi un procès-verbal peut confifter, & les obligations auxquelles les commis ne peuvent fe fouftraire pour la validité de leurs actes.

X X.

VOULONS que les commis & autres ayant ferment en juftice, qui auront fabriqué ou fait fabriquer de faux regiftres, ou qui en auront délivré de faux extraits fignés d'eux, ou contrefait les fignatures de nos juges, foient punis de mort.

LES délits prévus par cet article font des infidélités qui doivent être confidérées comme un abus de confiance & comme une violation du ferment prêté par les employés: ainfi, il étoit d'autant plus jufte de les affujettir à une peine capitale, que ces délits fuppofent des manœuvres réfléchies & une préméditation caractérifée; ce qui réunit tout ce qui peut aggraver un crime.

X X I.

LES particuliers, redevables de nos droits, qui auront falfifié les marques des commis, & autres ayant ferment en juftice, les congés, acquits, paffavants, certificats, & autres actes qui leur doivent être délivrés par les commis, feront condamnés, pour la premiere fois, au fouet & à un banniffement de cinq ans, de l'élection où la falfification aura lieu, avec amende, qui ne pourra être moindre que du quart de leurs biens; & en cas de récidive, aux galeres pour neuf ans, avec amende, qui fera de la moitié de leurs biens.

LES redevables des droits étoient dans le cas d'être traités avec bien moins de févérité que les commis, vû l'efpece des motifs qui peut les engager à des falfificaions. Cependant, il étoit néceffaire de les intimider par la crainte d'une punition févere, vu le trouble & le préjudice qu'éprouveroit le recouvrement des droits, si les expéditions de la régie étoient falsifiées.

XXII.

DÉCLARONS sujets aux mêmes peines, ceux qui auront falsifié les chartes - parties, connoissements & lettres de voiture.

On parlera, sur l'article 15 du titre 2 de l'ordonnance de 1687, des connoissements & chartes-parties : les lettres de voiture sont dans le même cas que ces pieces ; elles sont toujours du fait de ceux à qui appartiennent les marchandises. Ainsi, ils sont toujours en état de les changer quand ils le jugent à propos ; de sorte qu'il est difficile de prouver ces falsifications : mais si le cas se présentoit, les prévenus seroient exposés aux peines portées par l'article 21.

XXIII.

Ce qui sera trouvé sans déclaration au-de là du bureau où elle a dû être faite, sera confisqué.

La disposition de cet article, ainsi que de quelques-uns de ceux qui suivent, avoit pour objet spécial la régie des traites, pour laquelle il n'avoit point encore été rédigé d'ordonnance particuliere, & il paroît qu'on s'étoit borné, par le réglement général du conseil du 31 mai 1607, à quelque chose de fort succinct, qui a été traité bien plus en détail dans l'ordonnance de 1687, où l'on s'est attaché à prévoir tous les cas : au moyen de quoi, ce que ce réglement & le titre commun contiennent doit être consulté, moins comme la loi actuelle à cet égard, que comme le principe de plusieurs articles de l'ordonnance de 1687.

XXIV.

LES déclarations fausses dans la quantité, ou dans la qualité, ou dans les autres circons-

tances

tances qui doivent être exprimées, emportent confiscation.

L'ORDONNANCE de 1687 a fait une grande différence entre les déclarations fausses dans la qualité & celles qui se font dans la quantité : elle a d'ailleurs établi en quoi devoit consister la confiscation, au lieu que par cet article, on voit que les deux especes de fraude étoient punies conformément, & qu'il laissoit ignorer sur quoi devoit porter la confiscation ; c'est-à-dire, si elle devoit s'étendre sur le total des marchandises, ou si elle devoit se restreindre à une partie.

X X V.

TOUTE confiscation emporte amende, laquelle sera arbitrée par nos juges, dans les cas auxquels il n'a point été pourvu par nos réglemens.

IL est de principe, suivant cet article, que dans tous les cas où la confiscation est prononcée, il doit être adjugé une amende contre le contrevenant : mais comme cette disposition étoit principalement relative à la régie des traites, qui n'étoit pas encore formée pour lors, on s'étoit borné à une regle générale, en laissant aux juges la faculté d'arbitrer l'amende comme ils le jugeroient à propos : l'ordonnance de 1687 en a statué sur les différens cas, au moyen de quoi il reste peu de circonstances où l'on puisse appliquer l'article dont il s'agit.

X X V I.

DÉFENDONS de passer outre à la vente des effets confisqués au préjudice de l'appel, sinon pour ce qui concerne nos droits de gabelles & de barillage.

IL faut voir pour cet article les observations faites sur l'article 10 du titre 11 de l'ordonnance de 1687.

XXVII.

NE sera donné main-leveé, soit en premiere instance ou en cause d'appel, des effets confisqués ou saisis, à fin de confiscation, sinon en consignant, par les parties intéressées, entre les mains du fermier ou du sous-fermier de nos droits, leur juste valeur à dire d'experts, ou en donnant caution suffisante & solvable, qui sera reçue avec le fermier ou sous-fermier.

Il faut avoir recours aux articles 13, 14 & 15 du titre 11 de l'ordonnance de 1687.

XXVIII.

LES effets mobiliers saisis à fin de confiscation ou confisqués, ne pourront être revendiqués par les propriétaires, ni le prix, soit qu'il soit consigné ou non, réclamé par aucun créancier, même privilégié, sauf leur recours contre les auteurs de la fraude.

LES saisies les plus légitimes auroient été facilement éludées, si les objets saisis avoient pu être réclamés par des tiers, sous prétexte de propriété ou de créance privilégiée : on n'auroit jamais manqué d'en faire intervenir de cette espece ; & chaque saisie même, après la confiscation prononcée sur l'évidence de la fraude, auroit toujours été pour le fermier une source de procès, dans lesquels il auroit pu succomber : il est d'ailleurs de maxime que les meubles n'ont point de suite par hypotheque. Ainsi, rien n'étoit plus nécessaire & plus juste en soi que la disposition dont il s'agit, qu'on doit toujours employer comme une fin de non-recevoir invincible contre les réclamateurs.

XXIX.

LA confiscation des marchandises pourra

être pourſuivie avec les voituriers, & autres prépoſés à la conduite, auteurs de la fraude, ſans que le fermier de nos droits ſoit tenu de mettre en cauſe les propriétaires, quoiqu'ils ſoient indiqués; comme auſſi la confiſcation des voitures, charrettes, bateaux, chevaux & équipages, pourra être ordonnée, conjointement avec celle des marchandiſes, contre les auteurs de la fraude, ſans que le fermier de nos droits ſoit tenu de mettre en cauſe les voituriers ou autres propriétaires des équipages.

CET article eſt une ſuite du précédent : le fermier ne doit naturellement connoître pour propriétaires des marchandiſes ſaiſies en fraude, que les voituriers ou conducteurs qui ſont arrêtés en flagrant délit; & on ne pouvoit exiger qu'il mît en cauſe les propriétaires quand ils lui ſeroient indiqués, puiſque dans le cas contraire il n'a contr'eux aucune preuve de fraude, & que les faits conſtatés par les procès-verbaux ne dépoſent que contre les voituriers : c'eût été d'ailleurs aſſujettir à un circuit de procédure qui auroit retardé l'expédition des inſtances, en auroit ôté toute la ſimplicité & auroit multiplié les frais à l'infini : mais dans le cas où, par les circonſtances, le fermier eſt en état de prouver un projet de fraude contre les propriétaires des marchandiſes, il eſt juſte qu'ils puiſſent ſubir les peines qu'ils ont encourues; & c'eſt une liberté que lui laiſſe l'article en queſtion.

X X X.

LES condamnations contre deux ou pluſieurs perſonnes, pour un même fait de fraude, ſont ſolidaires, tant pour la confiſcation & amende, que pour les dépens.

LA ſolidité pour le payement des condamnations eſt de droit dans tous les cas où pluſieurs perſonnes ont

intérêt à la fraude ; & cette difposition étoit bien néceffaire, vu l'ufage où font quelquefois les auteurs de la
fraude, de fe faire accompagner par des gens infolvables,
qu'ils pourroient abandonner s'ils n'étoient point tenus
de la folidité pour eux.

On doit cependant regarder la folidité dans ce cas
comme une faveur accordée à la régie ; de maniere que
les fraudeurs ne peuvent point s'en prévaloir pour contefter
au fermier la faculté de tranfiger avec quelqu'un d'entr'eux ;
l'ordonnance n'ayant pu avoir en vue de les favorifer,
mais au contraire, ayant eu pour objet d'affurer de plus
en plus le recouvrement des condamnations prononcées
contr'eux.

X X X I.

DÉFENDONS à tous nos juges de modérer
ces confifcations & amendes, à peine d'en répondre en leur propre & privé nom, ni de les
divertir & deftiner au préjudice des fermiers &
fous-fermiers de nos droits : leur permettons
néanmoins d'augmenter les amendes, fi l'affaire
le mérite ; comme auffi de les réduire, pour
fait purement civil, jufqu'à 100 livres, s'il y
échoit, felon la qualité de la contravention
& celle des contrevenants.

SUIVANT cet article, les confifcations ne peuvent jamais
être modérées : quant aux amendes, il eft permis aux
juges de les augmenter lorfque les circonftances de la
fraude font affez graves pour l'exiger. Ils peuvent auffi
les réduire par le motif contraire, & même par égard
pour l'efpece de faculté des contrevenants : mais cette
faculté n'a lieu que pour les amendes fur lefquelles il n'y
a point de difpofitions expreffes qui défendent la modération. Il leur eft, au furplus, expreffément défendu
d'en difpofer ou de les appliquer à aucun ufage qui en
prive le fermier.

XXXII.

NE pourront les dépens être compenfés, s'il n'y a dans le jugement des condamnations refpectives.

Cet article eft de droit commun : on ne pourroit même voir fans étonnement que l'ordonnance éût formé des difpofitions fur des objets qui ne paroiffent fufceptibles d'aucune difficulté, fi on ne confidéroit qu'en matiere de finances, la légiflation étend fa prévoyance à tous les détails, non-feulement pour prévenir les effets de la prévention, mais aufli par le danger de mettre la régie à la difcrétion des officiers.

XXXIII.

LES contrevenants aux articles de nos réglements, dans lefquels il n'y a aucune peine certaine & fixée, feront condamnés aux dommages & intérêts des parties intéreffées, en l'amende, aumône & autre peine, felon l'exigence des cas ; ce que nous laiffons à l'arbitrage & à la confcience de nos juges.

Cet article juftifie les obfervations faites fur le précédent, en ce qu'en laiffant aux juges la faculté de fixer les peines lorfqu'elles ne font point exprimées par les réglements, il leur indique celles qu'ils doivent prononcer fuivant l'exigence des cas.

XXXIV.

NE pourront les fermiers & fous-fermiers, faire aucune demande de nos droits contre les redevables, fix mois après la ferme ou fousferme finie, s'il n'y a exploit contrôlé auparavant, condamnation, cédule, promeffe, convention ou obligation paffée à leur profit.

Il étoit jufte d'établir en faveur des redevables une prefcription ; celle fixée par l'ordonnance eft limitée à un terme très-court pour prévenir une infinité d'inftances que pourroient former les fermiers fortants : mais cette prefcription n'a point lieu lorfque les demandes ont été formées & mifes en regle avant le terme des baux, ou lorfqu'il y a quelques titres par lefquels les redevables ont reconnu qu'ils étoient débiteurs : alors on fuit les regles générales.

X X X V.

DÉFENDONS à tous juges, autres que les nôtres, de décréter contre les commis, gardes & autres ayant ferment à juftice, employés dans l'adminiftration de nos fermes & fous-fermes, pour délits ou crimes, de quelque nature qu'ils puiffent être commis dans le département où ils font employés, à peine de nullité, caffation de procédure, dépens, dommages & intérêts, 1000 liv. d'amende contre les parties, & d'interdiction contre les juges.

POUR l'intelligence de cet article, on doit obferver qu'il a eu en vue les officiers des jurifdictions feigneuriales : ce font ceux que l'ordonnance défigne par les termes de juges autres que les nôtres.

La qualité d'employé fuffit pour rendre ces juges incompétents, quelque foit l'efpece de délit, pourvu que les employés foient dans le département où ils doivent réfider par leurs commiffions ; & cette difpofition eft fondée fur ce que les perfonnes prépofées pour le recouvrement des droits du roi, étant fous fa fauve-garde, ne doivent répondre qu'aux officiers qui rendent la juftice en fon nom. Cependant, on voit que ce privilege eft limité aux délits commis dans l'étendue des départements où les employés font en fonctions ; au moyen de quoi ils pourroient ne pas être admis à réclamer leurs qualités, s'ils fe trouvoient dans un éloignement qui ne permit pas de les regarder comme tels.

Cet article paroît avoir pris son origine dans les lois qui subsistoient avant que l'administration de la justice fût établie dans la forme où elle est actuellement. Les Seigneurs des grands fiefs se regardoient comme souverains & considéroient l'administration de la justice comme un de leurs principaux droits : au moyen de quoi , ils souffroient rarement que l'appel de leurs jugements ou de ceux rendus par leurs officiers, fût porté par-devant les officiers du roi. Le droit du souverain se bornoit à excepter de la juridiction seigneuriale certaines personnes; & on sent combien il étoit juste de mettre dans ce nombre , sur-tout pour le criminel, celles chargées du recouvrement des deniers du roi. Mais depuis que l'autorité souveraine a repris tous ses droits , & qu'en matiere criminelle aucun juge seigneurial ne peut prononcer en dernier ressort , il a été moins nécessaire de stipuler l'exemption de la juridiction seigneuriale ; & l'article dont il s'agit semble se plier à ces différentes considérations, en ne déclarant les juges incompétents que dans les cas qu'il prévoit.

X X X V I.

DÉFENDONS aussi , sur pareilles peines , à tous nos juges des juridictions ordinaires, de décréter contr'eux pour le fait de leurs commissions & emplois ; & pour les cas arrivés dans le cours & à l'occasion de leurs exercices , déclarons les officiers de nos élections , des greniers à sel, juges des traites , & autres de pareille qualité , seuls compétents, d'en connoître en premiere instance, respectivement pour ce qui les concerne , à la charge de l'appel en notre cour des aides.

APRÈS avoir déclaré les juges seigneuriaux incompétents pour procéder extraordinairement contre les employés en matiere de délits, & les avoir mis sous la juridiction des juges royaux, l'ordonnance excepte les délits relatifs à leurs emplois, dont elle attribue la connoiſſance aux ſeuls jugés des fermes, chacun relativement à la matiere qui forme ſa juridiction. Ainſi, il peut arriver qu'un employé, traduit pour un délit devant le juge ſeigneurial du lieu de ſa juridiction, par ſa qualité d'employé, ſoit renvoyé par-devant le juge royal ordinaire, dont il déclinera encore la juridiction par l'eſpece du délit ; ce qui occaſionnera un nouveau renvoi devant le juge des fermes que la matiere concerne.

On ſent que ces diſtinctions peuvent donner lieu à beaucoup de conflits ; mais on apperçoit en même temps qu'il étoit juſte, à tous égards, que les juridictions établies ſpécialement pour la police des fermes connuſſent ſeules des délits imputés aux employés pour le fait & dans l'exercice de leurs commiſſions, non-ſeulement parce que ces officiers ſont cenſés avoir des connoiſſances particulieres ſur la matiere, mais auſſi parce qu'ils ſont ſuppoſés moins ſuſceptibles de prévention que les juges ordinaires, auprès de qui les employés pourroient être défavorables, par la ſeule raiſon que ces officiers ne connoiſſent point des matieres des fermes.

X X X V I I.

SERONT les informations faites, tant par les officiers de nos juridictions ordinaires, que par ceux des élections, greniers à ſel, traites & autres, en cas de conflit pour la compétence, envoyées inceſſamment au greffe de notre conſeil, pour y être les parties réglées de Juges ; cependant ſera l'inſtruction du procès continuée, juſqu'au jugement définitif, par nos officiers des élections, greniers à ſel, traites & autres juges de nos droits, & ſera ſurſis au jugement juſqu'à ce que la compétence ait été réglée ; & ſeront les juges qui auront entrepris ſur les autres, outre l'interdiction, condamnés en 1000 livres d'amende

CET article prévoit les conflits qui pourroient s'élever entre les juges ordinaires & les juges des fermes : on y voit avec quelle févérité l'ordonnance y a pourvu ; ce qui eſt d'autant plus néceſſaire, que les conflits de juridiction en matiere criminelle font de la plus dangereuſe conféquence, puiſqu'ils arrêtent le cours de la juſtice, occaſionnent le dépériſſement des preuves, & cauſent aux parties civiles des frais inutiles ; ce qui eſt entiérement contraire aux principes établis par l'ordonnance criminelle de 1670, qui tendent à la plus grande célérité poſſible dans les procès criminels. On remarque dans cet article que la préférence pour l'inſtruction eſt accordée aux juges des fermes fur les juges ordinaires en cas de conflit ; ce qui eſt fondé fur la maxime que le juge qui exempte doit toujours avoir la préférence, parce que non-feulement la compétence exige une faveur particuliere, mais auſſi parce qu'il a la prévention pour lui, étant d'expérience que les conflits naiſſent toujours de la part des juges qui font dépouillés : c'eſt en conféquence de ce principe que lorſqu'il s'éleve des conflits entre les commiſſions du conſeil & les cours des aides, la préférence pour l'inſtruction appartient aux commiſſions, étant juſte qu'elles aient à titre d'exception, vis-à-vis les cours des aides, le même droit que celles-ci ont, au même titre, vis-à-vis des juges ordinaires.

X X X V I I I.

POUR l'exécution des trois articles précédents, & la validité des exercices & procès-verbaux, fera mis à la diligence & aux frais des fermiers ou fous-fermiers de nos droits, un tableau dans un lieu éminent de chacun greffe des élections, greniers à fel, traites & autres, dans lequel feront inſcrits, en gros caracteres, les noms & furnoms des commis, gardes & autres ayant ferment à juſtice, employés dans l'étendue de chaque juridiction.

L'OBJET de cet article avoit été que les employés

attachés à chaque partie, & dépendants de chacune de leurs juridictions, puſſent être connus du public & du juge : mais il réſultoit de cette police que les employés de chaque ferme devenoient inutiles pour les autres, & que leurs fonctions étoient reſtreintes dans l'étendue du territoire de la juridiction dont ils dépendoient : d'ailleurs, elle étoit impraticable par les changements continuels que le bon ordre de la régie exige parmi les employés. Auſſi elle a été réformée promptement, comme le juſtifie l'arrêt du 17 août 1683, qui a ordonné que les employés travailleroient pour toutes les parties des fermes ; & il y a une diſpoſition préciſe à ce ſujet dans l'article 31 de la déclaration du 1er. août 1721, portant réglement général pour la ferme du tabac.

X X X I X.

ENJOIGNONS aux commis de mettre au-dehors ſur la porte du bureau, ou en autre lieu apparent, le tableau ou inſcription, contenant en général les droits de la ferme, pour la recette ou contrôle deſquels le bureau eſt établi : leur enjoignons pareillement de mettre dans le bureau, en un lieu apparent, un autre tableau, contenant un tarif exact de tous les droits, à peine d'amende arbitraire, dépens, dommages & intérêts des parties.

LA premiere diſpoſition de cet article eſt d'une exécution néceſſaire, pour que le public ſoit inſtruit du lieu où ſont les bureaux : quant à la ſeconde, qui a été renouvelée par l'article 6, titre 14, ordonnance 1687, voici les obſervations ſur cet article.

X L.

LES marchandiſes & denrées, dont les droits doivent être payés à raiſon du poids & de la meſure, ſeront peſées aux poids & meſures que les fermiers ou fous-fermiers de nos droits tiendront dans leurs bureaux, pourvu que l'étalonnement en ait été bien & dûment fait en la maniere accoutumée : défendons aux engagiftes & fermiers de nos poids & mefures, & aux feigneurs particuliers des villes & lieux où il y en a d'établis, d'y apporter aucun empêchement.

Cet article a eu pour but de prévenir les prétentions que pourroient former les perfonnes qui ont le droit de pefer les marchandifes à titre de propriété, de ferme ou d'engagement, & qui en conféquence auroient pu troubler le fervice des bureaux, fous le prétexte de faire la pefée des marchandifes : il faut au furplus voir l'article 7 du titre 14, ordonnance de 1687, où cette difpofition a été renouvelée avec quelques additions.

X L I.

Dans les conteftations entre les fermiers de nos droits & les redevables, à fin civile, les appointements à faire preuve feront toujours refpectifs.

Cet article eft dans les regles ordinaires, & il eft de principe en matiere civile, lorfque les parties fe trouvent contraires en faits, que la preuve foit toujours refpective ; mais il eft rare qu'il furvienne des affaires de cette efpece, le fermier ne fe préfentant ordinairement en caufe qu'avec la preuve par écrit.

X L I I.

Ne feront les redevables de nos droits contraints par corps au payement, finon dans les cas mentionnés dans ces préfentes, & dans nos réglements des mois de mai & juin 1680.

Il faut voir fur cet article le 14ᵉ du titre 12, de

l'ordonnance de 1687, qui prononce le par corps, dans le cas où il y a jugement de condamnation pour les droits.

X L I I I.

Les fentences, condamnations, en ce qui concerne nos droits & l'amende, feront exécutées, nonobftant l'appel & fans y préjudicier aux cautions du bail, lorfqu'elles font au profit du fermier de nos droits & aux cautions du fous-bail, lorfqu'elles font obtenues par les fous-fermiers : défendons à nos cours de donner aucun arrêt de défenfes ou furféances, à peine de nullité ; pourvu néanmoins, au regard de l'amende, qu'elle foit feulement de 50 livres & au-deffous, ou qu'il n'y ait infcription de faux contre les procès-verbaux qui ont donné lieu aux condamnations.

Il faut pareillement confulter les art. 11, 12 & 13, du titre 12 de l'ordonnance de 1687.

X L I V.

L'appel, quant aux dépens, a un effet fufpenfif.

Il femble que les dépens, étant un acceffoire du principal, & comme on dit communément, la peine du téméraire plaideur, auroient dû fuivre le même fort : cependant, il n'a été établi, à ce fujet, aucune loi particuliere pour les affaires des fermes, & on fuit celle du titre 31, de l'ordonnance de 1667, pour les dépens.

X L V.

Enjoignons à nos juges de condamner les coupables des crimes qui emportent confifcation de tous les biens, à l'égard des biens qu'ils

Ónt dans les pays où la confiscation n'a pas
lieu, à une amende qui foit au moins du quart
des biens qui y font fitués.

Les coutumes du royaume, contenant les difpofitions
différentes fur le fait des confifcations de biens, il y a été
pourvu par cet article, en ordonnant que dans celles qui
n'admettent point la confifcation, il fera prononcé une
amende au moins du quart de la valeur des biens; &
c'eft un expédient que la loi a pris pour éviter l'abus
qu'on pourroit faire de quelques coutumes, & par lequel
on apperçoit qu'il feroit intéreffant, & peut-être moins
difficile qu'on n'imagine, d'anéantir des variétés, qui,
peu importantes en ce qui concerne le public, méritent
attention, lorfqu'elles font relatives au gouvernement.

X L V I.

Dans les cas où la peine des galeres eft ordonnée contre les hommes, celle du fouet &
du banniffement, à temps ou à perpétuité, fera
ordonnée contre les femmes, felon la qualité
du fait.

Cet article n'eft fufceptible d'aucune obfervation, les
difpofitions pénales étant de rigueur.

X L V I I.

Les condamnés au payement de nós droits
pour fait purement civil, feront tenus de relever leur appel dans trois mois, du jour de la
fignification de la fentence à leur perfonne ou
à leur domicile; finon le temps paffé, l'appel
ne fera plus recevable, & la fentence paffera
pour chofe jugée en dernier reffort.

L'exécution de cet article, eft très-importante. Il
eft fimple que les redevables abufent de la faculté de
l'appel, fans autre objet que de fufpendre les condam-

nations prononcées contre eux : & comme il n'est pas juste que le recouvrement des droits souffre de cet abus, il a été nécessaire de lui donner des bornes, en accordant un terme aux condamnés pour relever leur appel ; sans quoi les procès n'auroient pas eu de fin : le fermier réduit à prendre des lettres d'anticipation auroit été obligé de multiplier des dépenses souvent plus considérables que l'objet des droits recouvrés; ainsi on ne peut trop tenir à rigueur sur l'exécution de cet article.

Cet article paroissant spécial pour les droits, quoique par l'art. 15, titre 12, de l'ordonnance de 1687, il eût été rendu commun pour les confiscations & amendes, & que le conseil eût par plusieurs arrêts établi cette jurisprudence, dans plusieurs parties des fermes, les cours supérieures refusoient de s'y conformer sous prétexte de l'attachement à la lettre de la loi. Il y a été pourvu par des arrêts & lettres-patentes du 20 juin 1724, qui ont ordonné l'exécution de cet article, & du suivant, pour l'appel des jugements portant confiscation ou amende en toute matiere dépendante des fermes.

X L V I I I.

LORSQU'ILS auront relevé leur appel dans les trois mois, ils seront tenus de le mettre en état de juger dans les neuf mois suivants; sinon, le temps passé, la sentence demeurera confirmée de plein droit, avec amende & dépens, qui seront taxés en vertu des présentes.

CET article est une suite du précédent : il est fondé sur les mêmes motifs ; mais il paroit moins praticable dans l'exécution, par la difficulté de constater que les appelants n'ont point mis leur appel dans l'état d'être jugé dans le délai y spécifié. D'ailleurs, la cour supérieure étant saisie, il seroit nécessaire de faire prononcer que l'appel est désert : il existe, au reste, une variété de jurisprudence à cet égard.

X L I X.

LES inscrivants en faux seront tenus de

configner la fomme de 50 livres en nos cours des aides, & de 30 l. en nos élections & autres juridictions inférieures.

Il a été fait un changement à ces difpofitions, par l'article 2 de la déclaration du roi, du 25 mars 1732 : il porte qu'aucune perfonne ne fera reçue à l'infcription de faux pour fait des droits des fermes, fans avoir préalablement configné en deniers l'amende de 60 liv. pour les infcriptions de faux formées dans les juridictions inférieures, & celle de 100 liv. pour celles qui feront formées dans les cours des aides & autres qui connoiffent des droits des fermes.

Il réfulte de cet article, que celui qui veut s'infcrire en faux contre un procès-verbal rendu en matiere de traites ou de prohibé, doit, à peine de nullité, avant que de former fon infcription, configner en deniers la fomme de 60 liv., fi le procès fe pourfuit à une juridiction en premiere inftance, comme fiege des traites, maîtrife des ports & intendance en matiere civile, & celle de 100 liv., fi c'eft une cour, une commiffion du confeil, ou enfin une intendance en matiere criminelle, attendu que dans ce cas MM. les intendants jugent en dernier reffort.

Cette confignation paroît onéreufe à l'égard de ceux qui font dans l'impuiffance de la faire : mais fi les fraudeurs ou contrevenants n'étoient pas contenus par ce frein, ou fi cette amende étoit reftée réduite à moitié, comme l'avoit ordonné l'article 49 du titre commun, tous les procès-verbaux feroient attaqués par l'infcription de faux.

Quoique l'amende à configner dans les juridictions inférieures ne foit en principal que de 60 liv., l'objet de la confignation eft de 84 liv. 10 fous 6 den., à caufe des 8 fous pour liv. du droit de quittance & du timbre : cette perception eft ainfi détaillée : amende 60 liv. ; 8 fous pour liv. 24 liv. ; quittance 6 fous 8 den. ; 8 fous pour liv. 2 fous 4 den. ; timbre 1 fou 2 den. Total. 84 liv. 10 fous 6 den.

Quand l'amende eft de 100 liv. en principal, la confignation augmente à proportion & s'élève à 140 liv. 10 fous 2 den.

S'il exifte plufieurs infcrivants, chacun doit configner

une amende. Pour soutenir l'opinion contraire, on ne sauroit se prévaloir des dispositions de l'article 4 du titre du faux incident de l'ordonnance de 1737, qui, pour les matieres ordinaires, a autorisé à ne consigner qu'une amende, quel que fût le nombre des demandeurs ou des pieces arguées de faux, pourvû que l'inscription fût formée conjointement & par le même acte. Il est en effet avoué, par tous les tribunaux, que les lois générales ne sont applicables à la partie des fermes, que lorsqu'elle n'a pas de statuts opposés, & qu'il en existe un formel pour cette partie. Or, avant la promulgation du titre commun pour toutes les fermes, la quotité de la consignation étoit la même que celle actuelle : l'article 49 de ce titre la réduit à moitié, dans la vue de faciliter cette ressource, quelquefois la seule pour soustraire à une peine non méritée. Mais bientôt les inscriptions multipliées firent connoître que ces procédures, toutes insidieuses qu'elles étoient en elles-mêmes, ne devoient presque leur existence qu'à la modicité de l'amende ; que les fermiers forcés de se livrer à des discussions longues & difficiles finissoient par l'abandon des instances, & qu'après avoir fait beaucoup de frais, l'impunité de la fraude en étoit le terme.

La déclaration de 1693 statua en conséquence que nul ne seroit reçu à l'inscription de faux, qu'en consignant préalablement en deniers ; & cette substitution du singulier au pluriel, qui n'est point l'effet du hasard, mais du motif que l'on vient de développer, rejette toute consignation collective. Les déclarations intervenues depuis cette époque jusqu'en 1707, ont retenu pour la consignation le même terme nul ; & celles de 1707 & 1731 donnent le même sens, la même idée, en s'exprimant ainsi : *aucune personne ne sera reçue.* Enfin, une derniere considération, pour fortifier cette opinion, résulte de ce que toutes les lois, depuis 1693, ont conservé pour les formalités, autres que la consignation, le pluriel du titre commun : *Ceux qui voudront s'inscrire en faux, &c.* Il n'y a d'ailleurs nulle relation, nulle analogie entre les inscriptions sur procès ordinaires, & celles sur procès des fermes. En matiere ordinaire, s'agissant d'un fait unique, de la vérité d'une signature, ou d'un écrit, tous les inscrivants succombent ou obtiennent leurs conclusions ; mais en matiere

tiere de ferme, chaque contrebandier étant convaincu de fa fraude par des circonftances qui lui font propres, l'un peut voir accueillir fon inscription, & l'autre en être débouté. Dans cette hypothèse, les réglements qui veulent que l'amende foit rendue en entier, ou acquife en entier au fermier, ne pourroient avoir leur exécution, s'il n'en étoit configné qu'une feule.

Ainfi, un jugement qui admet une infcription, fur laquelle plufieurs infcrivants, compliqués dans le même procès·verbal, n'ont configné qu'une feule amende, contrevient à la lettre & au vœu des réglements rendus pour les infcriptions; le confeil l'a jugé en matiere de gabelles, par arrêt du 9 mars 1773, contre les nommés Denis & Bataille, dont l'infcription avoit été admife par les juges des traites d'Avranches, malgré la confignation d'une feule amende. Cet arrêt a caffé la fentence & le jugement du confeil fupérieur de Bayeux, qui l'avoit confirmée.

Aux termes de l'article 2 de la déclaration de 1732, l'amende de 60 liv. à configner pour être reçu à s'infcrire en faux, le fera ès mains des buraliftes des contrôles & des exploits, chargés de faire la recette des amendes, & non ailleurs; & celle de 100 liv. ès mains des receveurs des amendes des cours.

On juftifie de cette confignation, en fe conformant à l'article 1er. de la même déclaration, qui porte que ceux qui voudront s'infcrire en faux contre les procès-verbaux des employés pour fraudes commifes, feront tenus de faire fignifier au fermier, au plus tard dans le jour de l'échéance des affignations qui leur feront données à fa requête, copie de la quittance de l'amende qui fera confignée pour cet effet; faute de quoi ils n'y feront plus reçus.

Les cas où cette amende doit être rendue font prévus par l'article 51 du titre du faux incident de l'ordonnance de 1737. Il veut que la confignation d'amende ne puiffe avoir lieu lorfque la piece ou l'une des pieces arguées de faux aura été déclarée fauffe en tout ou en partie, ou lorfqu'elle aura été rejetée de la caufe ou du procès; comme auffi, lorfque la demande afin de s'infcrire en faux n'aura pas été admife ou fuivie d'infcription formée

Tome IV. D

au greffe, & ce, de quelques termes que les juges se
soient servi pour rejeter ladite demande ou pour n'y
avoir point d'égard ; que dans tous ces cas, la somme
consignée par les demandeurs pour raison de ladite amende,
lui sera rendue, quand même le jugement n'en ordon-
neroit pas expressément la restitution.

Ainsi, en matiere de fermes, l'amende consignée par
l'inscrivant doit lui être restituée, 1°. quand on a admis
un ou plusieurs des moyens de faux qu'il a proposés.
2°. Si la piece arguée de faux a été rejetée du procès ;
enfin, lorsque la demande en inscription de faux n'a pas
été admise, ou que l'inscrivant, après qu'elle a été
reçue, n'a pas jugé à propos de la former au greffe.

En partant de ce principe, lorsque le fermier connoît
qu'une inscription formée contre un procès-verbal est
fondée, & que cette considération l'oblige à transiger,
il doit, pour diminuer d'autant les frais par le retrait
de l'amende consignée, faire rendre, de concert avec
l'inscrivant, une sentence qui donne acte à l'adjudicataire de son consentement que le procès-verbal soit rejeté
de la cause ; déclare nulle la saisie, en fasse main-levée
avec dépens, & ordonne que l'amende consignée sera
restituée à l'inscrivant.

Lorsque ce jugement est passé, le procureur de l'inscrivant doit retirer l'objet de la consignation & le remettre
au préposé du fermier, à la déduction des frais faits pour
le recouvrement de cette amende ; & ce qui restera par
ce moyen, est imputé sur les sommes payées par l'arran-
gement.

L.

DÉCLARONS la connoissance des contestations, pour tous nos droits compris dans nos
réglements des mois de mai & juin 1680, appartenir à nos officiers des élections & des greniers à sel en premiere instance, excepté seulement pour nos droits, pour lesquels nous
avons établi ou commis d'autres juges, à la
charge, en l'un & en l'autre cas, de l'appel en

nos cours des aides dans les matieres où l'appel
est recevable.

Il faut consulter sur cet article, les observations sur
l'article premier du titre 12, de l'ordonnance de 1687.

L I.

Faisons défenses à nos cours de parlement
de Paris, Toulouse, Rouen, Bordeaux, Aix,
grand-conseil, baillifs, sénéchaux, présidiaux,
lieutenants criminels, prévôts des maréchaux,
vice-baillifs, leurs lieutenants, & à toutes autres cours, de prendre connoissance des droits
compris dans notre présent réglement, & dans
ceux des mois de mai & juin 1680, circonstances & dépendances, à peine de nullité des procédures, dépens, dommages & intérêts, & de
3000 liv. d'amende contre les parties qui s'y
sont pourvues.

La disposition de cet article est remarquable, en ce
qu'elle justifie qu'indépendamment des attributions expresses
qui forment la compétence des juges des fermes, tant
en premiere instance qu'en cause d'appel, il falloit des
dispositions également positives pour dépouiller les tribunaux ordinaires, ainsi qu'il sera observé sur l'art. premier
tit. 12, de l'ordonnance de 1687.

ORDONNANCE de 1687.

La quotité des droits d'entrée & de sortie des cinq
grosses fermes, ayant été réglée & déterminée par les
différents tarifs, il restoit à établir les principes par lesquels la perception devoit en être faite. Tel a été l'objet
de l'ordonnance de février 1687, dont les dispositions,
ainsi que l'annonce le préambule de cette ordonnance,

ont été rédigées sur celles des anciennes ordonnances, & des jugements qui avoient été rendus sur cette matiere, & d'après les usages établis par ces jugements & par les baux.

Le titre premier de cette ordonnance, regle les cas dans lesquels doivent être perçus les droits d'entrée & de sortie, ceux des acquits de payement & à caution, & des certificats de descente.

Le second concerne l'entrée & la sortie des marchandises, les déclarations, les visites & les acquits.

Le troisieme détermine les lieux destinés pour l'entrée des drogueries & épiceries, des ouvrages de fil & de soie venant des pays étrangers.

Le quatrieme concerne la marque des toiles & autres étoffes, dans les frontieres des provinces de l'étendue de la ferme.

Le cinquieme regle ce qui concerne le payement des droits sur les marchandises qui sont sauvées du naufrage.

Le sixieme prescrit les formalités concernant les acquits à caution.

Le septieme regle ce qui concerne les inventaires & le transport des vins & eaux-de-vie, dans les quatre lieues qui avoisinent les limites de la ferme, dans les provinces d'Anjou, du Maine & du Bas-Poitou.

Le huitieme traite des marchandises de contrebande, & de celles dont l'entrée & la sortie du royaume est défendue.

Le neuvieme concerne les magasins & entrepôts.

Le dixieme prescrit les formalités à remplir pour les marchandises qui entrent dans Paris.

Le onzieme concerne les saisies des marchandises.

Le douzieme traite de la jurisdiction des juges des traites.

Le treizieme des amendes & confiscations.

Le quatorzieme & dernier concerne la police générale de la ferme des droits d'entrée & de sortie.

Cette ordonnance qui est de la plus grande utilité pour la régie des traites ayant besoin pour être bien entendue, d'un commentaire qui puisse éloigner toute fausse interprétation, on s'est attaché à rendre ce commentaire le plus clair qu'il a été possible ; mais on a eu soin en même temps, de copier littéralement le texte de la loi, sans s'y permettre le plus léger changement,

ORDONNANCE DE LOUIS XIV,

ROI DE FRANCE ET DE NAVARRE,

Sur le fait des cinq grosses fermes ;

Donnée à Versailles au mois de février 1687.

Regiſtrée en la cour des aides de Paris le 8 mars ſuivant.

LOUIS, PAR LA GRACE DE DIEU, ROI DE FRANCE ET DE NAVARRE : A tous préſents & à venir, SALUT. Nous avons, par nos ordonnances des mois de mai & juin 1680 & juillet 1681, établi une juriſprudence certaine pour la perception des droits qui compoſent nos fermes générales des gabelles, aides, entrées & autres y joints, en ſorte qu'il reſtoit encore à régler les maximes concernant la perception des droits de ſortie & d'entrée ſur les marchandiſes & denrées, à quoi nous avons fait travailler ; & après avoir fait examiner en notre conſeil royal des finances, les anciennes ordonnances & les uſages établis par les baux & par les jugements, nous avons fait rédiger les articles que nous voulons être obſervés ſur cette matiere : A CES CAUSES, de notre certaine ſcience, pleine puiſſance & autorité royale, nous avons dit, déclaré & ordonné, diſons, déclarons & ordonnons, voulons & nous plaît ce qui ſuit :

D 3

TITRE PREMIER.

Des droits de sortie & d'entrée, & des droits d'acquit de payement & à caution, & de certificats de descente.

ARTICLE PREMIER.

NOS droits de sortie & d'entrée, seront payés suivant les tarifs arrêtés en notre conseil, ès années 1664, & arrêts depuis intervenus sur toutes les marchandises, qui y sont comprises, nonobstant tous privileges; autres que ceux qui y seront mentionnés, quand même elles seroient destinées pour notre usage & service; & sans déduction de nos autres droits qui auront été payés dans nos provinces réputées étrangeres, à la réserve des drogueries & épiceries, pour lesquelles les droits qui auront été payés seront déduits.

CET article ordonne l'exécution des tarifs de 1664 & 1667, & des arrêts postérieurs; & ses dispositions sont renouvelées dans tous les baux.

On a vu *aux Observations Préliminaires*, pages & les cas où on acquittoit les droits du tarif de 1664, quelles marchandises étoient assujetties aux droits du tarif du 18 avril 1667, & des arrêts rendus depuis, & l'effet de ces droits : il est inutile de le répéter ici.

Les droits payés dans les provinces réputées étrangeres ne sont point déduits sur ceux perceptibles à l'entrée & à la sortie des cinq grosses fermes, comme il a été dit en parlant des droits locaux, page des observations préliminaires: par exemple, une marchandise passant du Dauphiné en Bresse ou en Bugey, est assujettie à la totalité des droits d'entrée du tarif de 1664, bien que le redevable justifie du payement de ceux de douane de Valence.

· Les droits doivent être payés, pour quelque deſtination que ſoient les marchandiſes & denrées, & nonobſtant tous privileges, autres que ceux mentionnés auxdits tarifs & réglements, & ceux accordés ou confirmés par des réglements rendus depuis l'édit du mois d'août 1717, qui a ſupprimé tous les privileges d'exemptions des droits des fermes.

Pour connoître la valeur des titres d'exemptions, voyez ce qui en a été dit au commentaire ſur l'article 2 du titre commun.

Les marchandiſes deſtinées pour l'uſage & ſervice du roi doivent les droits, ainſi qu'il eſt dit dans cet article ; mais elles ne les acquittent point : on en fait ſeulement la liquidation ſur les paſſeports qui les accompagnent : le conducteur donne ſon certificat, portant qu'il ne les a point payés ; & il en eſt tenu compte par le roi au fermier. Les inſtructions données aux commis pour aſſurer l'indemnité de ces droits, ſont du mois de ſeptembre 1763, & du 21 janvier 1770.

I I.

IL ne ſera fait auſſi aucune déduction des caiſſes, tonneaux, ſerpillieres, & de ce qui ſert à l'emballage des marchandiſes, dont les droits ſe payent au poids, ſi ce n'eſt ſur les marchandiſes d'or, d'argent & de ſoie, & ſur les drogueries & épiceries.

TOUTE marchandiſe qui doit les droits au poids, les acquitte au brut ; c'eſt-à-dire, compris les caiſſes, tonneaux & emballages ; qui, tels lourds qu'ils ſoient, doivent être peſés avec la marchandiſe. L'ordonnance n'a excepté que les marchandiſes d'or, d'argent, de ſoie & les drogueries & épiceries, leſquelles n'acquittent qu'au net ; c'eſt-à-dire, déduction faite du poids des caiſſes, tonneaux & emballages.

Ces diſpoſitions ont été appliquées aux droits perceptibles dans le Lyonnois, le Dauphiné, la Provence & le Languedoc, par un arrêt & des lettres-patentes des 19 ſeptembre & 17 octobre 1724. Ils ont ordonné l'exécution dudit article 2 dans tous les bureaux des provinces du Lyonnois, Dauphiné, Provence & Languedoc, non-seulement pour la perception des droits de douane de Valence, mais encore pour celle des droits de douane de Lyon, foraine & autres droits perçus dans lesdites provinces.

Elles ont été étendues au miel, par une lettre de la ferme générale du 17 janvier 1765 ; & aux dentelles, même de fil, par la décision du conseil du 23 juillet 1768, dont il est fait mention au mot dentelles.

I I I.

DÉCLARONS nos provinces de Normandie, Picardie, Champagne, Bourgogne, Bresse, Bourbonnois, Berri, Poitou, pays d'Aunis, d'Anjou & le Maine, ensemble les provinces qui y sont enfermées, de l'étendue de notre ferme ; & seront les autres provinces de notre royaume réputées étrangeres, en ce qui concerne nos droits de sortie & d'entrée, jusqu'à ce qu'autrement par nous il en soit ordonné.

Les provinces & pays dénommés dans cet article, parmi lesquels sont l'ile de France, la Beauce, l'Orléannois, la Touraine, le Perche, le Bugey, &c. comme enclavés dans les autres, formoient alors l'étendue des cinq grosses fermes sujettes aux droits du tarif de 1664, soit à l'entrée, soit à la sortie.

Par arrêt du 10 avril 1717, le Beaujolois a été aussi déclaré province des cinq grosses fermes. La Dombe en fait également partie, depuis la déclaration du roi du 15 novembre 1768, dont l'article premier a voulu que cette principauté fût à l'avenir comprise dans l'étendue des cinq grosses fermes.

Toutes les marchandises qui vont de l'étranger, ou d'une province réputée étrangere, dans ces différentes provinces, ou qui en sortent, soit pour l'étranger, soit pour une province réputée étrangere, doivent les droits d'entrée ou de sortie de ce tarif, autant de fois qu'elles paſſent par les bureaux établis ſur les limites de cette étendue des pays des cinq groſſes fermes. La ſeule exception générale eſt celle portée par l'article 4 de ce titre.

Il en eſt une particuliere, relative à Lyon. Les marchandiſes deſtinées pour cette ville, qui entrent par les cinq groſſes fermes, & qui ne ſont ſujettes qu'aux droits du tarif de 1664, ou à d'autres non uniformes, ne doivent que le quart de ces droits, en prenant acquit à caution pour aſſurer le payement à Lyon du droit de douane de cette ville, qui tient lieu des trois autres quarts des droits du tarif de 1664.

Si la marchandiſe vient de l'étranger, & qu'elle ſoit ſujette aux droits du tarif de 1667, elle paye, ſauf quelques exceptions, dont il eſt fait mention aux obſervations préliminaires, page   , la moitié de ces droits, en prenant également acquit à caution pour aſſurer le payement à Lyon du droit de douane qui tient lieu du ſurplus.

Il n'y a que les drogueries & épiceries venant des provinces réputées étrangeres, ou de l'étranger, qui doivent les droits en entier, quoique deſtinées pour Lyon ; ce qui n'empêche pas qu'elles n'acquittent ceux de douane.

Pour les marchandiſes & denrées ſortant de l'étendue des cinq groſſes fermes pour Lyon, ou de Lyon pour les cinq groſſes fermes, voyez les privileges de la ville de Lyon, page   des obſervations préliminaires.

Les provinces, autres que celles déſignées dans cet article, ſont réputées étrangeres ; c'eſt-à-dire, qu'elles ont leurs droits particuliers, & qu'en y entrant on n'acquitte jamais ceux du tarif de 1664. On voit au reſte plus amplement, aux obſervations préliminaires, page   , la diſtinction des différentes provinces du royaume, en provinces des cinq groſſes fermes, provinces réputées étrangeres, & provinces traitées à l'inſtar de l'étranger effectif.

I V.

LES marchandiſes qui ſortiront de l'étendue de la ferme pour y rentrer, ſoit par terre ou par mer, ne feront ſujettes à aucuns droits de ſortie ou d'entrée ; & les marchands feront tenus seulement de prendre des acquits à caution. Mais celles qui viendront des pays étrangers, ou de nos provinces réputées étrangeres, & qui passeront par les provinces de l'étendue de la ferme pour en sortir, seront sujettes, tant à nos droits d'entrée qu'à ceux de sortie; sans préjudice néanmoins du privilege du transit pendant le temps que nous le permettrons.

Les provinces des cinq grosses fermes peuvent commercer ensemble, sans payer aucun droit d'entrée & de sortie des cinq grosses fermes, quoiqu'elles empruntent le territoire des provinces réputées étrangeres : ainsi, une marchandise enlevée dans l'Anjou pour le Poitou, peut s'y rendre par la Bretagne, sans acquitter ni le droit de sortie du tarif de 1664 en passant en Bretagne, ni celui d'entrée du même tarif en quittant la Bretagne pour arriver en Poitou : il suffit qu'elle soit accompagnée d'un acquit à caution pris dans un bureau de l'Anjou pour assurer l'arrivée des marchandises dans le Poitou.

Il en est ainsi des marchandises ou denrées allant du Calaisis ou du Boulonnois en Picardie par l'Artois, ou de Picardie en Picardie, aussi en empruntant l'Artois. On s'assure par cet acquit à caution, dans lequel on regle un délai pour le transport, que la marchandise ne restera point en fraude des droits de sortie dans la province réputée, & dont elle emprunte le passage. Elle n'a, en un mot, à payer que les droits particuliers qui peuvent être dus dans les provinces réputées étrangeres par lesquelles elle passe.

On en use de même pour les marchandises qui vont par mer de Rouen à la Rochelle, & reversiblement: on est obligé, pour assurer leur destination, de délivrer un acquit à caution, parce qu'allant par mer, elles sortent non-seulement de l'étendue de la ferme, mais encore du royaume.

Le commerce entre les provinces réputées étrangeres, ne jouit pas de la même facilité que celui qui a lieu entre les provinces des cinq grosses fermes. Une marchandise qui sort d'une province réputée étrangere, pour

aller dans une autre province de même nature, & qui
emprunte l'étendue des cinq grosses fermes, paye non-
seulement les droits d'entrée du tarif de 1664, en arrivant dans les cinq grosses fermes, mais encore ceux de
sortie du même tarif, en passant des cinq grosses fermes
dans la province réputée étrangere, pour laquelle elle est
destinée ; elle doit même les droits locaux, qui ont lieu
dans les provinces reputées étrangeres d'où elle vient,
& dans lesquelles elle va. Ainsi, une marchandise qui
va de la Flandre dans la Bretagne par terre, doit les
droits d'entrée du tarif de 1664, à celui des bureaux de
Doulens, Péronne, Saint-Quentin, ou Guise par lequel
elle entre, & ceux de sortie du même tarif, à l'un des
bureaux de la Gravelle, Ingrande, ou autres placés sur
la limite de l'Anjou, du Maine, ou de la Normandie,
à la Bretagne, sans préjudice de ceux de Trépas, de
Loire, Méage, ou autres locaux. Il en est de même
pour ce qui va du Dauphiné dans la Franche-Comté,
en traversant la Bresse ou le Bugey, & reversiblement,
il doit à l'entrée & à la sortie des cinq grosses fermes, les
droits du tarif de 1664, indépendamment de celui de
douane de Valence.

Pareille regle a lieu pour ce qui va d'Artois en Artois,
en empruntant la Picardie ; de Bretagne en Bretagne, en
passant par le Poitou ; & de Franche-Comté en Franche-
Comté, en prenant passage sur la Bresse.

On suit les mêmes principes pour ce qui va d'une
province réputée étrangere, ou d'un pays traité à l'instar
de l'étranger effectif, à l'étranger en passant par les cinq
grosses fermes. Tel est le cas de la futaillerie tirée de
Franche-Comté pour la Savoie, qui passe par le Bugey,
ou des denrées du pays de Gex, destinées pour la Savoie,
& empruntant la même province du Bugey.

Quant au transit dont il est parlé dans cet article, il
a été révoqué par un arrêt du conseil du 9 mars 1688,
à raison des abus qui en résultoient : il n'existe que sur
certaines marchandises telles que celles des îles Françoises
dont il est fait mention aux Observations Préliminaires,
page

V.

Toutefois nos droits de fortie feront payés pour les vins & pour les eaux-de-vie qui fortiront de nos provinces d'Anjou, du Maine, de Thouars, & de la châtellenie de Chantoceaux, qui pafferont par notre province de Bretagne, encore que la deftination en foit faite pour les lieux de l'étendue de notre ferme.

L'EXPÉRIENCE avoit prouvé qu'il réfultoit des abus du tranfit accordé par la Bretagne, aux vins de l'Anjou auxquels on fuppofoit la deftination du Poitou ; & ces abus confiftoient à laiffer ces vins en Bretagne, & à en tranfporter dans le Poitou qui étoient du crû de Bretagne : l'article ci-deffus y a pourvu en affujettiffant ces vins aux droits.

V I.

Les marchandifes qui ne feront point comprifes dans le tarif, feront appréciées, de gré à gré, par le fermier de nos droits & les marchands intéreffés ; & en cas de conteftation, elle fera réglée fur le champ par l'un des juges fur nos droits de fortie & d'entrée, & fuivant l'eftimation qui en fera faite par gens à ce connoiffants, dont les parties conviendront, finon il en fera par lui nommé d'office ; & nos droits feront payés à raifon de cinq pour cent de la valeur des denrées & marchandifes, à l'exception de celles de foie, or & argent, poil, fil & laine, & autres femblables, des manufactures étrangeres, dont les droits d'entrée feront payés à raifon de dix pour cent de leur jufte valeur.

LES conducteurs des marchandises qui doivent les droits à la valeur, en conséquence de l'article final du tarif de 1664, & de l'art. 6 ci-dessus, étoient tenus de faire la déclaration de cette valeur, pour que les droits pussent en être acquittés, sur le pied de ladite valeur. L'ordonnance prévit que ces déclarations seroient souvent infidelles ; elle crut y remédier, en ordonnant en cas de contestation sur le prix de l'estimation, qu'elle seroit réglée par les juges, suivant l'estimation qui en seroit faite par les experts.

Les négociants profitoient de cette disposition, pour ne déclarer les objets sujets aux droits, à raison de la valeur que pour la moitié de cette valeur, & le fermier ne pouvoit pas réprimer cette sorte de contravention, parce qu'en cas de contestation, il n'avoit pas d'autre voie que de se pourvoir devant les juges des traites qui nommoient des experts toujours disposés à favoriser les négociants. S'il résultoit de leur rapport que la déclaration étoit jugée fausse, celui qui l'avoit faite en étoit quitte pour payer les droits sur le pied de l'estimation desdits experts, sans être assujetti à aucune peine, en sorte que cette fraude se pratiquoit, sans que ceux qui la commettoient courussent aucun risque : il y fut pourvu par un arrêt & des lettres-patentes du 2 août 1740, ils permirent aux commis établis dans les bureaux des fermes aux entrées du royaume, de retenir les marchandises venant des pays étrangers, assujetties au payement des droits sur l'estimation de leur valeur, en payant aux marchands, commissionnaires & autres, le montant de l'estimation faite par les marchands ou commissionnaires, dans leurs déclarations, & le sixieme en sus de cette estimation, lorsque ces marchandises seroient reconnues être portées au-dessous de leur valeur ; ils disposerent que dans le cas où les commis ne voudroient pas user de cette faculté, ils seroient tenus de se contenter de l'estimation qui auroit été faite desdites marchandises, par lesdits marchands, commissionnaires & autres, & d'en percevoir les droits sur le pied de ladite estimation, sans que sous quelque prétexte que ce fût, ils pussent retarder l'expédition desdites marchandises.

Les mêmes abus subsistoient sur les marchandises envoyées à l'étranger, ou dans les provinces réputées étrangeres : un autre arrêt & des lettres-patentes du 27 septembre 1747, ont également permis aux commis des bureaux établis aux sorties du royaume, ou des provinces réputées étrangeres, de retenir ces marchandiſes ſur l'eſtimation de leur valeur, en payant le montant de l'eſtimation & le ſixieme en ſus, mais toujours avec injonction de ſe contenter de cette eſtimation, lorſqu'ils ne voudroient pas jouir de la faculté à eux accordée.

Ces réglements ſont applicables à tous les cas où il s'agit de méſeſtimation, ſoit qu'il ſoit queſtion des droits des marchandiſes venant d'une province réputée étrangere, ou de ceux de douane de Lyon, foraine, ou douane de Valence ; la cour des aides de Paris l'a ainſi jugé par un arrêt contradictoire du 19 janvier 1779, contre le ſieur Boſſet, de Lille, dans l'eſpece ſuivante.

Le 21 juillet 1777, le nommé Velay, voiturier avoit dépoſé à la douane de Saint-Quentin, 11 pieces de molleton, venant de Lille, envoyées par le ſieur Boſſet à Lyon. Cette eſpece de marchandiſe, comme omiſe au tarif de 1664, devant les droits à la valeur, Velay avoit repréſenté une déclaration ſignée, & un paſſavant du bureau de Lille, qui portoit cette valeur à 590 liv. L'eſtimation ayant paru inférieure à la valeur réelle, les commis avoient uſé du droit de retenue accordé par les arrêts & lettres-patentes ci-deſſus cité ; ils avoient en conséquence, gardé la marchandiſe, en offrant le prix déclaré, & le ſixieme en ſus. Le commiſſionnaire du ſieur Boſſet, avoit prétendu qu'on auroit dû offrir, en outre, les frais d'emballage & de voiture, depuis Lille, juſqu'à Saint-Quentin. Le fermier aſſigné en conformité de cette prétention, une ſentence du juge des traites de Saint-Quentin, avoit déclaré bonnes & valables les offres réelles faites par l'adjudicataire, au ſieur Boſſet, de la ſomme de 688 liv. 6 ſous 8 deniers : ſavoir, 590 liv. pour valeur, ſuivant la déclaration de 11 pieces de molleton, venant de Lille, & 96 liv. 6 ſous 8 deniers, pour le ſixieme en ſus de cette valeur ; elle avoit débouté le ſieur Boſſet du ſurplus de ſes demandes, & l'avoit condamné aux dépens.

Sur l'appel du ſieur Boſſet en la cour, deux propoſitions ont partagé ſa défenſe : il a prétendu, 1°. que les lettres-Patentes de 1740, n'accordoient le droit de retenue qu'à l'entrée du royaume, & ſur les marchandifes venant des pays étrangers, dont les droits font dus à l'eftimation ; qu'il ne s'agifloit pas dans l'efpece de marchandifes venant de l'étranger, ni de droits d'entrée du royaume, mais de marchandifes venant d'une province réputée étrangere dans une des cinq groffes fermes, & fujettes aux droits du tarif de 1664 ; 2°. que l'emballage, & les frais de voiture, jufqu'à l'endroit où la valeur fe déclare, faifoient néceffairement partie de cette valeur ; qu'ainfi, en obligeant le fermier à payer la valeur, la loi avoit entendu y comprendre les frais d'emballage & de voiture jufqu'au lieu de la déclaration.

Cette feconde propofition fut écartée par le texte même des lettres-patentes qui permettent la retenue, en payant aux marchands, commiffionnaires & autres, le montant de l'eftimation par eux faite fur leurs déclarations: d'où il fuit, qu'ils ne peuvent répéter que le montant de cette même eftimation, avec le fixieme en fus ; & que fi les frais d'emballage & de voiture, font partie de la valeur, ils doivent s'imputer de ne les avoir pas compris dans l'appréciation qu'ils ont donnée à la marchandife.

La premiere propofition éprouva plus de difficulté : d'un côté, il eft vrai, que les lettres-patentes de 1740, ne s'expliquent littéralement, que fur les marchandifes venant des pays étrangers, dont les droits à l'entrée font dus à la valeur ; de l'autre, il eft certain qu'il y avoit même raifon de décider pour les marchandifes venant du réputé étranger, que pour celles venant de l'étranger : l'intention du légiflateur, eft même clairement manifeftée à cet égard, par les lettres-patentes du 27 feptembre 1747, qui accordent le droit de retenue à la fortie : elles permettent d'exercer ce droit nominativement fur les marchandifes deftinées pour l'étranger ou pour les provinces réputées étrangeres. Ainfi, on pouvoit affurer que l'omiffion des provinces réputées étrangeres dans les lettres-patentes de 1740, étoit une erreur de rédaction, & que d'ailleurs le vœu de la loi, étoit fuffifamment connu. Cependant M. l'avocat-général penfa, que pour ôter tout prétexte aux difcuffions qui pourroient furvenir dans le même genre, il convenoit de recourir à l'autorité lé-giflative, & que fon miniftere l'obligeoit à conclure au renvoi par devers le roi.

L'arrêt rejetant cet interlocutoire, a jugé qu'il devoit

en être du droit de retenue à l'entrée, accordé par les lettres-patentes de 1740, comme du droit de retenue à la sortie, accordé par les lettres-patentes de 1747 ; que ces deux droits étant au fond les mêmes, devoient se régir par les mêmes principes, & avoir lieu, tant sur les marchandises venant des provinces réputées étrangeres, que sur celles venant de l'étranger, dont les droits sont dus à la valeur. Il a jugé en outre, que le négociant ne pouvoit exiger que le montant de l'estimation faite par sa déclaration, avec le sixieme en sus, sans y ajouter les frais d'emballage & de voiture.

L'exécution, trop rigoureuse de ces réglements, a occasionné les plaintes du commerce. Il a observé que la vente, trop précipitée que les commis faisoient des marchandises mésestimées, ôtoit aux propriétaires, qui pouvoient être de bonne foi, les moyens de les ravoir, & les privoit souvent de matieres premieres qui leur étoient nécessaires pour les ouvrages auxquels elles étoient destinées. Ces considérations ont déterminé M. le contrôleur-général, qui s'occupe essentiellement de ce qui intéresse le commerce, à faire rendre, le 16 septembre 1785, un arrêt qui, en confirmant le droit de retenue accordé par les arrêts & lettres-patentes des 2 août 1740, & 27 septembre 1747, veut que, dans le cas où ladite retenue aura lieu, il en soit rédigé un acte, contenant l'offre réelle du prix porté par la déclaration, & du sixieme en sus ; que cet acte sera notifié au marchand, commissionnaire ou voiturier, s'il est présent, sans être tenu d'observer aucune autre formalité. Il porte encore que les commis ne pourront disposer des marchandises ainsi retenues qu'après le délai d'un mois, pendant lequel les propriétaires pourront traiter, à l'amiable, du prix desdites marchandises ; & qu'après l'expiration dudit délai, les commis des fermes auront la liberté d'en disposer comme bon leur semblera, sans être tenus à aucunes déclarations, ni autres formalités.

De son côté, la ferme générale a recommandé aux commis, par sa lettre du 10 novembre 1785, non-seulement de s'abstenir de la vente desdites marchandises avant un mois, à compter de la date de leur procès-verbal, mais encore d'avoir l'attention, lors de la vente, d'en donner la juste préférence aux propriétaires, s'ils la réclament.

VII.

VII.

Nos droits d'entrée & de sortie seront payés pour les marchandises qui seront déchargées des vaisseaux qui aborderont dans nos ports & havres, & chargées en d'autres vaisseaux de bord à bord, pour être portées hors l'étendue de la ferme.

Les marchandises pour être déchargées du bord d'un vaisseau dans un autre sans être mises à terre, ne doivent pas moins les droits d'entrée & de sortie de la province où elles étoient arrivées lorsqu'elles en ont été exportées. Ainsi, une marchandise apportée par un vaisseau dans le port du Havre, de Saint-Valery, ou Calais, & qui seroit déchargée dans un autre navire, pour être conduite, soit à l'étranger, soit dans une province réputée étrangere, est assujettie, tant au droit d'entrée, qu'à celui de sortie, du tarif de 1664.

De même, une marchandise arrivée au port de Toulon, & qui seroit déchargée dans un autre vaisseau, à la destination de l'étranger, ou d'une autre province du royaume, devroit la douane de Lyon, à raison de son entrée dans le port, & la foraine pour la sortie de ce port.

On suppose toutefois, que le bâtiment qui a apporté la marchandise, est arrivé dans sa destination ; car s'il avoit été forcé de relâcher, ce seroit une exception à la regle, comme on le voit par l'article ci-après.

VIII.

Toutefois il ne sera payé aucuns droits pour les marchandises déchargées des vaisseaux qui auront été obligés de relâcher par fortune de vent, tempête, poursuite d'ennemis, ou autres cas fortuits, pourvu qu'elles soient rechargées sur les mêmes vaisseaux, dans trois jours après la déclaration des maîtres ou capitaines des vaisseaux; & si elles sont enlevées après les trois jours, elles seront sujettes aux droits d'entrée seulement, si ce n'est qu'ils aient obtenu une prolongation de délai, qui leur sera accordée pour quinzaine seulement.

La condition de recharger les marchandises dans un délai aussi court que celui porté par ledit article, & sur le même navire qui les avoit apportées, privoit un grand nombre d'armateurs du bénéfice de l'exemption que le législateur avoit eu intention de leur accorder dans le cas de relâche forcé; il y a été pourvu par l'arrêt du conseil du 5 octobre 1783.

Suivant l'article 1er. de cet arrêt, les marchandises déchargées des navires, qui ont été obligés de relâcher dans les ports du royaume, par fortune de vent, tempête, poursuite d'ennemis, ou autres cas fortuits, & qui appartiennent aux sujets du roi, ou à ceux des états avec lesquels la France a des traités de commerce, sont exemptes du payement des droits, pourvu qu'elles soient mises en entrepôt réel sous la clef du fermier, jusqu'à leur embarquement, & qu'elles soient rechargées deux mois au plus tard après la déclaration des maîtres ou capitaines de navires, sur le même bâtiment qui les a apportées, ou sur un navire françois.

L'article 2 veut que les marchandises expédiées dans ce délai, sur d'autres navires que ceux permis par le 1er. article, soient sujettes aux droits d'entrée seulement.

Celles expédiées après le susdit délai de deux mois, sur quelques navires qu'elles soient embarquées, sont assujetties, d'après l'article 3, au payement des droits d'entrée & de sortie.

L'article 4 enjoint aux capitaines de navire de faire leurs déclarations, conformément à ce qui est prescrit par l'article 9 du titre 1er. de l'ordonnance de 1687, & autres réglements postérieurs, & sous les peines y portées.

L'article 5 porte que les marchandises débarquées des navires appartenants aux sujets des états auxquels l'exemption du droit dé fret n'a pas été accordée, feront traitées comme avant cet arrêt.

Aux termes de l'article 6, la propriété françoife des navires fabriqués dans des ports étrangers, doit être conftatée par des contrats d'achat paffés devant notaire, & enregiftrés au greffe des amirautés par ordonnance des juges; & l'armateur eft tenu de juftifier que les deux tiers de l'équipage eft françois, conformément à l'article 2 du titre de droit de fret de l'ordonnance de 1681.

Enfin, pour que la propriété des navires appartenants aux fujets des états exempts du droit de fret foit conftatée, l'article 7 prefcrit les mêmes formalités, que celles réglées par les traités de commerce pour l'exemption de ce droit.

I X.

LES maîtres ou capitaines des vaiffeaux feront tenus de faire leur déclaration dans les vingt-quatre heures après leur arrivée, au plus prochain bureau du lieu où ils auront relâché, & de juftifier, par leurs livres de bord, connoiffements ou charte-parties, que leurs marchandifes étoient deftinées pour d'autres lieux : autrement le fermier ne fera tenu d'y avoir égard; & en ce cas, les droits feront payés comme pour les autres marchandifes qui entrent dans l'étendue de la ferme.

Voyez pour les déclarations, les obfervations fur l'article 3 & fuivant du titre ci-après.

X.

LES marchandifes qui feront prifes en mer par nos vaiffeaux de guerre, ne feront fujettes à aucuns droits, foit qu'elles foient déclarées de bonne prife, ou que la main-levée en ait été faite aux propriétaires, pourvu qu'elles soient transportées hors le royaume un mois après leur arrivée, sans y avoir été vendues. Mais elles feront sujettes à nos droits d'entrée, si elles sont vendues dans le royaume ; & elles feront encore sujettes à nos droits de sortie, si elles sont portées hors le royaume après avoir été vendues.

Il a été apporté quelques changements à ces dispositions, par les réglements rendus sur les marchandises provenant des prises.

Aux termes de l'article 19 de l'arrêt du 27 août 1778, qui est le dernier de ces réglements, toutes les marchandises des prises, autres que celles prohibées, avoient la faculté de pouvoir être envoyées sans payer aucuns droits, directement du port de l'adjudication à l'étranger ; elles jouissoient aussi du bénéfice de transit au travers du royaume, en passant par les bureaux qui étoient désignés par l'article 17, à l'exclusion de tous autres ; & en attendant qu'elles fussent destinées & expédiées, elles devoient être enfermées dans des magasins.

Elles pouvoient également être expédiées pour les colonies françoises, soit directement du port de l'adjudication, soit en les envoyant d'un port intermédiaire ; & ce transport pouvoit se faire, ou par mer, ou par terre, en remplissant les formalités ordinaires ; mais dans ce dernier cas, elles étoient, à leur arrivée dans le port intermédiaire, renfermées, jusqu'à leur expédition, dans les magasins sous la clef du fermier.

Suivant l'article 21 du même réglement, ces marchandises pouvoient demeurer déposées en magasin, sans destination ou expédition, pendant six mois, à compter du jour de l'adjudication. Après ce terme, les droits en devoient être acquis & payés au fermier par les adjudicataires. Il n'y avoit d'exception qu'en faveur de celles déclarées pour les colonies françoises, avant l'expiration des six mois d'entrepôt ; elles devoient jouir encore de six autres mois, sans être sujettes à aucuns droits. Mais si, après avoir été déclarées pour lesdites colonies, la destination en étoit changée, ou pour l'étranger, ou pour la royaume, dans le cours des six derniers mois, les propriétaires desdites marchandises devoient être tenus de payer, savoir, pour celles qui auroient passé à l'étranger, les droits d'entrée, & moitié de ceux de sortie ; & pour celles qui auroient été destinées à la consommation du royaume, les droits d'entrée, avec moitié en sus.

X I.

IL sera payé cinq sous par les marchands, voituriers ou autres, par chaque acquit de payement ou à caution, & cinq sous pour le certificat de descente, si les droits sur les marchandises comprises dans l'acquit montent à trois livres.

La fixation faite par cet article & le suivant, de ce qui doit être payé pour les acquits de payement ou à caution, n'a de rapport qu'aux bureaux des cinq grosses fermes, & à quelques-uns de ceux des provinces réputées étrangeres, y ayant des usages différents dans la plupart des bureaux de ces dernieres provinces. Par exemple, à la douane de Lyon, le droit d'acquit créé par les édits du mois de novembre 1633 & 1639, est de 6 sous par chaque expédition, dont le droit principal s'éleve à 4 liv. 10 sous & au-dessus ; & d'un sou seulement par expédition au-dessous de 4 liv. 10 sous jusqu'à 20 sous.

X I I.

IL sera payé seulement deux sous six deniers, si les droits sont au-dessous de trois livres, pourvu qu'ils se montent au moins à vingt sous ; & si ils sont au-dessous de vingt sous, il ne sera payé aucuns droits d'acquit ni de certificat ; défendons aux commis d'en recevoir aucuns, à peine de concussion.

Voyez ce qui est porté au commentaire de l'article précédent : obfervez feulement que l'article 16 du titre commun de l'ordonnance de 1681 , fe bornoit à ordonner que les commis délivreroient les expéditions, fans rien exiger, finon ce qui leur étoit permis par les réglements ; mais que les articles 11 & 12 ci-deffus s'expliquent plus clairement, & fixent ce qui doit être payé.

Les droits d'acquits font dus dans toutes les provinces. L'article 224 du bail de Forceville, déclare, en effet, commune à toutes les provinces du royaume réputées étrangeres, l'ordonnance de 1687, qui n'embraffoit originairement que les provinces des cinq groffes fermes ; & l'article 371 du même bail, s'explique fur la jouiffance des droits d'acquits & certificats de defcente. Cependant, malgré ces lois, qui n'admettent aucune diftinction, les commis de l'adjudicataire avoient négligé de percevoir les droits d'acquits dans les bureaux des provinces de Bretagne, Franche-Comté, Rouffillon & Dauphiné.

En approfondiffant les raifons de cette exception, on reconnut que ce defaut de perception en Franche-Comté, Dauphiné & Rouffillon, n'étoit appuyé d'aucuns titres, & qu'en Bretagne, il ne pouvoit être fondé que fur l'arrêt du 13 octobre 1705, dont les motifs ne fubfiftoient plus. Il y a été pourvu par un arrêt du confeil du 29 mai 1773. Cet arrêt, en ordonnant l'exécution dans toute l'étendue du royaume, des articles 11 & 12 du titre 1ᵉʳ. de l'ordonnance de février 1687, enfemble des articles 244 & 371 du bail de Forceville, a voulu que dans tous les bureaux exiftants, ou qui feroient établis, par la fuite, dans l'étendue des provinces de Bretagne, Franche-Comté, Rouffillon, Dauphiné & autres pour la régie des droits de traite, domaine d'occident, huiles, favons & autres droits, à l'entrée, fortie & paffage des marchandifes, faifant partie du bail des fermes, les droits d'acquits de payement & à caution, de certificats de payement & de defcente, feroient levés aux mêmes quotités, dans les mêmes circonftances, & ainfi qu'il eft prefcrit par les articles 11 & 12.

Ces droits devant être établis de la maniere déterminée par ces articles, ils font perceptibles dans lefdites provinces à raifon de 5 fous fur les acquits, dont le montant principal des droits excédera 3 liv., & de 2 fous 6 den. pour

les acquits dont les droits font au-deſſous de 3 liv. , mais
au-deſſus de 20 ſous.

Si le droit eſt au-deſſous de 20 ſous, il n'eſt point dû
de droit d'acquit ; on eſt ſeulement tenu de rembourſer
le prix du timbre : il faut même que le droit principal s'é-
leve à 5 ſous, pour faire payer le timbre.

Pluſieurs receveurs penſoient que le droit d'acquit n'é-
toit exigible que pour les acquits portant payement des
droits d'entrée & de ſortie proprement dits : ils ne croyoient
point pouvoir le percevoir pour les autres droits réunis à
la ferme générale, tels que ceux de fret, de domaine
d'occident, de ſubvention par doublement, d'abord & de
conſommation. La ferme générale s'eſt en conſéquence
adreſſée au conſeil, qui a rendu, le 31 juillet 1781, d'après
l'avis de MM. les députés du commerce, une déciſion
conçue en ces termes : « En général le droit d'acquit eſt
» dû pour les droits compris dans le bail des fermes, pour
» le droit de fret, comme pour celui du domaine d'oc-
» cident, conformément aux articles 11 & 12 de l'ordon-
» nance de 1687, & à l'article 371 du bail de Force-
» ville ; mais il convient de ne percevoir qu'un ſeul droit
» d'acquit, lorſqu'il n'eſt délivré qu'une ſeule quittance
» relative à pluſieurs droits des fermes pour une même
» marchandiſe ».

La ſeule exception à cette loi commune, concerne les
droits de marque des fers, de jauge & courtage, & de
péage, ainſi que la ferme générale l'a fait connoître par
les lettres aux directeurs de Valence & de Dijon, du 27
août 1781, & par celles écrites aux directeurs de Châ-
lon - ſur-Marne & Châlon-ſur-Saône, le 1er. octobre
ſuivant.

X I I I.

LEUR défendons pareillement, ſur la même
peine, de faire renouveler les acquits à chaque bureau : mais ils pourront ſeulement y
mettre leur vu, ſans que pour ce, ils puiſſent
prendre aucuns droits, ni pour les congés,
paſſavants, brevets de contrôle, ou pour la

décharge des acquits à caution ; le tout fur pareille peine.

On ne peut pas obliger un voiturier à prendre de nouveaux acquits dans les bureaux où il paffe ; il eft feulement tenu de les repréfenter pour être vifés : on peut les retenir, en délivrant en place des brevets de contrôle, le tout fans exiger aucune chofe, pas même le rembourfement du timbre.

Il ne faut pas confondre la décharge de l'acquit à caution, avec le certificat de defcente : pour le certificat de defcente, il eft dû un droit d'acquit. On ne peut, au contraire, exiger aucune chofe pour la décharge de l'acquit.

On voit ci-après que la défenfe d'exiger aucuns droits pour les paffavants ou congés, ne s'étend pas au droit de timbre qui eft toujours dû.

X I V.

Il fera pris feulement fix deniers pour le papier timbré de chaque acquit de payement, ou à caution, & de chaque certificat de defcente, congé ou paffavant.

Le prix du timbre ayant augmenté, & étant en général d'un fou trois deniers, c'eft fur ce pied qu'il doit être exigé. Obfervez feulement qu'il n'eft perceptible que lorfque le droit principal de la marchandife qu'il a pour objet, s'éleve à cinq fous : c'eft le réfultat d'une décifion du confeil, du 20 juillet 1784, Elle porte que l'adjudicataire des fermes fera tenu de délivrer des quittances pour tous les droits de cinq fous, & au-deffus, & d'en payer le droit de timbre, conformément au tarif.

Le fermier n'ufe point des difpofitions de l'article 14, pour prendre un droit de timbre fur les certificats de defcente, attendu que ces certificats font mis au dos des acquits à caution.

X V.

Il ne fera donné qu'un feul acquit de paye-

ment, ou à caution, pour tous les ballots &
marchandiſes appartenantes à un même marchand, conduites par un même voiturier, par
eau ou par terre, & adreſſées auſſi à un même
marchand ; & en ce cas, il ne ſera pris qu'un
ſeul droit d'acquit, à peine de concuſſion.

Il eſt important de tenir la main à l'exécution de cet
art., attendu qu'il peut contenir les marchands ; l'art. 13
du tit. 2 ordonnant, dans le cas de fauſſe déclaration dans la
qualité des marchandiſes, la confiſcation de toutes celles
de la même faĉture, appartenantes à celui qui aura fait la
fauſſe déclaration.

X V I.

DÉFENDONS au fermier, à peine de trois
cents livres d'amende, d'abandonner à ſes
commis les droits d'acquit & de certificat de
deſcente : voulons qu'ils en faſſent mention ſur
les regiſtres de recette, ſéparément & ſans les
comprendre dans les autres droits, à peine de
cent livres d'amende, & qu'ils en comptent
au fermier, comme des autres ſommes qu'ils
auront reçues.

Lorſque les recettes des traites étoient en titre d'office,
les receveurs jouiſſoient de ces droits, que le roi leur avoit
attribués par les édits de création ; mais depuis la ſuppreſ-
ſion de ces charges, l'article ci-deſſus eſt ſuivi.

TITRE II.

De l'entrée & sortie des marchandises ; des déclarations ; de la visite & des acquits.

ARTICLE PREMIER.

Nos droits de sortie seront payés au premier & plus prochain bureau du chargement des marchandises, & ceux d'entrée au premier & plus prochain bureau de la route ; & les marchands & voituriers seront tenus, en arrivant aux lieux où les bureaux sont établis, de les conduire directement au bureau ; le tout à peine de confiscation des marchandises, & de l'équipage qui aura servi à les conduire, & de trois cents d'amende.

Il y a des bureaux établis, pour la perception des droits des cinq grosses fermes, à toutes les extrémités des provinces qui en composent l'étendue, soit dans les ports & havres de Normandie & Picardie, soit dans les limites du côté des provinces réputées étrangeres, ou de l'étranger ; & il y a une autre ligne de bureaux, un peu avancée dans les cinq grosses fermes, les uns dans les quatre lieues de ces limites, & d'autres encore plus avancés ; ces bureaux se contrôlent les uns les autres, comme on en peut juger par l'explication suivante. Les bureaux qui sont aux extrémités se nomment premiers bureaux d'entrée, ou derniers bureaux de sortie des provinces des cinq grosses fermes, à l'exception de certains petits bureaux, que l'on nomme de conserve, dont il sera parlé ci-après.

Les marchandises qui s'envoyent des cinq grosses fermes à l'étranger, ou aux provinces réputées étrangeres, doivent être conduites au bureau le plus prochain du chargement, y être déclarées, visitées, & y acquitter les droits, & elles doivent encore être représentées & visitées au dernier bureau de sortie, où l'acquit du premier bureau peut être retenu par les commis, qui délivrent un brevet de contrôle, c'est-à-dire, une copie sommaire de l'acquit, contenant mention qu'ils ont retenu l'original.

Les marchandises qui viennent dans l'étendue des cinq grosses fermes, doivent être conduites, déclarées, visitées & acquittées au premier bureau d'entrée, & représentées & visitées au dernier bureau de la route, où il peut être délivré un brevet de contrôle.

Il y a quelques routes où il ne se trouve qu'un bureau, auquel les marchandises, entrant ou sortant, acquittent également ; c'est pourquoi on les nomme bureaux d'entrée & sortie.

Quoique le commerce soit absolument libre dans les cinq grosses fermes, aux quatre lieues près des limites mentionnées aux articles 15 & 16 du titre 6, il y a néanmoins des bureaux établis dans certaines villes, comme à Paris, Troyes, & autres villes de commerce, soit par rapport à certaines formalités de régie, soit pour la facilité du commerce ; les négociants, qui font enlever de ces villes des marchandises, ne sont pas obligés de les faire conduire aux bureaux qui y sont établis. Cependant beaucoup de négociants les y présentent, & en font leur déclaration ; & au moyen de la visite & du payement des droits, elles y sont plombées, & ne sont pas sujettes à autres visites sur la route, si ce n'est au dernier bureau de sortie. Voyez les articles 17, 18 & 19 ci-après, & l'article 2 du titre 10.

Les bureaux que l'on nomme de conserve, sont de petits bureaux établis dans des lieux détournés des grandes routes, par lesquels néanmoins il peut entrer & sortir des marchandises de différents endroits : il n'y a ni contrôleur ni visiteur, mais seulement un receveur, lequel ne doit percevoir les droits que sur les marchandises du crû du lieu & des environs, qui sortent, & sur celles qui entrent pour la consommation seulement des habitants du lieu & des environs. Et à l'égard des marchandises qui pénétrent plus avant dans les provinces de l'étendue de la ferme, ils doivent délivrer des acquits à caution, pour assurer la payement des droits au premier bureau de recette de la route, ainsi qu'il est ordonné par l'article 22 ci-après.

Ces receveurs sont presque tous à deux ou quatre sous pour livre de remise du produit de leur recette, pour leur tenir lieu d'appointemens ; & cette remife ne fe prend que fur le droit principal, & non fur les dix fous pour livre : elle ne pouvoit excéder la fomme de quatre cents livres, fuivant l'arrêt du confeil, du 3 février 1705 ; elle peut s'élever à cinq cents depuis le bail de David.

Les marchandifes exemptes des droits, doivent, de même que les autres, & fous les mêmes peines, être conduites aux bureaux de leurs routes, ainfi qu'il eft ordonné par l'arrêt du 20 mars 1717.

Il en doit être ufé de même pour celles accompagnées de paffeports, lefquels n'exemptent point la vifite.

I I.

LA confifcation aura lieu lorfque les marchandifes auront paffé au-de là des bureaux, ou qu'elles auront été déchargées avant que d'y avoir été conduites.

La premiere partie de cet article confirme les difpofitons de l'article 23, du titre commun de l'ordonnance de 1681. La feconde eft applicable à deux cas ; l'un où la marchandife eft déchargée dans une boutique, un magafin ou une maifon ; l'autre où elle eft introduite dans une cour.

Dans ces deux cas, la confifcation doit avoir lieu avec amende, fans que le prévenu puiffe fe prévaloir que, lors de fon arrivée vis-à-vis la maifon, le magafin, la boutique ou la cour, il étoit nuit. Cette allégation a été profcrite par un arrêt du confeil rendu le 8 décembre 1761, dans l'efpece fuivante.

Le 22 mai 1760, les nommés Chauveau & Jonneau conduifoient quinze bêtes afines de la foire de Blanzac en Xaintonge, province réputée étrangere, aux bourgs de Hirol & Jumeaux en Poitou, province des cinq groffes fermes. En arrivant à Aunay en Poitou, ils auroient dû fe rendre directement au bureau des fermes établi au même lieu, pour y faire leur déclaration & acquitter les droits d'entrée des cinq groffes fermes, dont ces bêtes étoient fufceptibles, ainfi qu'ils y étoient affujettis par les articles 1er. & 2. de ce titre. Ils introduifirent au contraire ces bêtes dans l'écurie d'une auberge située avant le bureau.

Cette affaire portée à l'audience du juge des traites de Niort, Chauveau & Jonneau alléguerent pour couvrir leur contravention, qu'étant arrivés à Aunay fur les fept heures du foir, & s'étant informés s'il n'étoit pas trop tard pour aller au bureau, on leur avoit dit que puifqu'ils n'avoient pas pafsé ledit bureau, ils pouvoient attendre au lendemain pour remplir l'obligation dont ils étoient tenus ; que dans cette confiance, ils avoient mis leurs bêtes afines dans l'écurie de l'auberge ; mais que leur intention étoit d'aller au bureau des fermes immédiatement après les avoir foignées. Ces particuliers chercherent enfuite à éluder ces difpofitions de l'ordonnance de 1687, en donnant à ce réglement un fens contraire à celui qu'il préfente naturellement. Leurs moyens furent accueillis par le juge des traites de Niort, dont la fentence du 19 mai 1760, déclara nul le procès verbal, donna main-levée de la faifie & condamna le fermier aux dépens.

Sur l'appel en la cour des aides de Paris, cette cour, confidérant l'offre du payement des droits faite par les parties comme fuffifante, confirma la fentence par un arrêt du 6 février 1760.

Cet arrêt pouvoit d'autant moins fe foutenir qu'il ouvroit la voie à une fraude impoffible à réprimer. Le fermier fe pourvut en conféquence, au confeil. Il ne lui fut pas difficile d'y démontrer la futilité des moyens qui avoient déterminé les juges de Niort & la cour des aides, & qui confiftoient principalement en ce que Chauveau & Jonneau arrivés à Aunay fur les fept heures du foir, n'avoient pas pafsé le bureau. Il obferva que fuivant l'article 1er. du titre 2, les marchands & voituriers étoient tenus en arrivant dans les lieux où les bureaux font établis, de conduire directement leurs marchandifes au bureau fous peine de confifcation & de trois cents livres d'amende ; que l'article 2e. leur défendoit fous les mêmes peines, de dépofer leurs marchandifes avant que de les avoir conduites au bureau, pour y remplir l'obligation qui leur eft impofée ; qu'aucun obftacle n'avoit empêché Chauveau & Jonneau de fe conformer à cette loi, généralement connue & obfervée depuis fa promulgation : que ne l'ayant pas fait, ils s'étoient mis dans le cas de subir la peine encourue par tous ceux qui contreviennent aux regles établies pour conserver les droits des fermes du roi. Il ajouta que s'il étoit libre d'éluder ces regles, en supposant une intention que sa conduite contrarioit, ces regles deviendroient inutiles, & la régie des fermes ne pourroit subsister; que les juges auroient dû considérer l'affaire sous ce point de vue, prononcer d'après le vœu précis de la loi, & en maintenir l'exécution; qu'ils s'étoient éloignés des vrais principes; & que leur jugement tendoit à l'anéantissement des précautions ordonnées pour empêcher la fraude. Ces considérations déterminerent l'arrêt du 8 décembre 1762. En cassant la sentence du juge des traites de Niort, & l'arrêt de la cour des aides de Paris, il ordonna l'exécution de l'article 1er. & 2 du titre 2 de l'ordonnance de 1687, la confiscation des bêtes asines, avec trois cents livres d'amende solidaire, contre chacun des nommés Chauveau & Jonneau qui furent condamnés aux dépens

I I I.

LES voituriers, ou conducteurs des marchandises, seront tenus, sur les peines portées par l'article Ier., de faire leur déclaration sur le registre, ou d'en apporter une signée des marchands ou propriétaires des marchandises, ou de leur facteur, qui demeurera au bureau, & qui sera encore transcrite sur le registre, & signée par les voituriers ou conducteurs, s'ils savent signer.

Si les voituriers ou conducteurs ne savent signer, il en doit être fait mention sur le registre, ensuite de la déclaration & de l'interpellation qui leur en aura été faite; & les commis doivent signer, afin que cela fasse foi en justice en cas de besoin.

I V.

LES déclarations contiendront la qualité, le

poids, le nombre & la mesure des marchandises ; le nom du marchand ou du facteur qui les envoie, de celui à qui elles sont adressées, le lieu du chargement, & celui de la destination ; & les marques & numéros des ballots seront mis en marge des déclarations.

Les marchands de Rouen s'opposerent à l'exécution de cet article, prétendant qu'il ne pouvoit s'exécuter ; que l'usage étoit de ne point faire mention du poids & mesure des marchandises, & d'ajouter le mot d'*environ* dans leurs déclarations : ils obtinrent un jugement favorable du juge des traites ; & sur l'appel du fermier à la cour des aides de Rouen, il fut rendu arrêt le 4 août 1688, qui ordonna qu'il en seroit usé comme par le passé. Mais comme cet arrêt renversoit la loi établie par l'article ci-dessus de l'ordonnance, & auroit causé des fraudes inévitables, intervint arrêt du conseil le 23 novembre 1688, qui cassa la sentence du juge des traites, & l'arrêt de la cour des aides, & ordonna l'exécution de cet article de l'ordonnance.

Les échevins, syndics, juges-consuls & marchands de la ville de Nantes, ayant formé les mêmes difficultés, & porté la contestation au présidial de Nantes, où ils avoient obtenu une sentence favorable le 26 janvier 1703, intervint arrêt du conseil, le 24 mars 1703, qui cassa cette sentence & évoqua la contestation ; & par autre arrêt du 7 août suivant, en forme de réglement pour le payement des droits de la prévôté de Nantes, l'exécution de l'article ci-dessus fut ordonnée.

L'article 1er. de l'arrêt & lettres-patentes des 9 août & 30 septembre 1723, servant de réglement pour la forme & maniere en laquelle doivent être faites les déclarations dans tous les bureaux du royaume, contient les mêmes dispositions de cet article de l'ordonnance ; & l'article 2 ordonne que les déclarations seront faites relativement au tarif, en déclarant au poids les marchandises dont les droits doivent être payés au poids ; à la mesure, celles qui doivent être payées à la mesure ; & au nombre, celles qui doivent été payées au nombre.

Ce principe a été confirmé plus récemment, par un arrêt du conseil du 24 juin 1777, rendu dans l'espece suivante.

Les sieurs Taillet & Payenneville, négociants à Rouen, avoient déclaré cinq mille livres pesant de garence & cent livres de borax; & la premiere de ces marchandises n'avoit donné à la pesée que quatre mille six cents cinquante liv. & l'autre soixante-quinze liv. Les droits avoient été demandés sur le poids déclaré: mais ces négociants avoient prétendu que la perception ne devoit s'exercer qu'à raison du poids effectif. Ils avoient fait des offres en conséquence; elles avoient été rejetées.

Sur l'assignation donnée à l'adjudicataire en l'élection de Rouen en validité des offres, cinquante-sept négociants de la même ville étoient intervenus dans la contestation, & avoient conclu à ce qu'il fût défendu au fermier & à ses préposés, de percevoir les droits suivant le poids déclaré, lorsque le poids réel des marchandises seroit inférieur à celui de la déclaration; & une sentence, du 13 août 1773, avoit renvoyé les parties à se pouvoir ainsi qu'elles aviseroient; & par provision, avoit ordonné qu'il en seroit usé comme par le passé, dépens compensés.

Les sieurs Payenneville & Taillet ayant interjeté appel de ce jugement, le syndic de la chambre du commerce de Rouen étoit intervenu, & avoit proposé l'alternative de n'acquitter les droits que sur le poids effectif, ou d'admettre les négociants à faire le déchargement de leurs marchandises, & la pesée avant la déclaration; & leur demande avoit été adoptée par un arrêt de la cour des aides de Rouen, du 24 mai 1777. Cet arrêt, déclarant suffisantes les offres des sieurs Taillet & Payenneville, avoit ordonné qu'ils ne payeroient les droits que sur le poids effectif des marchandises: il avoit condamné le fermier à restituer le surplus de ce qui en avoit été perçu. Le même arrêt faisant réglement, avoit ordonné l'exécution des articles 7 & 8 du titre 2; & que dans le cas où il n'auroit pas été fait de pesée au lieu de l'embarquement, le fermier seroit tenu, sur la simple déclaration du nombre des ballots marqués, de la qualité des marchandises, de donner un permis de décharger, & de souffrir

que

que la pesée des marchandises fût faite avant que de fournir la déclaration du poids, & le fermier avoit été condamné aux dépens.

Il n'a pas été difficile au fermier de faire connoître au conseil, que cet arrêt en ordonnant, en apparence, l'exécution des articles 7 & 8 du titre 2, en contrarioit ouvertement les dispositions, & renversoit tous les principes de la matiere, d'après lesquels tout négociant doit fournir, avant le débarquement, la déclaration qui assure irrévocablement la perception : il a observé que cette formalité, principale base de la régie des traites, qui avoit toujours été maintenue avec la plus scrupuleuse attention, étoit prescrite très-impérieusement par les articles 2, 4, 5 & 6 du même titre, qui enjoignent aux voituriers, conducteurs, maîtres de bateaux & autres, de faire leurs déclarations, contenant la qualité, le poids, le nombre, la mesure des marchandises, le nom du marchand ou du facteur qui les envoie, de celui à qui elles sont adressées, le lieu du chargement & de la destination : que l'article 7 du même titre veut même qu'on ne puisse plus augmenter ni diminuer aux déclarations, sous prétexte d'omission ou autrement ; enfin que, suivant l'article 8, c'est après les déclarations & les connoissements représentés, que les marchandises doivent être visitées, pesées, mesurées, nombrées, & ensuite les droits acquittés. Il a fait remarquer que de l'ensemble de ces dispositions, il résultoit qu'en général la déclaration des marchandises, de telles especes qu'elles fussent, devoit énoncer au juste la qualité, le poids, le nombre, la mesure, & que les droits étoient perceptibles sur le pied de cette déclaration : qu'en 1723, le syndic de la chambre du commerce de Rouen, réuni aux députés d'autres villes du royaume, avoient fait des représentations au conseil sur le plan de régie tracé par l'ordonnance, & qu'il y avoit été apporté quelques modifications par l'arrêt du conseil, du 9 août de la même année, revêtu de lettres-patentes : que ce réglement confirmoit la nécessité des déclarations précises & détaillées, avec cette seule différence interprétative, qu'au lieu d'exprimer dans tous les cas, le poids, le nombre & la mesure, les déclarations ne devoient être faites que relativement au tarif, c'est-à-dire, au poids, pour les marchandises qui acquittoient au poids, au nombre, pour celles qui payoient au nombre, & à la mesure, pour celles qui acquittoient à la mesure ; qu'il avoit ordonné, à l'égard des marchandises qui acquittoient au poids ou au nombre, que les déclarations seroient réputées entieres, si le poids ou le nombre de ces marchandises n'excédoit que d'un dixieme celui qui auroit été déclaré ; & pour les métaux, si ce poids n'étoit pas au-dessus d'un vingtieme : qu'à l'égard des sucres bruts, sirop, huile & beurre qui, étant sujets à déchet ou coulage, ne doivent les droits que sur le pied du poids effectif, le marchand étoit tenu de rapporter les déclarations du poids faites au lieu du chargement, & de représenter les mêmes quantités de pipes, bariques, &c. ; enfin, que si les marchandises avoient été mouillées pendant le voyage, & si le poids en avoit augmenté au-delà de cinq pour cent, il en devoit être fait réfaction. Il a inféré de ce que les marchandises sujettes au coulage avoient été les seules admises à acquitter au poids effectif, il étoit d'une conséquence nécessaire que les autres ne pouvoient pas jouir du même bénéfice ; qu'à leur égard les choses restoient dans leur ancien état ; qu'il falloit une déclaration de poids ; que la perception faite sur le pied de cette déclaration, n'étoit qu'une précaution qui pouvoit seule garantir la régie des infidélités & des prévarications de ses commis, & de la connivence des marchands avec ses employés ; que le marchand, qui craignoit le résultat d'une vérification sur une déclaration peu exacte, déclaroit tout son chargement ; que l'employé qui ne pouvoit profiter de l'inexactitude de la vérification, parce que c'est toujours la déclaration qui regle la quotité du droit, étoit porté à la faire sincere ; & que, sous ce point de vue, la déclaration devenoit le contrôle de la visite, & la visite le contrôle de la déclaration ; ce qui faisoit, pour la régie des traites, une double sûreté, que le conseil avoit toujours eu l'attention de conserver. Il a fait remarquer qu'en 1746, le sieur Adrien, négociant à Rouen, ayant déclaré au bureau de la romaine, des fromages de Hollande, avec énonciation d'un poids arbitraire, & qui fut supérieur de soixante-sept livres au poids effectif, on perçut les droits sur le poids déclaré ; que ce négociant s'étant pourvu au conseil en restitution, une décision, du 4 novembre 1746, avoit mis

néant fur fon mémoire ; qu'il en exiftoit encore une autre, du 17 octobre 1750, dans une efpece femblable.

Il a obfervé que cet ordre de procéder n'étoit point
injufte, puifque la déclaration eft le propre fait du marchand, qui eft le maître de fon fort ; que les excédants de
dixieme & de vingtieme, qui font tolérés fuivant la nature des marchandifes, le mettoient dans le cas de n'être
jamais léfé ; que la facilité demandée par ces négociants
ne pouvoit pas avoir pour objet d'affurer la fincérité des
déclarations qui dévoient fuivre cette pefée ; que c'étoit,
au contraire, l'atteinte la plus dangereufe qui pourroit
être portée à la perception, l'expédient le plus favorable
à la fraude des droits ; & que s'il étoit permis de divifer
les déclarations, comme l'ordonnoit l'arrêt de la cour des
aides de Rouen, de déclarer d'abord le nombre des
caiffes & ballots, & leurs numéros & marques, fauf à
énoncer le poids après la pefée, de procéder dans cet état
au débarquement, non-feulement il feroit facile dans les
ports de mer, de fouftraire, pendant le cours de ce débarquement, une partie des marchandifes & d'en frauder
les droits, qu'il en réfulteroit encore la poffibilité de conferver à bord du navire une portion du chargement, &
de le verfer enfuite. Il a remarqué que tous ces inconvénients étoient d'ailleurs indépendants des infidélités qui
pourroient fe pratiquer, par fuite d'une intelligence, entre
les négociants & les commis. Il a obfervé fur-tout, que
l'arrêt contrevenoit formellement à l'ordonnance, en permettant de divifer la déclaration, tandis que les articles 4
& 5 du titre 2, prefcrivent une déclaration contenant tout-
à-la-fois la qualité, le poids des marchandifes, le nom
des marchands, de celui à qui elles font adreffées : qu'une
feconde contravention à l'ordonnance étoit l'injonction au
fermier de délivrer le permis de débarquer avant la déclaration, qui, fuivant l'efprit de la même ordonnance,
doit être fournie avant le débarquement. Il a ajouté qu'en
exécutant cet arrêt, la régie eût été affujettie à faire
pefer toutes les marchandifes qui débarquent dans les
ports ; que fous ce point de vue, fon exécution eût été
prefqu'impraticable, parce que les débarquements étant
très-confidérables, ou il n'eût pas été poffible de faire la
pefée du tout, ou les opérations, par leur extrême len-
teur, auroient apporté journellement des entraves à la

régie. Que l'ancienne manutention, en même temps qu'elle étoit la sûreté de la perception, présentoit des facilités pour le commerce ; que les négociants y trouvoient un avantage sensible, en ce que, comme on ne pèse qu'une partie des marchandises, l'expédition s'opere très-promptement ; que la perception trouvoit des sûretés dans les déclarations préalables à la pesée, & qui, devant être exactes, à peine de confiscation & d'amende, contenoient les négociants.

Ces considérations ont déterminé le conseil à casser & annuller l'arrêt de la cour des aides de Rouen, en ce qu'il portoit que, dans le cas où il n'auroit pas été fait pesée des marchandises au lieu du chargement, le fermier seroit tenu, sur la simple déclaration du nombre des ballots, des marques & numéros qui y seroient, & de la qualité des marchandises, de donner un permis de décharger, & de souffrir que la pesée des marchandises fût faite avant la déclaration du poids. Il a ordonné en même temps l'exécution des articles 4 & 5 du titre 2 de l'ordonnance de 1687, des arrêts & lettres-patentes des 9 août & 30 septembre 1723, & des autres dispositions du même arrêt de la cour des aides.

Il n'y a, en un mot, que les marchandises sujettes à déchet & à coulage, comme les sucres bruts, sirops, huiles & beurre, ainsi qu'il a été dit, dont les droits, aux termes de l'article 6 des lettres-patentes de 1723, ne doivent être payés que sur le pied du poids effectif, sans que les marchands soient sujets à en déclarer le poids, ils sont seulement tenus de rapporter les déclarations du poids au lieu du chargement, & de représenter les mêmes quantités de pipes, bariques, frequins, & autres futailles & vaisseaux en bon état.

V.

Ceux qui feront aborder des vaisseaux, bateaux ou barques dans nos ports de mer, & autres lieux où nos bureaux sont établis, seront aussi tenus, sur les mêmes peines, de donner, dans les vingt-quatre heures après

leur arrivée, pareille déclaration des marchandifes de leur chargement, & de repréfenter
leurs connoiffements.

Non-feulement les maîtres ou capitaines des bâtiments
qui abordent dans les ports, font obligés de faire leurs
déclarations dans les vingt-quatre heures, mais encore
les maîtres ou capitaines de vaiffeaux, bateaux, & autres bâtiments de mer qui abordent ou échouent au long
des rades ou côtes de la mer, à diftance d'une lieue des
ports ou rivieres, dans lefquels fe fait ordinairement la
décharge defdits navires & autres bâtiments, ainfi que
ceux qui font obligés de relâcher par vents contraires,
ou autres cas fortuits, fuivant l'arrêt & lettres-patentes
du 4 avril 1724, à peine de la confifcation des bâtiments
& marchandifes, & de trois cents livres d'amende.

Par une exception particuliere, l'arrêt du confeil, du
7 août 1703, rendu fur la conteftation avec la ville de
Nantes, & rapporté dans la note fur le précédent article, accorde aux capitaines, maîtres de navires, barques, bateaux, voituriers ou conducteurs de marchandifes, trente-fix heures pour faire leurs déclarations; ce qui
n'a lieu uniquement que dans le port de Nantes.

Indépendamment des déclarations exigées, lefdits maîtres ou capitaines des bâtiments doivent repréfenter leurs
livres de bord, connoiffements ou chartes-parties; l'article 10 du titre 1er. du troifieme livre de l'ordonnance
de la marine, du mois d'août 1681, les affujettiffant à
avoir dans leurs vaiffeaux les pieces juftificatives de leur
chargement, & l'article 9 du titre précédent n'admettant
point d'autres pieces que celles ci-deffus, pour juftifier
de la deftination des marchandifes.

Les livres de bord dont la repréfentation eft exigée,
font les regiftres que les maîtres ou capitaines de vaiffeaux doivent tenir, fur lefquels ils font obligés d'enregiftrer le chargement des vaiffeaux par qualité & quantité des marchandifes, & de leurs deftinations.

Le connoiffement eft une reconnoiffance fous fignature
privée, que le maître ou capitaine donne au marchand
des marchandifes qu'il a fait charger dans fon bord, avec
foumiffion de les porter à leur deftination. Cette recon-

noiſſance, ſuivant l'ordonnance de la marine, titre 2, article 3, doit être ſignée du capitaine ou de l'écrivain du bâtiment, & doit faire mention de la qualité & quantité des marchandiſes, des marques & numéros des ballots & caiſſes, du nom du marchand qui les a chargés, du nom de celui à qui elles doivent être remiſes ou conſignées, du lieu du départ du vaiſſeau, de l'endroit où les marchandiſes doivent être déchargées, du nom du maître, de celui du bâtiment, & du prix qui a été convenu pour le fret ou nolis, c'eſt-à-dire, le port; & chaque connoiſſement doit être fait triple, dont un pour le marchand qui a fait le chargement, l'autre pour être envoyé à la perſonne à qui les marchandiſes doivent être remiſes dans le lieu de leur deſtination, & le troiſieme doit reſter entre les mains du capitaine ou de l'écrivain. Le mot de connoiſſement n'eſt, au reſte, en uſage que ſur l'océan : ſur la méditerranée, on dit police de chargement, qui eſt la même choſe; de même pour exprimer le port des marchandiſes, le mot de fret eſt en uſage ſur l'océan, & ſur la méditerranée on ſe ſert de celui de nolis.

Charte-partie eſt l'acte d'affrétement ſur l'océan, & de noliſſement ſur la méditerranée, c'eſt-à-dire, un écrit conventionnel pour le louage d'un vaiſſeau, ou la lettre de facture, & le contrat de cargaiſon du bâtiment qui ſe paſſe entre les propriétaires ou le maître du vaiſſeau, & le marchand affréteur ou noliſſeur. Le propriétaire ou maître s'engage à fournir inceſſamment un vaiſſeau en bon état, pourvu de tous les agrets & apparaux néceſſaires pour naviguer & faire le voyage dont il eſt queſtion, & encore de fournir l'équipage, les vivres & autres munitions; moyennant quoi, l'affréteur s'oblige de payer au propriétaire ou maître, une certaine ſomme convenue pour le prix du fret.

La charte-partie ſe fait pour l'entier affrétement d'un vaiſſeau, tant pour l'aller que pour le retour; ce qui la rend différente du connoiſſement, qui eſt un acte particulier qui ne ſe fait que pour l'aller ou pour le retour.

Les articles 21 & 22 du titre commun de l'ordonnance de 1681, prononcent des peines rigoureuſes contre ceux qui auront falſifié ces pieces.

V I.

Les voituriers ou conducteurs des marchandises, soit par eau ou par terre, qui n'auront pas en main leurs factures ou déclarations à leur arrivée, seront tenus de faire leur déclaration sur le regiftre, du nombre de leurs ballots, & des marques & numéros qui y feront, à la charge de faire ou de rapporter, dans quinzaine fi c'eft par terre, & dans fix femaines fi c'eft par mer, une déclaration des marchandifes en détail; & cependant ils laifferont leurs ballots dans le bureau : & ce temps paffé fans avoir fait ou rapporté une déclaration en détail, les marchandifes feront confifquées, & les voituriers ou conducteurs condamnés à trois cents livres d'amende.

La difpofition de cet article eft confirmée par l'art. 7 des arrêts, & lettres-patentes des 9 août & 30 feptembre 1723.

Aux termes de cet article 6, les commis ne font pas tenus de laiffer faire l'ouverture des ballots dont les conducteurs ne connoiffent point le contenu, ils peuvent retenir ces ballots dans leur bureau, jufqu'au rapport de la déclaration en détail; le fermier eft même fondé, à l'expiration du délai accordé pour faire la déclaration en détail, à demander la confifcation des marchandifes. Il n'ufe cependant pas ordinairement de cette faculté, à moins qu'il ne s'agiffe de marchandifes qu'il foupçonne de prohibition : il garde les marchandifes pendant deux ans dans le bureau ; & ce terme expiré, il demande qu'il foit procédé à leur vente, conformément à l'arrêt & aux lettres-patentes du 9 août 1726, en obfervant les formalités prefcrites par ce réglement, dont les difpofitions ont été confirmées par l'article 404 du bail de Forceville.

Aux termes de ces réglements, les propriétaires des

balles, ballots, caisses, coffres, malles, valises, porte-manteaux, tonnes, tonneaux, barils, bannes, cantines, pots, vases, vaisseaux, paniers, sacs, boites, & de toutes autres sortes de paquets de marchandises & effets portés dans les douanes, par les voituriers, rouliers, messagers & autres, sont tenus de les retirer, au plus tard, dans deux ans après qu'ils auront été portés & remis : ce terme expiré, le fermier est autorisé à présenter requête aux juges des fermes & douanes des lieux, pour faire ordonner que l'état qui en a été dressé par leurs commis, sera affiché sur les lieux dans les endroits ordinaires & accoutumés, à ce que les propriétaires aient à les retirer dans un mois, sinon & à faute de ce, qu'après ledit délai d'un mois, il sera fait ouverture & description desdites balles, caisses, coffres, malles, tonnes, tonneaux, paniers, boites, &c., en présence du procureur du roi desdites juridictions, du procureur du fermier & de ses commis, & des voituriers & messagers appelés, à cet effet, pour reconnoître les balles, caisses, & autres paquets par eux apportés ; ils veulent que, s'il se trouve des papiers dans lesdites balles, caisses & autres paquets, il en soit fait un inventaire sommaire par lesdits juges, qui doivent en dresser leur procès-verbal après les avoir paraphés ; que ces papiers soient déposés à leur greffe, & que le greffier s'en charge sur un registre coté & paraphé par les juges & procureur du roi, pour être rendus à ceux qui justifieront qu'ils leur appartiennent : & qu'à l'égard des marchandises & de tous autres effets, ils soient vendus, au plus offrant & dernier enchérisseur, en présence du procureur du roi, du procureur du fermier, & de ses commis, dans les bureaux desdites douanes, après trois proclamations, par trois jours différents, tant à la porte de l'auditoire du juge, qu'à celle du bureau de la douane, conformément à l'article 17 du titre 11 de l'ordonnance des fermes de 1687 ; après quoi les fermiers, concierges, gardes-magasins, & autres commis des fermes, en seront déchargés. Sur les deniers provenants de ces ventes, le fermier doit, aux termes de ces réglements, être payé par préférence, tant des frais par lui faits, pour faire faire lesdites affiches, ouvertures, descriptions, proclamations & ventes, que des droits des fermes dus par les marchandises & effets : cet objet rempli, les messagers, voituriers & rouliers, doivent être payés des ports. Quant aux frais de juftice, ils ne peuvent confifter que dans le fou pour livre du reftant net ; & les juges & officiers n'ont pas à prétendre davantage. Enfin, le furplus des deniers provenant defdites ventes, devoit être délivré au fermier, qui étoit tenu d'en compter au roi, mais depuis, cet objet a été compris dans ceux qui faifoient partie du bail.

V I I.

Ceux qui auront donné ou fait leurs déclarations, n'y pourront plus augmenter ni diminuer , fous prétexte d'omiffion ou autrement; & la vérité ou la fauffeté de la déclaration fera jugée fur ce qui aura été premiérement déclaré.

Les articles precédents, celui ci-deffus, & les différents réglements intervenus depuis au fujet des déclarations, ont été donnés pour réprimer & prévenir tous les moyens, que les négociants & voituriers mettoient en ufage pour frauder les droits des fermes, par des déclarations infidelles, & autrement : enforte que conformément à cet article, quand une fois la déclaration eft mife fur le regiftre & fignée, pour telles raifons, & fous tel prétexte que ce foit, on n'y peut rien changer ; & fi par la vérification qui doit fe faire enfuite des marchandifes, elle fe trouve fauffe en qualité ou quantité, le marchand ou voiturier a encouru les peines portées par l'art 13ᵉ. ci-après.

Par fuite, lorfque des marchandifes ont été expédiées par aquits à cautions, à un bureau du Languedoc, ou autre à la deftination de Lyon, la déclaration portée dans cette expédition eft la feule que l'on puiffe admettre à Lyon.

De même lorfque le poids ou la quantité de marchandifes fe trouve par la vifite au-deffous de ce qui a été déclaré, les droits doivent être payés fuivant la déclaration , parce qu'en ce cas, il eft cenfé qu'une partie des marchandifes a été verfée en route , ou introduite en fraude : ce

principe eft développé aux obfervations fur l'article 4ᵉ. de
ce titre.

V I I I.

Après les déclarations faites, les connoiffements repréfentés, les marchandifes feront
vifitées, pefées, mefurées & nombrées, & enfuite
nos droits payés.

Auffi-tôt qu'un marchand ou voiturier a fait fa déclaration au bureau, les commis chargés de la vérification de cette déclaration, font la vifite des marchandifes : fi le réfultat de cette vérification, prouve que les
marchandifes font conformes à la déclaration, le receveur
tire les droits & s'en fait payer ; mais fi par cette vérification, la déclaration fe trouve fauffe dans la qualité ou
la quantité, on fait payer l'excédant s'il n'eft pas de
nature à être faifi, ou l'on procede à la faifie s'il y a
lieu. Les commis doivent fur-tout obferver que la quittance
des droits ne foit pas délivrée au redevable, avant le réfultat de la vérification.

C'eft ici le cas de faire remarquer que l'on ne peut
pas obliger à payer les droits d'une marchandife, qui eft
gâtée, lorfque celui à qui elle appartient offre de l'abandonner : c'eft ce qui a été marqué à M. Puiffant directeur
à Rouen, le 6 avril 1747 ; mais il faut alors la fubmerger
où l'incendier en préfence du propriétaire, & en dreffer
procès verbal.

I X.

Les marchandifes ne pourront être déchargées des bateaux & vaiffeaux, fans un congé
par écrit du fermier & fans fa préfence, foit que
la décharge foit faite à terre, ou de bord à
bord.

Il ne fuffit pas au maître d'un bâtiment qui veut en
faire fortir des marchandifes d'avoir un congé par écrit
du fermier ; il ne peut procéder au déchargement, même
de bord à bord, fans la préfence d'un commis.

X.

Ceux qui voudront enlever des marchandises d'un lieu où il y aura bureau, feront tenus, fur les peines portées par l'article 1er., de les conduire au bureau avant le chargement, & d'y apporter une déclaration conforme à l'article 4 ; & après la vifite, elles feront emballées & chargées en préfence du fermier, & enfuite voiturées fans que les marchands puiffent les mener en leurs maifons après qu'elles auront été chargées.

Cette difpofition doit être tirée à rigueur, dans les quatre lieues des limites. Si, en effet, un marchand demeurant fur l'extrême frontiere, après avoir pris dans le bureau de fa réfidence, un acquit pour quinze cents livres pefant d'étoffes deftinées pour la province réputée étrangere voifine, étoit libre de retourner dans fon domicile avec fes étoffes, il auroit la plus grande facilité d'en ajouter de nouvelles à fon chargement, ou d'y en fubftituer d'autres ; il lui feroit enfuite d'autant plus aifé de les introduire dans la province voifine en fraude des droits, que les employés des portes ou de la frontiere, en demandant à vérifier fi ces marchandifes font conformes à l'expédition qui leur eft repréfentée, s'expoferoient à des dommages intérêts s'il n'étoit reconnu aucune fraude.

X I.

Défendons aux maîtres des vaiffeaux & bateaux, d'y recevoir aucunes marchandifes fans un congé par écrit du fermier, & de fe mettre en mer ou fur les rivieres, fans avoir en main les acquits du payement de nos droits, ou à caution, à peine de confifcation de leurs marchandifes, vaiffeaux & bateaux, & de tout

leur équipage, & de deux cents livres d'a-
mende.

On ne peut charger aucune marchandise sur mer ou
sur les rivieres, qui séparent la France de l'étranger, ou
une province des cinq grosses fermes d'une province réputée
étrangere, sans en avoir la permission du bureau par écrit,
& sans être porteur de l'acquit du payement des droits,
dans le cas où il en est dû, ou de l'acquit à caution, s'il
n'est question que d'assurer la destination.

L'exécution de cet article important, a été ordonnée
par un arrêt contradictoire de la cour des aides de Paris,
rendu le 11 juillet 1777, contre le sieur Laporte, brasseur
à Étaples en Boulonois, dans l'espece suivante.

Il avoit fait charger, sans déclaration ni congé sur un
bateau qui séjournoit dans le port d'Étaples, deux pieces de
biere qu'il supposoit destinées à l'avitaillement de l'équipage
de ce bateau ; cette biere lui avoit été saisie en conformité
des dispositions de l'article ci-dessus, & il invoquoit en
sa faveur, l'usage qui avoit existé jusqu'alors de ne
donner aucune déclaration de ces objets : admis en la
juridiction des traites de Montreuil où la contestation
avoit été portée, à faire la preuve de cet usage, & cette
preuve étant complete, le juge des traités de Montreuil
l'avoit renvoyé par sentence, du 20 juillet 1775, de la saisie
faite à son préjudice, sans dépens, dommages & intérêts :
sur l'appel interjeté de part & d'autre, l'arrêt en confirmant la sentence quant au renvoi, l'a infirmé en ce qu'elle
n'avoit pas ordonné l'exécution dudit article ; il a prescrit
qu'il seroit exécuté, & a permis au fermier de faire imprimer, publier & afficher ledit arrêt.

X I I.

Les marchands ou voituriers seront inter-
terpellés d'être présents à la visite des marchandises ; & en cas de refus, il en sera fait
mention dans les procès-verbaux de saisie, à
peine de nullité.

Si le marchand, le voiturier ou le réclamateur des

objets faiſis après s'être fait connoître aux commis , s'eſt retiré avant la vérification des marchandiſes , & que le procès verbal de ſaiſie , n'annonce pas qu'il a été ſommé d'être préſent à leur viſite , c'eſt une nullité à propoſer contre cet acte.

X I I I.

Si la déclaration ſe trouve fauſſe dans la qualité des marchandiſes , elles ſeront confiſ-quées , & toutes celles de la même facture appartenantes à celui qui aura fait la fauſſe déclaration, même l'équipage, s'il lui appar-tient, mais non la marchandiſe ni l'équipage appartenant à d'autres marchands, ſi ce n'eſt qu'ils euſſent contribué à la fraude ; & ſi la déclaration eſt fauſſe dans la quantité, la con-fiſcation ne ſera ordonnée que pour ce qui n'aura pas été déclaré.

Cet article eſt relatif à l'article 24e. , du titre commun de l'ordonnance de 1681 avec cette différence , que celui-ci eſt plus expliqué ; il diſtingue les peines encourues pour fauſſes déclarations en qualité , de celles portées pour les déclarations qui ne ſont fauſſes qu'en quantité. Il eſt en conſéquence bon de ſavoir , que par déclaration fauſſe dans la qualité , on entend des marchandiſes d'une eſpece déclarées pour d'autres, comme des étoffes de ſoie , ſous le nom d'étoffes de laine, ou du poivre , ſous la déno-mination de piments , afin de payer de moindres droits.

Déclaration fauſſe dans la quantité , c'eſt lorſqu'un ballot de marchandiſes qui doit les droits au poids, n'a été déclaré peſer que cent livres , & qu'il ſe trouve , par la peſée qui en ſera faite en viſitant , d'un poids au-deſſus de celui qui a été déclaré; par exemple de cent trente liv. il en eſt de même des marchandiſes qui payent à la piece ou à l'aunage , dont on a déclaré une moindre quantité , que celle qui ſe trouve à la viſite.

Aux termes de cet article , tout ce qui excédoit la déclaration, en telle petite quantité que ce fût, étoit saisissable ; ces dispositions ont été mitigées, d'abord par les articles 2 & 1 de l'arrêt du 7 août 1703, concernant la prévôté de Nantes, ensuite par les arrêts & lettres-patentes des 9 août & 30 septembre 1723.

Suivant l'article 3 de ce dernier réglement, les déclarations sont réputées entieres par rapport aux marchandises, dont les droits doivent être payés au poids, lorsque le poids n'excédera que du dixieme, celui qui aura été déclaré, en payant les droits de cet excédant qui ne pourra être sujet à saisie ni à confiscation ; mais lorsque l'excédant sera au dessus du dixieme, tout ce qui sera au-dessus du poids déclaré sera acquis & confisqué au profit du fermier, avec amende de trois cents liv. pour chaque contravention. Ainsi, lorsqu'un voiturier a déclaré cinq cents livres pesant d'étoffes, & qu'il s'en trouve lors de la vérification cinq cents cinquante, on ne peut que faire acquitter les droits des cinquante livres excédantes ; dans le cas au contraire, où l'excédant s'éleve à soixante livres, on est fondé à saisir les soixante livres.

L'article 4e. des mêmes lettres-patentes, a fait exception pour les fers, les cuivres, les plombs & les étains, qui ne sont pas sujets à acquérir un poids en route, soit par l'humidité, soit par quelques autres causes : il veut que l'excédant ne puisse être au-dessus du vingtieme du poids déclaré, sinon qu'il soit sujet à confiscation. Ainsi, sur une déclaration de cinq cents livres de fer, de cuivre, de plomb, ou d'étain, si on trouve cinq cents quarante livres, les quarante livres excédantes sont saisissables.

Les déclarations de toutes les marchandises dont les droits se payent au nombre, sont aussi réputées entieres, lorsqu'elles ne se trouvent excéder que du dixieme le nombre déclaré, en payant les droits de l'excédant qui ne peut être saisi ni confisqué, qu'en cas qu'il se trouve au dessus dudit dixieme : ce sont les dispositions de l'article 5, des lettres-patentes.

Ainsi, lorsqu'un marchand a déclaré mille aunes de toiles ou d'étoffes, sujettes aux droits sur le pied de l'aunage, il n'y a pas matiere à saisir, si la toile ou l'étoffe déclarée ne tire qu'onze cents aunes ; ce n'est que dans le cas où il y aura onze cents dix aunes , que la faifie des cent dix aunes peut avoir lieu.

On ne peut fe prévaloir de cet article pour prétendre, que les vins , eaux-de-vie , & autres liqueurs doivent être compris dans la difpofition qu'il contient , & par conféquent qu'un tonneau de vin d'excédant fur une déclaration de dix tonneaux ne peut-être faifi , parce que cet excédant n'eft point au-deffus du dixieme de la quantité des tonneaux qui auront été déclarés : le commerce avoit à la vérité bien voulu lui donner cette extenfion , mais un arrêt du confeil du 4 avril 1714 , en interprétant en tant que de befoin cet article , a déclaré n'avoir entendu comprendre par icelui, dans les marchandifes dont les droits fe payent au nombre, les vins , eaux-de-vie , & autres liqueurs ; & en conféquence , que tous excédants de déclarations qui fe trouveroient fur le nombre des tonneaux, bariques & autres futailles ou vaiffeaux de vin , eaux-de-vie , & liqueurs , quand même ils feroient au-deffous du dixieme de la totalité des déclarations, feroient fujets à confifcation, comme marchandifes non déclarées avec amende de trois cents livres, par chacune contravention.

Cette amende ne peut pas être modérée , le confeil en a fait une difpofition expreffe par fon arrêt du 8 fev. 1724, rendu dans l'efpece fuivante.

Deux négociants de Rouen avoient fait des déclarations, fur lefquelles il s'étoit trouvé des excédants : le maître des ports , devant qui les faifies avoient êté portées , avoit ordonné la confifcation des excédants ; mais il n'avoit prononcé que cinquante livres d'amende contre chacun des contrevenants. Le fermier s'étant pourvu au confeil , contre ces fentences qui étoient des 7 & 18 décembre 1723, l'arrêt du 8 février fuivant les a caffés , a condamné les négociants en l'amende de trois cents livres , & a fait défenfe au maître des Ponts de Rouen , de modérer à l'avenir les amendes encourues pour excédant de déclarations , fous quelque prétexte que ce foit.

Quant aux marchandifes fujettes à déchet & à coulage, les difpofitions de l'article 6, de l'arrêt de 1723 , portent que les droits n'en feront payés que fur le pied du poids effectif.

Ces difpofitions ne peuvent regarder que les marchandifes venant de l'étranger , & qui ont fait un certain trajet avant que d'arriver au bureau; car pour celles que l'on fait partir d'un lieu où il y a bureau, pour les envoyer ailleurs, la déclaration en doit être juste à l'enlevement; & elles font dans le même cas que les autres marchandifes. Il faut encore obferver que l'efprit de cette difpofition, de ne payer les droits que fur ce qui fe trouve d'effectif à l'arrivée de ces marchandifes, fans que les marchands foient tenus d'en déclarer le poids, n'a d'application qu'au cas où il fe trouve un moindre poids que celui porté en la déclaration, faite au lieu du chargement, à caufe du déchet ou coulage, auquel ces marchandifes font fujettes; à quoi il étoit jufte d'avoir égard. Si, au contraire, le poids fe trouve plus fort par la vérification, que celui porté en la déclaration au lieu du chargement, & que l'excédant foit au delà du dixieme, tout ce qui eft au-deffus du poids déclaré eft fujet à confifcation, attendu qu'en ce cas il y a de la fraude, ces marchandifes ne pouvant augmenter de poids en route, mais bien diminuer par le coulage ou déchet.

On ne peut pas regarder comme excédant, celui qui provient de ce qu'une marchandife auroit été mouillée en route, c'eft le réfultat de l'article 8 des mêmes lettres-patentes de 1723. Elles veulent, que lorfque les marchandifes auront été mouillées pendant le voyage, il fera fait réfaction du poids, dont elles auront augmenté, & que pour en vérifier le poids jufte, & faire ladite réfaction, le marchand fera tenu de repréfenter fa facture; que néanmoins, fi l'augmentation du poids ne va qu'à cinq pour cent, ou au-deffous, le fermier ne fera point tenu d'en faire réfaction.

Cette difpofition, ne peut, au refte, avoir lieu que pour les marchandifes fpongieufes, & capables de contracter de l'humidité, comme de la laine, du coton, & autres femblables, & non pour les fers, cuivres & bois, &c.

On ne peut pas, pour juftifier une fauffe déclaration, demander à prouver que cette déclaration étoit différente; c'eft ce qui a été jugé dans l'efpece fuivante.

Un nommé Rottureau de la Meliere, avoit fait une fauffe déclaration au bureau de Saint-Elier, & fes marchandifes avoient été faifies par procès-verbal du 20 mars 1723. Ce particulier, pour éluder la confifcation qui

devoit

devoit être prononcée en conséquence de l'article ci-
dessus de l'ordonnance, demanda aux juges des traites
de Laval, devant lesquels il avoit été assigné, à prouver
qu'il avoit fait une déclaration entiere desdites marchandises ; & il fut admis à cette preuve par sentence du 16
avril suivant, qui réserva au fermier la faculté de faire
preuve du contraire. Cette preuve ayant été faite, un
jugement définitif du 21 juin, ordonna la main-levée des
marchandises saisies en payant les droits, & condamna
le fermier aux dépens.

Ces jugements tendant à anéantir les dispositions de
l'ordonnance & des réglemens, le conseil, par arrêt
du 4 décembre 1723, cassa les sentences du juge des
traites, ordonna la confiscation des marchandises saisies,
avec amende de trois cents livres. Il fit défenses aux juges
des traites de Laval, & à tous autres juges des fermes,
tant en cause principale que d'appel, d'admettre la preuve
testimoniale tendante à détruire les déclarations, soumissions & autres engagemens des redevables des droits,
à peine d'interdiction, cassation de procédures, & de tous
dépens, dommages & intérêts ; il ordonna même la
publication dudit arrêt, & son enregistrement dans tous
les greffes des élections, traites & greniers à sel.

X I V.

Nos droits seront payés comptant ; & néanmoins, en cas que le fermier ait délivré son
acquit de payement sans les recevoir, il pourra
décerner ses contraintes sur les extraits des
registres, contenant les déclarations & soumissions des voituriers ; & les contraintes seront exécutées contre les redevables, comme
pour nos propres deniers.

Incontinent après la visite des marchandises, les droits
doivent être payés comptant, & avant que le marchand
ou le voiturier puisse les enlever du bureau : mais comme
il peut arriver que le marchand n'ait pas son argent prêt,

le fermier peut lui en faire crédit, si bon lui semble ;
& s'il ne satisfait pas au payement, le receveur peut,
sur l'extrait du registre des déclarations, décerner sa contrainte contre lui, quand même il auroit délivré sa quittance, & sans qu'il soit obligé d'obtenir de condamnation.

Ces contraintes sont exécutoires contre les redevables,
comme pour les propres deniers du roi ; c'est - à - dire ,
par corps : si, après la signification de la contrainte ,
le redevable ne paye pas, on est en droit de le faire
emprisonner ; & il ne peut demander à être reçu au bénéfice de cession, suivant l'article 13 du titre commun
de l'ordonnance de 1681.

Il est d'usage de faire viser ces sortes de contraintes par
le juge des traites ; mais aucune loi n'en porte l'obligation. Aussi le juge des traites de Rheims ayant, par sentence du 18 janvier 1715 , déclaré nulle une contrainte
qui avoit été décernée contre un marchand, faute d'avoir
été visée par lui, & condamné le fermier aux dépens ;
sur l'appel du fermier à la cour des aides, intervint le 22
décembre suivant, arrêt qui infirma cette sentence, ordonna l'exécution de cette contrainte par corps, & condamna ce marchand aux dépens, tant des causes principales que d'appel.

Il faut, au surplus, remarquer que, suivant l'article 34
du titre commun de l'ordonnance de 1681 , le fermier
n'est plus recevable à former aucune demande des droits
six mois après l'expiration du bail, s'il n'y a condamnation ou obligation de payer. Ainsi , les receveurs doivent
apporter une attention singuliere à ne pas laisser expirer
ce délai, sans former les demandes en payement des
droits qui leur sont dus.

C'est même dans la crainte de se voir opposer une fin
de non-recevoir, résultante de la résiliation du bail de
Salzard , & de sa conversion en régie quant aux traites ,
que la ferme générale a ordonné, au mois de mai 1784 ,
de ne pas laisser expirer le mois de juin sans former les
demandes des droits qui pouvoient rester dus, ou sans
décerner des contraintes contre tout particulier qui, après
avoir pris des acquits à caution pendant le bail de Salzard , n'auroit pas rapporté les expéditions dûment déchargées.

X V.

Le fermier délivrera fon acquit fur le champ, après le payement des droits, à peine de répondre des dommages & intérêts des marchands, pour raifon du retardement des marchandifes.

Les commis doivent, dans l'inftant du payement des droits, délivrer leur acquit, c'eft-à-dire, la quittance du payement des droits; fans quoi, le marchand ou voiturier feroit fondé à prétendre des dommages & intérêts : ils feroient évalués, eu égard au retardement qui lui auroit été caufé.

X V I.

Il fera fait mention dans les acquits, de la qualité des marchandifes qui feront tranfportées, & de leur quantité, du dernier bureau de leur route, foit à l'entrée ou à la fortie, & du temps qu'elles y pafferont; après lequel temps les acquits feront nuls, fi ce n'eft qu'il y ait eu quelque empêchement légitime, qui fera juftifié par procès-verbaux en bonne forme. Défendons aux voituriers de paffer par d'autres bureaux que ceux qui feront marqués dans les acquits, à peine de confifcation des marchandifes, & de cent livres d'amende.

L'obligation de défigner les marchandifes dans les acquits eft une précaution fage, foit pour empêcher les commis de prendre de plus forts droits que ceux dûs, foit pour que le fermier puiffe connoître fi le receveur les a tirés juftes, & n'a point déguifé la marchandife fur fon regiftre pour s'approprier une partie de ces droits, ces acquits devant être retenus au dernier bureau de la route, comme il eft ordonné par l'article fuivant.

G 2

La limitation du temps pour le tranfport des marchandifes n'eft pas moins effentielle, parce qu'un voiturier qui n'auroit point été rencontré par des commis pour vifer fon acquit, pourroit, après avoir déchargé fes marchandifes à leur deftination, en faire paffer une même quantité plufieurs fois fur le même acquit, en fraude des droits.

Cet article portant qu'il fera fait mention dans l'acquit du temps dans lequel la marchandife devra paffer au dernier bureau de la route, & qu'après ce temps les acquits feront nuls, il en réfulte, que quand un particulier n'a qu'une lieue à faire pour aller d'un endroit dans un autre, & qu'il lui a été accordé deux heures pour faire cette lieue, le délai eft fuffifant. Si donc les employés rencontrent la marchandife une ou deux heures après l'expiration du delai, l'acquit eft de droit réputé avoir produit fon effet pour un autre chargement, & fervir par double emploi au tranfport de la marchandife rencontrée : il eft, en effet, indifpenfable dans la régie des traites, comme dans celle des aides, pour réprimer des abus préjdiciables à la perception des droits du roi, de tenir très-exactement la main à l'exécution de cette difpofition de l'ordonnance. Ainfi, quoiqu'un voiturier, à qui il a été accordé deux heures pour le tranfport de fes marchandifes, n'ait excédé ce délai que de deux heures, il eft dans le cas de la faifie. Il en eft, à cet égard, comme d'un voiturier dont la deftination feroit à quarante lieues, auquel on auroit donné huit jours, & qui fe préfenteroit au dernier bureau dans quinzaine de la date de l'expédition ; fon expédition feroit certainement rejetée : celle pour laquelle on a excédé de deux heures un delai de pareil temps, doit l'être également.

XVII.

Les voituriers feront tenus, fur les mêmes peines, de conduire directement leurs marchandifes à tous les bureaux de leur route, & d'y repréfenter leurs acquits pour y faire mettre le vu ; & ils les laifferont aux commis du dernier bureau, qui, après avoir vifité les marchandifes, leur délivreront un brevet de contrôle fans frais, même ceux du papier timbré.

Les précautions prifes par cet article, font pour empêcher la fraude; & la retenue de l'acquit de payement au dernier bureau, pour mettre le fermier en état de vérifier fi les regiftres des receveurs font chargés des mêmes fommes que celles portées auxdits acquits. Il étoit donc jufte d'ordonner la délivrance des brevets de contrôle *gratis*, & même fans faire payer le prix du papier timbré.

X V I I I.

Ils feront auffi tenus de repréfenter fur leur route leurs acquits à la premiere réquifition qui leur en fera faite par les commis ou gardes, qui pourront les retenir & leur délivrer un brevet de contrôle, auffi fans frais; fans toutefois que l'ouverture des ballots & la vifite en puiffent être faites ailleurs que dans les bureaux.

Les voituriers ne peuvent, fous aucun prétexte, refufer de montrer leurs expéditions aux employés, en quelque lieu qu'ils foient rencontrés : mais ceux-ci doivent éviter, autant qu'il eft poffible, de leur occafionner du retardement. Pour cet effet, s'ils veulent leur délivrer des brevets de contrôle, ils doivent les préparer : ils ne peuvent, au furplus, faire l'ouverture des ballots, ni la vifite des marchandifes fur une route, ni ailleurs, que dans un bureau, dès que le voiturier eft porteur d'expédition.

X I X.

Le fermier ne pourra faire vifiter les marchandifes qui auront déjà été vifitées, fi ce n'eft au dernier bureau de la route.

Les commis du bureau où l'expédition a été délivrée, font fuppofés avoir vifité la marchandife. Ainfi, fi le voiturier a plufieurs autres bureaux à paffer avant que d'arriver à fa deftination, ce n'eft qu'au dernier bureau de fa route qu'il peut fubir une nouvelle vifite ; fauf les cas exprimés dans les deux articles fuivants, qui contiennent permiffion de faire vifiter aux conditions y portées. Il en réfulte qu'un voiturier, entré dans le royaume par le bureau de Longeray, & qui deftine fa marchandife pour Lyon, ne fauroit être vifité à Bellegarde qu'aux termes de l'article 21 ci-après.

On ne peut pas appliquer ces difpofitions au cas où il y a de nouveaux droits à acquitter. Ainfi, une marchandife allant de Franche-Comté en provence, doit être non-feulement vifitée au bureau de Coligny, premier bureau d'entrée de la Breffe, à raifon du quart des droits du tarif de 1664, mais encore à Lyon pour la douane de cette ville, à Vienne pour la douane de Valence, & à Serrieres pour la foraine.

X X.

Il pourra toutefois les faire décharger, en tout ou partie, au bureau de Quillebœuf, pour y être vifitées, encore qu'elles aient été vifitées en d'autres bureaux ; ce qui fe fera à fes frais pour la décharge & recharge feulement, en cas qu'il n'y ait point de fraude.

Cette difpofition eft par rapport au bureau de Rouen ; où, quoique ce ne foit pas le dernier bureau de la route pour les marchandifes qui fortent, elles font toutes vifitées. Mais fi le fermier fait faire une deuxieme vifite à Quillebœuf, & qu'il ne s'y trouve point de fraude, les frais pour y parvenir font à fa charge, fans néanmoins aucuns dommages & intéréts.

Cet article prefente une autre difpofition intéreffante, en ce qu'il porte que le fermier pourra faire vifiter au bureau de Quillebœuf, les marchandifes qui l'auront été dans d'autres bureaux, à la feule condition de payer les frais de décharge & recharge. Il fuppofe en effet, que dans les visites faites au premier & au dernier bureau, c'est une obligation pour le voiturier, commissionnaire ou négociant de mettre ses marchandises dans l'état nécessaire à subir la vérification & de les faire recharger.

X X I.

Il pourra aussi, en cas de soupçon de fraude, faire la visite des marchandises dans les autres bureaux de leur route, à la charge toutefois des dommages & intérêts des marchands, pour leur retardement, même des frais de la décharge & recharge, s'il n'y a point de fraude.

Il résulte de cet article, qu'il n'est pas possible à un voiturier de se refuser à la visite dans tel bureau que ce soit. La nouvelle visite, s'il n'est trouvé aucune fraude, expose seulement le fermier aux frais de la décharge & recharge, & aux dommages & intérêts du marchand ou voiturier. Aussi, en 1726, le maître des carrosses à Noyon, s'étant opposé à la visite que les employés vouloient faire des carrosses de Saint-Quentin & de Valencienne, & ayant excité une rébellion, il fut rendu un arrêt du conseil, le 28 juillet de la dite année, qui commit M. l'intendant de Soissons pour en informer. Cet arrêt ordonna en même-temps, qu'à l'avenir tous maîtres de carrosses, rouliers, messagers, voituriers, marchands & tous autres, seroient tenus de souffrir, sans opposition, les visites dans les bureaux de leur route, sauf leurs dommages & intérêts, ainsi qu'il est porté en cet article.

X X I I.

Nos droits seront payés dans les bureaux de conserve pour les marchandises du crû des environs, qui en sortiront ou qui y entreront pour l'usage & consommation des habitants, à l'égard desquelles seulement ils seront réputés

bureaux de recette ; & les voituriers qui conduiront des marchandifes deftinées pour paffer
plus avant dans les provinces de l'étendue de
la ferme , feront tenus d'y faire leurs foumiffions de payer nos droits au premier bureau
de recette qui fera trouvé fur la route , fur les
peines portées par l'article 1er.

Voyez les obfervations fur l'article 1er. de ce titre. On
y apperçoit que le but de cet article a été, 1°. de ne pas
laiffer aux commis de ces petits bureaux, la faculté de
faire des perceptions d'un objet trop conféquent, & dont
leur cautionnemént ne pourroit pas répondre ; 2°. d'empêcher que les voituriers ne préféraffent ces bureaux à
d'autres, par la difficulté qui fe trouve à y faire des vifites
régulieres, n'y ayant ni un nombre de commis fuffifant,
ni les uftenfiles néceffaires à faire les vérifications.

XXIII.

Défendons, fur les peines portées par l'article 1er., à tous voituriers qui conduiront
des marchandifes dans l'étendue de la ferme,
à quatre lieues aux environs des bureaux, de
paffer par des chemins détournés & obliques,
encore qu'ils foient porteurs d'acquits, congés
ou paffavants.

Le but de cet article, a été d'empêcher les marchands
de paffer plufieurs fois, fur le même acquit, une même
quantité de marchandifes ; ce qu'ils feroient facilement,
s'ils n'étoient pas aftreints à fuivre les grandes routes.
Pour connoître s'ils fe conforment à cette difpofition,
il eft bon de favoir qu'on nomme chemin oblique & détourné, celui qui n'eft pas la grande route du lieu où l'on
a déclaré vouloir aller, ou du bureau où le voiturier
doit fe rendre. Les employés doivent bien s'attacher à
connoître ces fortes de chemins, chacun dans l'étendue
des bureaux dont ils ont à affurer les produits.

Quand une faifie eft fondée fur ce qu'un voiturier a été rencontré dans une route oblique, il eft à propos, pour pouvoir affeoir un jugement plus certain fur l'obliquité, d'expliquer d'où cette route vient, où elle conduit, combien elle eft éloignée du bureau où le voiturier auroit dû mener fa marchandife & quelle étoit la véritable route qu'il devoit tenir.

X X I V.

Défendons pareillement aux courriers de fe charger d'aucunes marchandifes, à peine de confifcation & de cinquante livres d'amende ; & pour vérifier les contraventions, voulons qu'à leur arrivée ils repréfentent leurs valifes aux premiers bureaux de leur paffage.

Les défenfes faites aux courriers de fe charger d'aucunes marchandifes, même permifes, ont fubfifté long-temps ; & la convention faite, en 1740, avec MM. des poftes, n'y avoit rien changé : la ferme générale avoit, il eft vrai, confenti par cette convention, que les malles des courriers ne fuffent ouvertes & vifitées qu'en préfence du directeur de la pofte aux lettres, & dans le bureau des poftes ; mais le confentement de la ferme, à cet égard, ne regardoit que les malles & paquets de lettres cachetées, parce qu'elle n'avoit pas dû fuppofer que les courriers fe chargeaffent de marchandifes contre la défenfe portée par l'article 24. Cette facilité étoit fimplement pour le fervice de la pofte, & afin que les lettres & paquets ne fuffent pas expofés à être ouverts ou perdus. Auffi, en 1749, une fentence de la juridiction de la douane de Lyon, du 10 mai, en confifquant des marchandifes faifies fur le courrier Petit, avoit ordonné l'exécution de cet article 24.

Une déclaration du roi, du 29 octobre 1726, défendoit auffi aux courriers de fe charger d'aucunes efpeces ou matieres d'or & d'argent, fous peines de galeres pour neuf ans, & à toutes perfonnes de leur en remettre, à peine de confifcation & d'une amende du double de la valeur, dont moitié devoit appartenir au dénonciateur ; & l'autre aux hôpitaux : mais cette déclaration, qui avoit pour motif d'empêcher les vols & assassins sur les grands chemins, occasionnés par les especes dont ces courriers étoient porteurs, n'a plus d'exécution.

On tolere aussi que les courriers se chargent de marchandises. Mais si l'administration des postes veut faire transporter des marchandises, & même des bijouteries par ses courriers, ceux-ci doivent s'attreindre aux formalités prescrites aux autres voituriers.

Les abus qui résultoient de leur inexécution à **Paris**, ont déterminé un arrêt du conseil, du 27 septembre 1781, rendu sur les représentations de M. l'intendant général des postes, & les mémoires de MM. les fermiers généraux.

Suivant l'article 1er de ce réglement, les courriers ne peuvent charger dans les malles ou sacs de route, destinés au transport des dépêches, que les paquets qui leur sont remis par les directeurs des postes, sans pouvoir y introduire aucune espece de marchandises prohibées ou sujettes aux droits, pour leur compte ou pour celui des particuliers, à peine de confiscation de ces marchandises, & de cinq cents livres d'amende ; & en cas de récidive, de destitution ; laquelle sera ordonnée par l'intendant général des postes.

Dans le cas où les courriers ont dans leurs brouettes & hors la malle & les sacs de route, à eux remis par le directeur, des marchandises sujettes aux droits, ils sont tenus d'en faire déclaration au bureau de la barriere d'entrée, & d'y acquitter les droits, à peine de confiscation & de trois cents livres d'amende : article 2.

L'article 3 veut que les employés aux barrieres fassent la visite de ces brouettes, sans pouvoir demander l'ouverture de la malle & des sacs de route, sous peine de punition ; & dans le cas où ils trouveroient hors la malle & les sacs de route, des marchandises non déclarées ou prohibées, qu'ils en fassent la saisie & en dressent procès-verbal, sans néanmoins retarder les courriers plus d'une demi-heure, à peine de punition.

Si le volume des malles leur donne lieu de soupçonner de la fraude, l'article 4 les autorise à accompagner la brouette jusqu'à l'hôtel des postes : dans ce cas, il doit être enjoint au courrier, par l'intendant général des poftes, de n'aller que le pas depuis ladite barriere juf-qu'à l'hôtel des poftes, fans s'écarter du chemin ordi-naire.

L'article 5 preferit aux courriers de remettre, à leur arrivée à l'hôtel des poftes, les malles à un commis pré-pofé par l'intendant général pour les recevoir, & de fe retirer. Ce commis prépofé eft tenu de veiller à ce qu'il ne foit rien détourné jufqu'au moment de l'ouverture, qui doit être faite par cet intendant.

Suivant l'art 6, s'il fe trouve des marchandifes prohi-bées ou fujettes aux droits, introduites par les courriers au préjudice des défenfes à eux faites, M. l'intendant général doit les faire remettre à la douane, avec le nom & la demeure du courrier, pour du tout être dreffé procès-verbal de faifie, en préfence du courrier, ou lui dûment fommé de s'y trouver, & ce courrier doit être deftitué par l'intendant général des poftes, fur la repréfentation des employés des fermes.

D'après l'article 7, les brouettes ayant été vifitées aux barrieres, conduites à l'hôtel des poftes, & remifes au prépofé pour les recevoir, ne font plus dans le cas d'être vifitées ni arrêtées en fortant dudit hôtel, par les commis des fermes, à moins que les courriers ne s'écar-tent de la route de leur deftination, jufqu'à la barriere par laquelle ils doivent fortir, & faffent quelques ver-fements dans l'intervalle.

Enfin, le vœu de l'article 8 eft que les conteftations qui pourroient naître, tant fur les fraudes conftatées par procès-verbaux, que fur l'exécution de l'arrêt, foient portées par-devant M. le lieutenant-général de police à Paris, auquel la connoiffance en eft attribuée, à l'exclu-fion des autres cours & juges, fauf l'appel au confeil.

Pour empêcher la fraude que ces courriers font à l'entrée de Lyon, ils devroient être tenus comme les autres voituriers, de prendre aux portes, des confignes, & de tranfporter leurs marchandifes de fuite à la douane. Si cette formalité étoit incompatible avec le fervice des poftes, ils devroient au moins en remplir une équiva-lente : elle confifteroit à obliger ces courriers, de faire aux bureaux des poftes une déclaration exacte & détaillée, ou à dépofer dans ces bureaux toutes les marchandifes dont ils feroient chargés, pour être enfuite conduites à la douane.

Ce dernier parti feroit préférable à tous autres ; & il eft conforme à ce qui a été prefcrit par l'article 2 de l'arrêt de 1781. Il eft, au furplus, à préfumer que le confeil à qui la ferme-générale a remis des mémoires fur la fraude énorme qui fe pratique par les courriers & fur les moyens d'y remédier, ne tardera pas à y ftatuer. S'il en étoit autrement, le but des arrêts des 10 & 17 juillet 1785, rendus dans le plus grand avantage des manufactures du royaume, feroit manqué par la facilité que les courriers trouveroient à en éluder l'exécution.

Dans le cas, au refte, où les employés fufpectent de contrebande ou de fraude des paquets de dépêche, ils ne doivent point en exiger l'ouverture, mais feulement requérir qu'ils foient fcellés du cachet de la ferme, ainfi que de celui des poftes, & envoyés fur le champ fous acquit à caution, à M. Dogny, intendant général des poftes : c'eft ce que la ferme générale a recommandé dans toutes les occafions notamment, par fa circulaire du 11 février 1773, relative à la vifite des courriers & aux formalités à obferver, pour concilier la célérité du fervice des poftes, avec la fûreté des droits du roi.

Malgré ces difpofitions, quelques commis ont eu l'indifcrétion d'ouvrir des paquets à l'adreffe des miniftres. Sur des plaintes portées dans cet objet au confeil, par M. le maréchal de Ségur, il a été rendu le 22 feptembre 1785, une décifion conçue en ces termes :

« Donner des ordres dans tous les bureaux des fermes
» de n'ouvrir aucuns paquets contrefignés des miniftres,
» ou à leur adreffe, mais en cas de fufpicion de fraude,
» de couvrir d'une bande les paquets fufpects & de les
» plomber ».

Si un courrier tranfportoit une caiffe pour un miniftre, & qu'il ne pourroit pas en fournir déclaration, il faudroit l'expédier fous plomb, & par acquit à caution pour la douane de Paris, en en prévenant fur le champ la ferme, à l'adreffe du directeur général des traites.

TITRE III.

*Des lieux deſtinés pour l'entrée des dro-
gueries & épiceries , des chevaux & des
ouvrages de fil & de ſoie , venant des
pays étrangers , ou des provinces réputées étrangeres.*

ARTICLE PREMIER.

Ceux qui apporteront des drogueries & épiceries des pays étrangers dans l'étendue de la
ferme , les feront entrer par la Rochelle ,
Rouen & Calais : défendons de les faire entrer
par d'autres lieux , à peine de confiſcation &
de trois cents livres d'amende , ſans préjudice
néanmoins des autres lieux de nos provinces
réputées étrangeres , par leſquelles nous en
avons permis l'entrée , ſavoir , Bordeaux , Lyon
& Marſeille.

Depuis l'ordonnance , l'entrée des drogueries & épiceries a été permiſe par différents ports ; ſavoir , par
Saint-Valery , ſuivant l'arrêt du 25 novembre 1698 ,
par tous les ports de Bretagne , en payant les mêmes
droits que ſi elles entroient par Nantes ; ordre de
M. Deſmarets , du 9 août 1713 , & arrêt du conſeil ,
du 16 décembre 1721.

Par le port de Dunkerque , à la charge qu'elles
feront miſes dans l'entrepôt de la baſſe ville ; elles ne
peuvent en être tirées qu'en payant les droits , ou prenant acquit à caution , ſi elles ſont deſtinées pour les
cinq groſſes fermes , & qu'elles n'étoient point aſſujetties
à des droits uniformes , à toutes les entrées du royaume ,

pour acquitter les droits du tarif de 1664, au premier bureau d'entrée, arrêt du 28 juin 1723.

Par le port de Cette, pour les drogueries & épiceries venant du Nord ; arrêt du 23 octobre 1728 : par Saint-Dizier & le Havre, par arrêt du 14 mars 1752 ; & par arrêt du 14 mars 1756, par Dieppe, Caën, Boulogne, Agde, & Toulon.

I I.

Les drogueries & épiceries qui feront entrées dans le royaume par Bordeaux, Lyon & Marseille, pourront entrer dans l'étendue de la ferme par tous les bureaux, en justifiant que les droits ont été payés aux lieux ci-dessus, & en payant le supplément, s'il en est dû.

Les drogueries & épiceries venant des provinces étrangeres, dans les cinq grosses fermes, accompagnées d'un acquit de payement, ne doivent que le supplément des droits du tarif de 1664, au cas que les droits portés en ce tarif, soient plus forts que ceux qui ont été payés à l'entrée du royaume ; mais si elles ne font accompagnées d'aucun acquit, elles doivent les droits du tarif en entier.

I I I.

Ceux qui ameneront des chevaux dans l'étendue de la ferme, par la province de Picardie, les feront entrer par Dourlens, Péronne, Amiens, Abbeville, Saint-Quentin & Guise. Ceux qui en ameneront par la Champagne, les feront entrer par Rocroy, Méziere, Torcy, Sainte-Menehould, Saint-Dizier & Langres. Et ceux qui en ameneront par la Bourgogne, les feront entrer par Fontaine-Françoise &

Saint-Jean de Laune. Leur défendons de paſſer par d'autres routes, aux peines portées par l'article 1er.

Le tarif de 1664 , impoſoit différents droits ſur les chevaux, poulains, mules & mulets, proportionnément à leur valeur. C'eſt par cette raiſon que cet article de l'ordonnance avoit fixé les bureaux par leſquels on pourroit les faire entrer , afin de ne point laiſſer à la diſcrétion de tous les bureaux indiſtinctement les différentes eſtimations à faire par rapport aux différents droits ; mais ces arrêts & lettres-patentes, des 18 & 23 août 1722, 10 & 22 mai 1723 , ayant impoſé des droits fixes & uniformes ſur toutes les différentes eſpeces, ſans diſtinction de leur valeur, l'entrée en a été en même temps permiſe par tous les bureaux des cinq groſſes fermes ; auſſi l'article ci-deſſus n'a plus lieu.

V.

Ceux qui apporteront des points & dentelles de fil du comté de Bourgogne, ſeront tenus, ſur les mêmes peines, de paſſer par Auxonne & Saint-Jean de Laune ; d'Angleterre, par Calais, Dieppe & le Havre ; de Lorraine, par Chaumont ; de Sedan, par Torcy ; d'Aurillac, par Gannat, & d'y payer nos droits : & ceux qui en apporteront des Pays-Bas, de paſſer par le bureau de Péronne, d'y faire leurs déclarations, & d'y prendre des acquits à caution , aux termes des articles 1er. & 2 du titre 6 des préſentes , pour les conduire au bureau de Paris , où nos droits ſeront payés après qu'elles auront été viſitées & marquées d'un plomb aux deux bouts de chaque piece , en préſence des marchands auxquels elles ſeront adreſſées.

On voit au mot dentelles, les bureaux par lesquels elles peuvent entrer : on y trouve également qu'elles ont été dispensées par l'arrêt du 30 décembre 1719, de l'apposition de la marque à laquelle elles avoient été assujetties par l'article 4 ci-dessus. Ainsi, on n'entrera pas dans de plus grands détails sur cet objet.

V.

Ceux qui feront venir d'Angleterre des bas de soie, camisoles, dentelles de soie, & autres ouvrages de pareille qualité, seront tenus, sur les mêmes peines, de passer par Calais, Dieppe & le Havre.

Les ouvrages dont il est parlé dans cet article, ont été prohibés par l'arrêt du 6 septembre 1701, confirmé par celui du 17 juillet 1785. Ainsi, les dispositions de cet article n'ont actuellement aucun objet.

TITRE IV.

De la marque des toiles & autres étoffes, dans les frontieres des provinces de l'étendue de la ferme.

ARTICLE PREMIER.

Les toiles des manufactures de Guise, Saint-Quentin, Ham, Péronne, & autres lieux des frontieres de Picardie, seront marquées par le fermier sur les métiers, aux deux bouts, d'une marque d'encre imprimée avec un fer; & il y sera mis à chacun des deux bouts un plomb à nos armes, qui pourra en être ôté, lors des blanchissages, par les maîtres des bueries;

bueries ; &, après le blanchiffage, ils feront tenus d'y en faire mettre un nouveau avant que de les rendre au marchand, & de tenir regiftre des toiles qui leur feront apportées pour être blanchies, qui contiendra le nom des ouvriers & des lieux où elles auront été fabriquées, à peine de cent livres d'amende contre les maîtres des bueries. Défendons aux marchands & ouvriers de les expofer en vente, foit qu'elles foient blanchies ou écrues, avant qu'elles aient été marquées, & fans avoir en main un certificat du lieu où elles auront été façonnées, figné du juge ou du curé du lieu, à peine de confifcation, & de trois cents livres d'amende.

La liberté accordée au fermier, d'appofer ces marques, ne s'exécute pas par la difficulté & les frais de régie que cela occafionneroit, & qui pourroient être beaucoup plus confidérables que l'utilité qu'on retireroit de cette opération. Mais, pour prévenir, ou du moins gêner l'introduction des toiles & étoffes étrangeres, il a été rendu différents réglements.

Aux termes de l'art. 3 des lettres-patentes du 5 mai 1779, qui eft l'un de ces réglements, les étoffes de draperie, fergetterie & toutes étoffes de laine indiftinctement, qui feront fabriquées dans le royaume, d'après les regles prefcrites, continueront de porter les lifieres indiquées par les anciens réglements, & porteront en outre, aux deux chefs, la lettre *R*, tiffée fur le métier, ainfi que la dénomination de l'étoffe, le nom du fabricant & celui du lieu de fabrique. Lefdites étoffes doivent être portées en toile, & au fortir du métier, au bureau de fabrique, pour y recevoir, fi elles font reconnues de bonne fabrication, une marque provifoire en noir de fumée, à laquelle fera fubftitué, après les apprêts, s'ils ont été donnés fuivant les regles prefcrites, un plomb, portant, d'un côté, le mot *Réglée*, & le milléfime, & de l'autre, le nom du bureau de vifite. A l'égard des étoffes de même nature, qui feront fabriquées, d'après des combinaifons arbitraires, leurs lifieres feront rayées à mille raies, dans telles couleurs que les fabricants jugeront convenables d'adopter ; pourvu néanmoins qu'il y ait alternativement un fil noir ou bleu plus gros, & plufieurs fils, de telles couleurs que ce foit, plus fins dans l'intervalle. Lefdites étoffes libres ne feront portées au bureau de vifite, qu'après les apprêts, pour y recevoir, vérification faite de leurs lifieres, un plomb d'une forme différente que celui deftiné aux étoffes réglées, & qui portera, d'un côté, l'indication du bureau de vifite, & de l'autre, feulement le milléfime.

L'art. 11 a permis la circulation dans le royaume de toutes étoffes de fabrique nationale, fans diftinction, pourvu qu'elles fuffent revêtues du plomb de réglement, ou de celui d'étoffe libre, ainfi que de celui de teinture. Cet article a abrogé expreffément le plomb de contrôle, prefcrit par les art. 39 & 42 des réglements généraux, & les arrêts des 14 décembre 1728, & 5 décembre 1730.

Il n'y a d'exception que pour le Languedoc : le plomb de contrôle y a tenu, jufqu'à préfent, lieu de celui de vifite ; mais il eft à préfumer que cet état des chofes fera changé, & qu'il y aura bientôt un réglement général pour tout le royaume.

L'art. 13 a accordé aux fabricants qui ont exploité, de pere en fils, pendant foixante ans, & avec une réputation foutenue la même manufacture, la permiffion d'appofer eux-mêmes, à leurs étoffes, les plombs prefcrits, & les a difpenfés de les préfenter aux bureaux de vifite, après y avoir été autorifés par S. M. qui s'eft réfervé de révoquer ladite autorifation en cas d'abus.

D'autres lettres-patentes du 4 juin 1780, regiftrées au parlement le 14 juillet, & portant détermination des regles de police générale pour les étoffes de laine, contiennent des difpofitions qui y font relatives.

Suivant l'art. 6, les étoffes qui, en exécution de l'art. 3 de celles de 1779, doivent être vifitées en toile, doivent être, au fortir du métier, apportées au bureau de vifite, établi dans le lieu de la fabrique, ou à un des bureaux le plus prochain, pour être, lefdites étoffes examinées; &, dans le cas où elles se trouveront fabriquées, conformément aux regles prescrites par les tableaux de fabrication, elles seront marquées d'une empreinte ou plomb, dont la forme sera déterminée par lesdits tableaux. Celles desdites étoffes qui seront trouvées défectueuses, seront arrêtées par les gardes jurés, lesquels dresseront procès-verbal desdites défectuosités, pour être ensuite statué, par les juges des manufactures, suivant les dispositions des lettres-patentes du 5 mai 1779, & celles du 1er. juin 1780, portant établissement des bureaux de visite & de marque. Il fait défenses à tous fabricants & marchands de faire fouler & apprêter, & à tous foulonniers & apprêteurs, de recevoir aucunes desdites étoffes, si elles ne sont revêtues desdits plombs ou empreintes.

L'article 7 défend à tous fabricants, sous peine de 300 liv. d'amende, de mettre sur leurs étoffes, d'autres inscriptions & d'autres dénominations que celles qu'elles doivent porter : leur défend pareillement de travailler sous plusieurs noms, d'inscrire sur lesdites étoffes, aucuns noms étrangers, & d'altérer ou de décomposer leurs noms personnels, sous la peine ci-dessus; il excepte seulement ceux qui auront été autorisés par S. M. à mettre sur leurs étoffes le nom d'anciens fabricants accrédités dans le commerce, aux établissements desquels ils auront succédé.

L'article 8 veut que les petites étoffes qui ne pourront pas être facilement distinguées par leurs lisieres, portent à chaque chef, si elles ont été fabriquées conformément aux réglements, deux barres transversales de plusieurs fils de chanvre ou de lin, outre lesquelles le fabricant tissera sur le métier, ou brodera à l'éguille la lettre *R*, la dénomination de l'étoffe, son nom & celui du lieu de la fabrique. Et à l'égard des étoffes qui seront fabriquées dans des combinaisons arbitraires, elles ne pourront porter qu'une desdites deux barres; & pour que ces marques soient toujours subsistantes, il défend tant aux fabricants qu'aux marchands d'entamer lesdites étoffes par les deux bouts.

Suivant l'article 9, toutes les étoffes réglées qui auront été revêtues de la marque prescrite par l'article 6, doivent être présentées après les apprêts, à la visite, pour être apposé sur icelles le plomb ordonné par l'article 3 des lettres-patentes du 5 mai 1779, si elles n'ont point été altérées dans leurs apprêts ; & dans le cas où elles seroient trouvées défectueuses, la saisie en sera faite par les gardes jurés ou préposés, pour, sur ladite saisie, être statué par les juges des manufactures.

D'après l'article 11, les étoffes libres ne seront apportées au bureau de visite qu'après les apprêts, pour, vérification seulement faite de l'inscription mise sur icelles, de leurs lisieres ou marques représentatives, & du plomb de teinture, être lesdites étoffes revêtues d'un plomb octogone, portant, d'un côté, l'indication du bureau de visite où elles seront marquées, & de l'autre, le millésime.

L'article 12 dispense des regles prescrites par les articles ci-dessus, toutes les petites étoffes communes de demi - aune de largeur & au-dessous, & dont la valeur n'excédera pas le prix de 40 sous l'aune au sortir du métier. Il veut néanmoins que lesdites étoffes ne puissent circuler dans le royaume, & être exportées à l'étranger, qu'elles n'aient été revêtues, sans aucun examen préalable, dans le bureau du lieu de la fabrication, ou dans celui qui sera le plus prochain, du plomb ordonné par l'article précédent pour les étoffes libres. Ainsi, on ne doit pas perdre de vue que si les fabricants de Gevaudan & de l'Auvergne sont dispensés d'apposer, lors de la fabrication, des empreintes à leurs étoffes, dont la valeur est au-dessous de 40 sous par aune, ils doivent nécessairement, lorsqu'ils veulent les faire circuler dans le royaume ou les envoyer à l'étranger, les faire conduire au plus prochain bureau où ils recevront le plomb de visite, qui en assure l'origine nationale ; autrement elles sont réputées de fabrique étrangere, & comme telles, sujettes à confiscation, avec amende.

Aux termes de l'article 15, les voituriers & autres qui transporteront des étoffes de laine dans les villes & lieux où il y a des bureaux de visite établis, seront tenus de les décharger directement dans lesdits bureaux, à l'effet, par les gardes jurés, de vérifier si elles sont revêtues des marques prescrites. Dans le cas où lesdites étoffes de laine n'auroient point encore reçu les apprêts, & n'auroient pas lesdites marques, elles seront visitées par lesdits gardes jurés, à l'effet d'être apposé sur icelles, suivant la nature de leur fabrication, les marques prescrites par l'article 3 des lettres-patentes du 5 mai 1779. Et où lesdites étoffes auroient reçu tous leurs apprêts & seroient dépourvues desdites marques prescrites, elles seront saisies.

Il résulte de ces différentes dispositions que les marques de fabrique doivent, à la rigueur, être tissées dans l'étoffe sur le métier ; mais, jusqu'à présent, on n'a point recherché, dans la circulation, les étoffes qui, au lieu de ces caracteres, portoient des plombs indiquant, comme eux, le nom du fabricant & celui du lieu de la fabrication. On a pensé que l'une ou l'autre de ces formalités pouvoient indistinctement offrir une preuve suffisante d'origine nationale : il en doit être de même du plomb de manufacture royale. Dès que l'on peut, en effet, être certain, par la représentation de l'un de ces signes, que l'étoffe n'est point étrangere, le but des réglements se trouve rempli ; & il seroit dangereux d'élever, sans motifs plausibles, des difficultés qui pourroient troubler le commerce intérieur du royaume que ces mêmes réglements ont eu en vue de favoriser.

D'autres lettres-patentes du 28 du même mois de juin 1780 ont ordonné, art. 15, que les voituriers & autres qui transporteront des toiles dans les villes & lieux où il y a des bureaux de visite établis, seront tenus, lors de leur arrivée dans le lieu de leur destination, de les décharger directement dans lesdits bureaux, à l'effet, par les gardes jurés, de vérifier si elles sont revêtues des marques prescrites. Cet article veut que si lesdites toiles ne sont pas marquées, elles soient visitées par lesdits gardes jurés, à l'effet d'être apposé sur icelles, suivant la nature de leur fabrication, les marques prescrites par l'art. 3 des lettres-patentes du 5 mai 1779 ; fait défenses auxdits voituriers & autres de décharger lesdites toiles ailleurs que dans lesdits bureaux.

En 1781, il a été représenté au conseil, par les marchands drapiers de Lyon, que, quoiqu'il n'y eût, dans cette ville, aucune fabrique de draps, il s'y faisoit néanmoins un commerce considérable en marchandises de laine qui venoient du Dauphiné & du Languedoc, ou sans plomb, ou seulement plombées en tête ; que ces marchandises arrivant en écru, y étoient teintes & apprêtées, & de-là expédiées, soit dans les provinces septentrionales, soit à l'étranger ; mais que les différentes

opérations que ces marchandises éprouvoient pour leurs
apprêts, exigeant une manutention compliquée, & souvent repétée, il étoit difficile que les plombs y appliqués, conformément aux lettres-patentes du 1er juin 1780,
pussent rester sains & entiers; que d'ailleurs les marchands
de Lyon étant obligés de faire des assortiments, étoient
très-souvent dans la nécessité de couper les pieces par
demi, tiers & quart de piece; que ces coupons ne pouvant pas être revêtus des plombs ordonnés par lesdites
lettres-patentes, étoient dans le cas de la saisie à la circulation. Ils demanderent, en conséquence, qu'il fût établi,
à Lyon un bureau de marque; & cette demande leur
a été accordée par l'art. 1er d'un arrêt du 28 juin de
ladite année, lequel a établi ce bureau pour les étoffes
de laine nationale qui seroient exposées en vente dans
ladite ville, ou expédiées, soit à l'étranger, soit pour le
royaume.

L'article 4 accordoit aux préposés de ce bureau, un
sou pour l'application de chacun des plombs, marques
ou empreintes qui seroient apposés auxdites étoffes, conformément à l'article 11 des lettres-patentes du 1er. juin
1780.

Depuis, un arrêt du 22 décembre 1781, a ordonné
que ledit droit d'un sou seroit indistinctement perçu pour
chaque empreinte, marque ou plomb qui, en conséquence des lettres-patentes des 5 mai 1779, 1er., 4 &
28 juin 1780, seroit apposé, tant sur les étoffes, que sur
les toiles & toileries. Enfin, un autre arrêt du 28 août
1783, interprétant, en tant que de besoin, l'article 3 des
lettres-patentes du 5 mai 1779, & les articles 6 & 9 de
celui du 4 juin 1780, a disposé qu'il seroit apposé, sur
chaque piece d'étoffe présentée à la visite après les apprêts, deux plombs : savoir, l'un au chef de ladite piece,
l'autre à l'extrémité. Il a défendu, tant aux fabricants
qu'aux marchands, d'entamer lesdites étoffes par les deux
bouts.

On vient de voir quel avoit été le but de l'établissement des bureaux de visite, & notamment de celui de
Lyon. Cet objet intéressant avoit déterminé M. le controleur-général des finances à faire recommander aux
commis à la douane de Lyon, par une lettre du mois
de juin 1783, de vérifier exactement les marques qui se

trouveroient fur les draperies & toileries qui pafferoient à cette douane, & de les envoyer au bureau de vifite.

Les fieurs Bonnefoi & Bochage, marchands toiliers à Lyon, & les jurés gardes de la communauté de la même ville, prétendirent que, malgré ces ordres, les prépofés du fermier devoient leur délivrer leurs marchandifes dès que la vifite en étoit faite, fans exiger qu'elles fuffent portées au bureau de marque. Ils obtinrent même en la juridiction de la douane de cette ville, le 28 juillet 1783, une fentence conforme à leurs conclufions, qui défendoit au fermier & à fes prépofés, de retenir, fous aucun prétexte, les marchandifes arrivées à la douane après qu'elles auroient été à la vifite, & que les droits en auroient été acquittés, aux peines de droit.

L'établiffement du bureau de vifite formé par le confeil à Lyon, étoit l'exécution littérale des lettres-patentes de 1779 & 1780, qui veulent que toutes les étoffes de laine & toiles foient foumifes à la vifite, & qui permettent de les faifir lorfqu'elles ne font pas revêtues des plombs ou marques. Il étoit très-utile, pour le commerce, qu'elles reçuffent ces marques, afin d'éviter les faifies auxquelles elles auroient été expofées n'en étant pas revêtues. D'un autre côté, le fermier n'avoit fait que fe conformer à ce fujet, aux ordres qui lui avoient été donnés pour affurer à Lyon le fervice du bureau de vifite qui y avoit été établi. Auffi, un arrêt du confeil, du 9 feptembre 1783, caffant les fentences de la juridiction de la douane de cette ville, & faifant défenfe aux officiers de cette juridiction d'en rendre de femblables, a ordonné que toutes les draperies & toileries tranfportées à la douane de Lyon, qui fe trouveroient fans les plombs ou marques de vifite, ne pourroient être enlevées de ladite douane, que pour être conduites directement au bureau de vifite. Il a défendu aux marchands drapiers & toiliers, & à tous autres, de les tranfporter dans leur domicile fans avoir fait appofer lefdits plombs & marques ; & au cas de refus de leur part, il a autorifé les employés des fermes à les faifir.

Cet arrêt avoit été précédé d'un autre, rendu du propre mouvement le 29 août 1783, lequel caffant les deux fentences de la juridiction de la douane & défendant aux officiers de la juridiction d'en rendre de pareilles,

H 4

avoit ordonné l'exécution des articles 3 & 4 des lettres-patentes du 5 mai 1779 , & des articles 15 de celles des 4 & 28 juin 1780 : en conféquence que toutes les étoffes , toiles & toileries qui arriveroient dans la ville de Lyon , feroient tranfportées au bureau de vifite établi dans la même ville , à l'effet d'y être vérifié fi elles étoient revêtues des marques ou empreintes prefcrites par les dites lettres-patentes ; & dans le cas où elles en feroient dépourvues , à l'effet d'être revêtues par le fieur Chaix prépofé audit bureau, de celles dont elles feroient fufceptibles ; pour l'appofition de chacune defquelles marques où empreintes , il feroit payé un fou par les propriétaires des dites étoffes toiles ou toileries.

Le même arrêt a fait très - expreffes inhibitions & défenfes aux fieurs Beau, Louis pere & fils, Breffon, Caftorifan, & à tous les négociants, marchands, leurs commis , voituriers & à tous les autres d'infulter le fieur Chaix & de le troubler dans l'exercice de fes fonctions, à peine de punition exemplaire. Par cet arrêt fa majefté a évoqué à elle & à fon confeil toutes les conteftations nées, à naître dans la généralité de Lyon, relativement à l'exécution des dites lettres-Patentes, circonftances & dépendances , & les a renvoyées par-devant M. l'intendant, en la généralité de Lyon, pendant trois années, fauf l'appel au confeil.

I I.

Les étoffes manufacturées dans les frontieres des provinces de la ferme, comme camelots, draps , ferges & autres femblables, feront pareillement marquées fur les métiers, aux deux bouts, d'un plomb à nos armes ; & fi elles paffent enfuite à la foulerie, le plomb en fera ôté : & après qu'elles auront été foulées, il en fera mis un nouveau par les maîtres des fouleries, qui feront tenus d'avoir un regiftre, & les marchands & voituriers des certificats, conformément à l'article précédent, & fur les mêmes peines.

On a vu par les obfervations fur l'article précédent, qu'il a été rendu des réglements par la police des manufactures d'étoffes, & affurer le caractere national à celles fabriquées dans le royaume. Ils intéreffent particuliérement les infpecteurs des manufactures. Les commis doivent feulement vérifier fi chaque piece d'étoffe a les marques prefcrites. S'il s'en trouve qui en foient dépourvues, ils peuvent les faifir conformément à l'arrêt du 4 décembre 1725. Ils font également tenus de concourir à l'exécution des réglements dont il été parlé au commentaire fur l'article précédent.

TITRE V.

Des marchandifes qui feront fauvées du naufrage.

ARTICLE PREMIER.

Les marchandifes qui auront été fauvées du naufrage, ne feront fujettes aux droits d'entrée ou de fortie, fi elles font réclamées par les conducteurs ou propriétaires, dans l'an & jour de la publication qui en fera faite; à la charge néanmoins d'être portées hors le royaume, dans trois mois du jour de la réclamation jugée, fi ce n'eft qu'il y eût quelque empêchement légitime; finon, après les trois mois, elles feront fujettes à nos droits.

Les marchandifes fauvées du naufrage doivent être mifes dans des magafins choifis par les officiers de l'amirauté, & les commis du fermier doivent avoir une double clef de ces magafins, afin que rien ne puiffe en être enlevé, fans acquitter les droits, s'il en eft dû, ou au préjudice de la prohibition, fi la marchandife eft défendue. Ce font les difpofitions des arrêts des 15 décembre 1691, 20 juin 1702 & 24 mars 1703.

Aux termes de l'article 1, dont les difpofitions ont été confirmées par les articles 491 & 397, des baux de Carlier & Forceville, ces marchandifes ne font fujettes aux droits, qu'autant qu'elles font déclarées pour la confommation du royaume, ou qu'elles ne font pas réclamées dans l'année de la publication du naufrage.

Si elles font réclamées, il faut pour être difpenfé d'en payer les droits, les exporter dans trois mois, du jour de la réclamation. Ce délai expiré, elles font fujettes aux droits, à moins qu'il ne foit juftifié de l'impoffibilité qu'il y a eu de les enlever dans ledit délai. On peut même leur appliquer ce qui a été dit aux obfervations fur l'article 8 du titre 1.

Lorfque les marchandifes naufragées font deftinées pour un autre port du royaume, & que le réclamateur demande qu'elles y foient envoyées, on doit les faire conduire au bureau, s'il en eft un dans le lieu où ces marchandifes ont été emmagafinées ; & après l'énumération, mefure, poids, aunage ou eftimation, & la vifite faite, il faut délivrer un acquit à caution au réclamateur pour en affurer les droits à la deftination.

Si les marchandifes font envoyées à l'étranger, il fera délivré un permis de les embarquer, & on les fera conduire du magafin à bord par des employés, qui veilleront à ce qu'il n'en foit détourné aucune pendant la route. On laiffera auffi des employés à bord jufqu'au départ du bâtiment, afin de s'affurer qu'il n'en fera rien déchargé.

I I.

Ce qui aura été vendu, comme fujet à dépériffement, fera auffi fujet à nos droits, encore que le prix en foit réclamé dans le temps porté par ces préfentes ; & les adjudications feront faites, à la charge par l'adjudicataire de payer nos droits.

Il n'étoit pas poſſible de diſpenſer du payement des droits, les marchandiſes venduⅽs dans le royaume, parce qu'elles étoient ſujettes à des dépériſſements. Le propriétaire n'a pas à regreter d'acquitter les droits d'une marchandiſe dont on lui a conſervé le prix par la vente preſcrite.

I I I.

Nos droits d'entrée feront auſſi payés pour la troiſieme partie des effets naufragés, délivrée à ceux qui les auront ſauvés ſur les flots, ou tirés du fond de la mer.

Dès que les effets naufragés font vendus, il eſt naturel que les droits en ſoient payés, même ſur la partie de ces effets deſtinée à récompenſer les perſonnes qui ſe ſont employées au ſauvetage.

I V.

Les articles de notre ordonnance du mois d'août 1681, touchant la marine, au titre des naufrages, bris & échouements, feront exécutés; & nos officiers des traites ne pourront s'immiſcer au fait du ſauvement des marchandiſes, mais feront ſeulement les demandes, concernant nos droits, portées devant eux.

Suivant l'ordonnance de la marine, les officiers de l'amirauté peuvent ſeuls s'immiſcer dans le ſauvetage des marchandiſes naufragées; mais s'il y a conteſtation ſur le payement des droits de ces marchandiſes, c'eſt devant les juges des traites ou maîtres des ports, que ces conteſtations doivent être portées.
De même, ſi on fait rebellion aux employés qui font occupés à empêcher le pillage des marchandiſes, afin d'en empêcher l'introduction en fraude, & que l'amirauté ne faſſe pas des diſpoſitions pour pourſuivre les cou-

pables, les employés peuvent fuivre fur leur procès-verbal pardevant le juge des traites du reffort. C'eft ainfi qu'en 1779 on eft parvenu à intimider, du moins pour un temps, les habitants voifins de la côte de Berk en Picardie, fituée entre la Canche & l'Authie.

V.

Le fermier de nos droits pourra toutefois, fur les avis qui lui auront été donnés, affifter, fi bon lui femble, aux inventaires & reconnoiffances des effets fauvés ; même, s'il le requiert, il lui en fera délivré copie, à fes frais, par le greffier de l'amirauté.

Le fermier étant fondé à affifter à l'inventaire qui eft fait des effets fauvés, fes prépofés ne doivent pas manquer de s'y trouver.

Si, lors du recenfement que les officiers de l'amirauté font de ces effets, ou même auparavant, il en eft qui, viciés par l'eau de la mer, aient befoin d'être paffés à l'eau douce & féchés, le prépofé du fermier, chargé de la clef du magafin, doit les en laiffer fortir, après en avoir conftaté les qualités & quantités.

Si ce font des marchandifes prohibées, il en prendra reconnoiffance du garde-magafin, & fa foumiffion de les rapporter en magafin, à peine de payer l'amende prononcée par les réglements concernant cette prohibition, enfemble le prix defdites marchandifes, fuivant l'eftimation qui en fera faite. Si ce font des marchandifes dont l'entrée eft permife, le garde-magafin fe foumettra d'en payer les droits, faute de les repréfenter.

V I.

Le gardien des marchandifes, foit le feigneur du fief ou autre, fera tenu d'en faire la déclaration au plus prochain bureau, huit jours après qu'il les aura reçues, au cas que le fermier n'ait pas été préfent aux inventaires ou reconnoiffances, à peine de demeurer refponfable de nos droits.

Si aucun commis des fermes n'a affifté à l'inventaire des marchandifes fauvées du naufrage, le garde-magafin qui les a reçues, eft obligé d'en faire la déclaration au plus prochain bureau huit jours après leur réception, afin d'en affurer les droits.

V I I.

Il fera tenu, fous pareille peine, de dénoncer au fermier, par acte fignifié à fon bureau ; la vente qui devra être faite des marchandifes périffables, aux cas des articles 13 & 15 du même titre de notre ordonnance pour la marine ; & il lui fera donné affignation pour y affifter, avec un délai compétant, fuivant la diftance des lieux.

Il eft d'ufage, pour éviter les frais de dénonciation ; de prévenir, par lettres ou autrement, le receveur de l'arrondiffement qui doit affifter à la vente, de l'époque à laquelle elle aura lieu : quand ce commis a été informé du jour & du lieu de cette vente, il doit s'y tranfporter, faire auner, pefer ou eftimer les marchandifes, & en faire payer les droits.

S'il n'a pas été prévenu de la vente, & qu'il en foit cependant informé, il doit envoyer un détachement d'employés pour s'oppofer à l'enlevement des marchandifes, en dreffer procès-verbal de faifie, avec offre d'en donner main-levée fous caution, eftimation préalablement faite, & envoyer ce procès-verbal à la ferme générale.

V I I I.

Ceux qui réclameront les marchandifes ; feront tenus de le dénoncer au fermier ; &

les jugements qui interviendront fur la réclamation, ne feront valables à fon égard, s'il
n'y eft préfent, ou dûment appelé.

Pour éviter que les réclamateurs ne fraudent les droits
d'entrée & ceux de fortie au moyen d'une vente fimu-
lée, en réclamant les marchandifes pour être envoyées,
foit au lieu du départ, foit à leur premiere deftination
ou à l'étranger, les receveurs ne doivent avoir aucun
égard aux jugements qui interviendront fur la réclamation des marchandifes, fi cette réclamation ne leur a pas
été dénoncée, & s'ils n'ont pas été préfents, ou dûment
appelés à ces jugements. Pour s'en affurer, ils demanderont, lors de la dénonciation, copies des pieces juftificatives, telles que les procurations des propriétaires,
lettres miffives ou ordres de réclamer, vendre & renvoyer les marchandifes, ou charte - parties qui doivent
être jointes, pour prouver le lieu du départ & la premiere deftination, & la requête préfentée à MM. les
officiers de l'amirauté.

Les receveurs, après s'être rendus certains, par l'examen de ces pieces, des intentions des propriétaires,
donneront leur confentement pour la main-levée : dans
le cas contraire, ils s'oppoferont à la délivrance des
marchandifes, qu'ils ne laifferont pas fortir du magafin.

I X.

Après l'an & jour expiré, fans que les marchandifes aient été réclamées, nos droits d'entrée feront payés par ceux qui les partageront, aux termes de l'article 26 du même titre
de notre ordonnance pour la marine.

Ces difpofitions ont été répétées par les articles 402
& 398 des baux de Carlier & Forceville, qui ont ajouté
que s'il s'agiffoit de marchandifes prohibées que l'on
feroit obligé de tranfporter hors du royaume, elles ne
feroient fujettes à aucuns droits, à la charge qu'elles

feroient tranfportées un mois après que le partage en auroit été fait.

X.

Le gardien ne pourra faire la délivrance des marchandifes à ceux qui les auront réclamées, ou à ceux qui les partageront après l'an & jour, que le fermier préfent ou dûment appelé, à peine d'en payer les droits.

Sans les précautions ordonnées par cet article, on auroit pu éluder le payement des droits fur les marchandifes réclamées.

X I.

Les feigneurs ou les habitants qui feront condamnés à payer la valeur des marchandifes qui auront été pillées, feront auffi tenus du payement de nos droits.

Le pillage des marchandifes ne pouvoit les fouftraire aux droits ; il étoit jufte de condamner à les payer ceux qui, pouvant empêcher ce pillage, l'auroient fouffert.

T I T R E V I.

Des acquits à caution.

ARTICLE PREMIER.

Les marchands ou voituriers qui feront fortir des marchandifes de l'étendue de la ferme, pour y rentrer, foit par mer ou par terre, feront tenus d'apporter au bureau, ou de faire une déclaration, conformément à l'article 3 du titre 2, fur les mêmes peines.

On entend par cet article, les marchandifes qui s'enlevent d'un lieu de l'étendue des cinq groffes fermes, pour aller dans un autre auffi de l'étendue des cinq groffes fermes, & pour le tranfport defquelles on eft obligé de paffer par les provinces réputées étrangeres, ou de les voiturer par mer; en ce cas, il n'eft dû aucuns droits de fortie ni d'entrée; les marchands font feulement tenus d'en faire leurs déclarations, & de prendre des acquits à caution pour en affurer la deftination, ainfi qu'il eft ordonné par l'article 4 du titre 1 de la préfente ordonnance.

Voyez les obfervations fur cet article 4.

I I.

La déclaration contiendra encore leur foumiffion de rapporter certificat en bonne forme de la defcente des marchandifes au lieu de leur deftination, ou de payer le quadruple de nos droits, dont ils donneront caution, qui fera pareille foumiffion fur le regiftre, fi mieux ils n'aiment configner nos droits entre les mains du fermier.

Le marchand ou voiturier a l'alternative de donner caution pour le payement du quadruple des droits, en cas qu'il ne rapporte pas le certificat de defcente, ou de configner le fimple droit.

La feule exception à cette regle, dérive des difpofitions de l'arrêt du 19 juin 1691 : il ordonne que dans l'étendue des provinces des cinq groffes fermes, ceux qui tranfporteront des marchandifes ou denrées, dont les droits feront au-deffous de trois livres, feront tenus feulement de faire leur foumiffion fur le regiftre, de rapporter certificat de defcente dans le temps, & aux peines portées par l'ordonnance, & qu'il fera fait mention de leurs foumiffions dans les acquits, fans qu'ils foient tenus de donner caution. L'article 235 du bail de Carlier contient la même difpofition.

III.

I I I.

Le temps néceſſaire pour rapporter le certificat de deſcente ſera réglé par l'acte de ſoumiſſion, ſuivant la diſtance des lieux.

Il eſt bien eſſentiel de tenir la main à l'exécution de cet article : ſur quoi il eſt bon d'obſerver qu'il doit être fait mention de deux délais dans les acquits à caution, l'un pour le tranſport des marchandiſes; l'autre pour le rapport du certificat de deſcente.

I V.

Les marchandiſes ſeront conduites au bureau, viſitées, peſées, meſurées & nombrées, & enſuite les acquits à caution délivrés aux voituriers, qui ſeront tenus de les repréſenter aux bureaux de leur paſſage, le tout comme ſi nos droits étoient dus ; & le droit d'acquit ſera payé, ſuivant les articles 11 & ſuivants, du titre 1er. des préſentes.

Les acquits à caution ſont des expéditions qui ſe délivrent au bureau après la viſite faite des marchandiſes pour les accompagner : ils contiennent le nom de celui qui en a fait l'envoi & celui du voiturier, le détail des marchandiſes par quantité & qualité, le nom du marchand pour lequel elles ſont deſtinées, & le lieu de leur deſtination, comme les acquits de payement : ils ſont de plus mention de la ſoumiſſion faite par la caution, de rapporter un certificat de la deſcente deſdites marchandiſes au lieu de la deſtination, dans le temps qui y eſt limité, ſous peine du quadruple des droits, même de confiſcation en cas de fraude, conformément à l'article 12 ci-après.

Voyez les notes ſur les articles 11, 12 & 13 du tit. 1er pour le droit d'acquit.

Voyez auſſi la note ſur l'article 16 de ce titre, pour connoître comment on doit tranſporter au bureau les marchandiſes enlevées dans les quatre lieues, à l'effet d'en faire la viſite avant que de délivrer un acquit à caution.

V.

Il ſera fait mention dans les acquits de la conſignation des droits, ou de la ſoumiſſion des marchands ou de leurs cautions.

Si l'envoyeur des marchandiſes préfere de conſigner les droits, il doit en être fait mention dans l'acquit à caution.

V I.

Les marchands ou voituriers ſeront tenus, en arrivant au lieu de la deſtination des marchandiſes, de les conduire directement aux bureaux, s'il y en a; & le fermier ſera tenu de donner un certificat de deſcente, après la viſite des marchandiſes, & la repréſentation des acquits.

Le certificat de deſcente des marchandiſes ne doit être donné qu'après leur vérification, & qu'elles ſe ſont trouvées conformes à l'énoncé en l'acquit à caution.. Dans le cas où elles ſe trouvent différentes, ſoit dans la qualité, ſoit dans la quantité, il doit en être uſé, ainſi qu'il eſt ordonné par l'article 13 du titre 2.

V 1 I.

Les certificats de deſcente ſeront mis au dos des acquits à caution, encore que le papier ait été marqué pour une autre généralité, & ils ſeront ſignés par les commis dans les lieux où il y en aura d'établis, & par les Juges, échevins & syndics dans les lieux où il n'y aura point de commis.

S'il y a bureau dans le lieu de la destination, le voiturier est dans la nécessité d'y faire transporter les marchandises pour avoir le certificat des commis de ce bureau : s'il n'y en existe point, & qu'il s'y trouve une brigade d'employés, c'est à eux qu'il faut s'adresser pour ce certificat ; & ce n'est qu'à leur défaut, que l'on peut demander le certificat des juges, échevins ou syndics.

On admet aussi le certificat de MM. les curés, quoiqu'il n'en soit pas fait mention dans l'ordonnance.

V I I I.

Il ne sera point délivré de certificat, si la descente des marchandises a été faite depuis le temps porté par l'acquit, à peine de nullité ; & le fermier, en ce cas, pourra faire saisir les marchandises, & en poursuivre la confiscation.

Les commis du lieu de la destination, ou ceux qui les représentent, ne doivent point donner de certificat de descente des marchandises, si les délais accordés par l'acquit à caution pour leur transport sont expirés, les marchandises que cette expédition a eu pour objet étant censées avoir été négociées ou versées en fraude, & celles dont on demande le certificat de décharge leur avoir été substituées. Si le certificat avoit cependant été délivré, il seroit nul, & n'empêcheroit pas la caution d'être poursuivie pour le quadruple des droits, ou la perte de sa consignation.

C'est la seule peine que puisse encourir ce soumissionnaire ou consignataire, lorsque ces marchandises représentées après le délai sont en même quantité & qualité ; mais s'il s'y trouvoit une différence en plus, il y auroit lieu à la saisie ; & c'est sans doute le cas qu'a prévu l'article ci-dessus.

I X.

Toutefois les marchands pourront juſtifier par procès-verbaux en bonne forme, faits par les juges des lieux, ou en leur abſence par le premier praticien, greffier ou notaire, qu'ils ont été retardés par cas fortuit, comme fortune de mer, pourſuite d'ennemis & autres accidents ; auquel cas il leur ſera donné main-levée de leurs marchandiſes, encore que la deſcente n'en ait pas été faite dans le temps porté par l'acte de ſoumiſſion.

Le cas fortuit forme une exception ; mais il faut en juſtifier par le procès-verbal rapporté devant un officier public de l'endroit où l'événement qui a donné lieu au retard eſt ſurvenu : on n'eſt point admis à prouver par témoins ce retardement.

En effet, pluſieurs juges des traites, même quelques cours ſupérieures, rendoient journellement des jugements & arrêts, qui permettoient aux marchands ou voituriers, qui ne rapportoient point de certificats ſur leurs acquits à caution, ni même leſdits acquits, de prouver par témoins qu'ils les avoient repréſentés aux commis, qui avoient fait refus de les décharger, & qu'ils les avoient laiſſés dans les bureaux, n'ayant pu les retirer, ou qu'ils les avoient donnés aux gardes pour y faire mettre les décharges, leſquels les avoient retenus ou adhirés ; ce qui rendoit les diſpoſitions du préſent titre illuſoire, par la facilité que les négociants avoient de produire des témoins à eux affidés : il fut rendu un arrêt du conſeil, le 10 ſeptembre 1689, qui ordonne l'exécution des diſpoſitions de la préſente ordonnance ; & au cas de refus par les commis de donner les certificats de deſcente des marchandiſes, ou autres cas fortuits, que les marchands ou voituriers ſeront tenus d'en rapporter des actes juſtificatifs faits par les juges des lieux, ou en leur abſence par le premier praticien ou notaire, dans les temps limités par les acquits de caution ; & fait défenses aux juges & cours supérieures, d'admettre la preuve par témoins du retardement ou refus de commis, perte ou retention des acquits, ou autres faits contraires aux dispositions ci-dessus de l'ordonnance.

X.

Il ne sera ajouté foi aux procès-verbaux, s'ils n'ont été faits dans le temps du retardement, ou du moins dans les vingt-quatre heures du jour qu'il aura cessé, à l'égard des marchandises qui seront transportées par terre ; & à l'égard de celles qui seront transportées par mer, dans les deux jours depuis qu'elles seront arrivées au port, le fermier présent ou dûment appelé, s'il y a un bureau dans le lieu de l'abord des marchandises.

Sans les conditions portées par cet article & le précédent, les pieces qui peuvent être rapportées pour justifier du retardement sont de nul effet.

X I.

Les droits consignés seront rendus aux marchands, ou les soumissions qu'eux ou leur caution auront faites, déchargées sans frais sur le registre, en rapportant le certificat de descente dans le temps porté par l'acte de soumission.

X I I.

Si le certificat n'est point rapporté, les droits seront acquis au fermier, s'ils ont été consignés ; sinon le fermier pourra décerner sa contrainte pour le simple dû du droit sur l'extrait de son registre; & en cas de contestation, la consignation en sera ordonnée entre les mains du fermier, sauf à lui à poursuivre solidairement le marchand & la caution, pour ce qui restera à payer du quadruple; le tout sans préjudice, en cas que la fraude soit prouvée, de la confiscation des marchandises contre les marchands, sur laquelle le quadruple sera déduit, s'il a été payé.

Le fermier n'a droit de contraindre que pour le payement du simple droit, c'est-à-dire, que pour le montant des droits que la marchandise auroit payés, si elle avoit été déclarée pour la province dans laquelle elle a dû passer pour se rendre à sa destination privilégiée. Ainsi, un marchand qui ne rapporte pas un acquit à caution, pris pour circuler dans les quatre lieues de la Normandie, du Poitou, du Maine, de l'Anjou, de la Picardie, de la Bresse & du Bugey, limitrophes à la Bretagne, à l'Artois & à la Franche-Comté, doit les droits de sortie du tarif de 1664, qui auroient été exigés sur les marchandises transportées, si elles avoient été déclarées pour une province réputée étrangere.

Celles accompagnées d'acquits à caution pour circuler dans les quatre lieues limitrophes de la Bresse ou du Bugey au Dauphiné, sont tenues d'acquitter, indépendamment de ce droit, celui de douane de Valence.

Celles qui sont transportées dans les quatre lieues de l'étranger, sont traitées comme si elles étoient passées à l'étranger.

Si elles ont été expédiées de la Bretagne, de la Franche-Comté ou de la Flandre pour le Dauphiné, en passant par Lyon, elles sont tenues de payer le quart des droits d'entrée du tarif de 1664, la douane de Lyon & celle de Valence.

A l'égard du restant du quadruple des droits, il faut se pourvoir, par assignation, en la juridiction des traites contre le soumissionnaire. Dans ce cas, il faut, suivant l'arrêt du 25 octobre 1723, faire contrôler la copie de la soumission que le receveur extrait de son regiftre, & qu'il figne pour fervir de fondement à fa demande, pour lequel contrôle il n'eft dû que 5 fous.

Les dix fous pour livre des droits des fermes qui fe perçoivent actuellement, ne font dus que fur le fimple droit, & non fur le montant du quadruple.

Il a été recommandé aux receveurs de porter en recette les droits qui auroient été confignés, dès que le délai accordé, pour rapporter le certificat de defcente, feroit expiré.

X I I I.

Les marchands & leur caution, feront déchargés du payement de nos droits en cas qu'ils rapportent le certificat de defcente avant le jugement, pourvu qu'il paroiffe par le certificat que la defcente des marchandifes a été faite dans le temps porté par l'acte de foumiffion; en payant néanmoins les frais faits par le fermier, jufqu'au jour de la repréfentation du certificat.

Quoique le temps limité pour rapporter l'acquit à caution déchargé foit expiré, fi le certificat de décharge des marchandifes fe trouve avoir été donné dans le temps fixé, on ne doit faire aucune difficulté de recevoir l'acquit à caution, & de décharger la foumiffion de la caution : il fuffit de faire payer les frais de pourfuite, s'il en a été fait.

X I V.

Ils feront pareillement déchargés du payement de nos droits, au cas de l'article 9, même les deniers par eux confignés ou payés en vertu des condamnations contr'eux jugées, leur feront rendus, encore qu'ils n'aient pas rapporté le certificat dans le temps porté par l'acte de foumiffion, en payant les frais faits jnfqu'à la repréfentation des procès-verbaux.

Pour que les procès-verbaux qui peuvent tenir lieu de certificat de defcente foient admiffibles, il faut qu'ils aient été rapportés dans le temps, & avec les formalités prefcrites par l'article 10 de ce titre.

Non-feulement les foumiffionnaires doivent rapporter dans ce temps le certificat de defcente, ils font encore tenus de certifier véritables les fignatures de ceux par qui ils paroiffent avoir été foufcrits. Telles font les difpofitions des arrêts & lettres - patentes des 13 mars & 14 avril 1722. Ils ordonnent que les marchands, voituriers & autres, feront tenus, non - feulement de faire leurs foumiffions de rapporter des certificats en bonne forme de la defcente des marchandifes au lieu de leur deftination, mais auffi de certifier la vérité des fignatures defdits certificats qu'ils rapporteront au dos des acquits à caution ; & en cas de fauffeté defdits certificats & des fignatures d'iceux, comme auffi de fuppofition des qualités de ceux qui les auront fignés, que les propriétaires des marchandifes feront pourfuivis extraordinairement, comme pour crime de faux, fuivant les articles 21 & 22 du titre commun de l'ordonnance de 1681, & les cautions non propriétaires, condamnées à payer le quadruple des droits des marchandifes contenues dans les acquits à caution délivrés, & en trois cents livres d'amende. Ils veulent que ceux qui auront fait leurs foumiffions ou configné les droits, ne puiffent être déchargés par le rapport des certificats de defcente, ni même par la décharge des commis, jufqu'à ce que les fignatures defdits certificats aient été reconnues véritables : ils ne laiffent, au furplus, au fermier que fix mois de la date des décharges pour faire cette vérification, & portent que paffé ce temps, lefdites cautions feront bien & valablement déchargées.

Il eft bien effentiel de faire certifier la vérité des fignatures par les négociants eux - mêmes. Ils font d'autant moins fondés à vouloir s'en difpenfer, fous prétexte de l'immenfité de leurs occupations, qu'il en eft de cette opération comme de l'endoffement ou de l'acquit d'un effet dont ils ne chargent point leurs commis, Il leur eſt très-facile de donner, dans leur cabinet même, & ſans ſe déranger de leurs affaires, ce certificat preſcrit par la loi; & comme il n'en réſulte aucune gêne pour eux, & qu'en ſe bornant, au contraire, à recevoir le certificat de leurs commis, on s'expoſe à multiplier les formes de la procédure, qui doit être engagée ſur le rapport des faux certificats de décharge, on ne doit admettre, dans les bureaux, ces certificats qu'autant que la vérité des ſignatures aura été atteſtée par le négociant qui a pris l'acquit à caution, & qu'il aura daté ſon certificat particulier qui fixe l'époque du rapport de la décharge & le délai pour le faire vérifier.

Dans le cas, en effet, où on auroit admis le certificat du commis d'un négociant, le fermier ſeroit obligé de ſommer le négociant qui auroit pris l'acquit à caution, en parlant à ſa perſonne, & en lui repréſentant le certificat de décharge de cet acquit & celui de ſon commis, qui atteſte que les ſignatures ſont véritables, de déclarer s'il entend ſe ſervir de ce certificat de ſon commis, & de lui annoncer que le délai pour faire procéder à la vérification, ne courra que du jour de ſa déclaration.

L'huiſſier prendra la déclaration du négociant : s'il méconnoiſſoit le certificat ſigné de ſon commis, on décerneroit contrainte pour le ſimple droit & acceſſoire, ſur le motif qu'il n'a pas rapporté l'acquit à caution revêtu du certificat de décharge, dont les ſignatures ont été par lui certifiées véritables;& on feroit,en même temps, donner l'aſſignation en la juridiction des traites, où reſſortit le bureau dans lequel l'acquit auroit été délivré, afin de payement du triple des droits.

Dans le cas où le négociant, au nom de qui auroit été pris l'acquit, approuveroit le certificat, on le feroit aſſigner en la juridiction du lieu où le certificat de deſcente eſt ſuppoſé avoir été délivré, pour voir dire qu'il ſera donné commiſſion rogatoire au juge du ſiege où eſt ſitué le bureau, dont on a contrefait la ſignature des commis, afin d'être procédé pardevant lui ; & ſi c'eſt un intendant, pardevant telle autre perſonne qu'il commettra, parties préſentes ou dûment appelées à la vérification des ſignatures des certificats de décharge, par experts convenus ou nommés d'office, pour, le procès-verbal de vérification fait & rapporté , être par les parties pris telles conclusions qu'elles aviseront bon être , & par le juge statué ce qu'il appartiendra.

X V.

Les marchands , voituriers , rouliers , messagers , & tous autres qui ameneront des marchandises du dedans de la ferme , & qui les feront passer dans les quatre lieues proche des limites , seront tenus , sous les peines portées par l'article 1er. , de faire leurs déclarations au bureau du lieu d'où ils partiront , s'il y a bureau , sinon au premier bureau de leur route , & d'y prendre des acquits à caution , encore que les marchandises soient destinées pour le dedans de la ferme.

L'exécution de cet article a été ordonnée par un arrêt contradictoire de la cour des aides de Paris , du 20 janvier 1702 , au sujet des marchandises & denrées transportées des quatre lieues des limites de la Champagne à la Lorraine , dans la ville de Langres & reversiblement.

Les habitants de la ville de Langres prétendoient qu'avant l'édit de création des receveurs en , titre du mois de décembre 1694 , ils n'avoient jamais pris d'acquits à caution , certificats , congés , ni passavant , &c.

Les dispositions du même article 15 , ont été confirmées par les arrêts & lettres - patentes du 13 juillet 1725 , & plus récemment par d'autres arrêts , dont l'un rendu le 11 août 1772 , contre René Marchant , est intervenu dans l'espece suivante.

Marchant s'étoit présenté au bureau des traites de Dijon , & il avoit demandé un passavant pour conduire à Issurtille quarante vieilles futailles. Les commis ayant exigé qu'il prît un acquit à caution , parcequ'il passoit dans les quatre lieues proche des limites de la ferme , Marchant s'y étoit refusé & avoit continué sa route dans laquelle les employés l'avoient arrêté. Marchant avoit allégué en la juridiction des traites de Dijon, où il avoit été affigné, que les futailles ne devoient pas de droit, & il s'étoit prévalu de ce qu'il avoit demandé un paffavant pour leur tranfport. Les juges des traites avoient en conféquence décidé qu'il n'avoit pas eu befoin de prendre un acquit à caution, & leur fentence avoit été confirmée par le parlement; mais l'arrêt du 11 août a caffé celui du parlement & la fentence : il a ordonné la confifcation des objets faifis avec amende & dépens.

L'arrêt de réglement de la cour des aides de Paris, du 29 août 1777 dont il fera parlé au commentaire fur l'article 16, ordonne également l'exécution de l'article 15.

L'article 5 de l'arrêt de réglement du confeil, du 13 août 1772, & dont il eft également fait mention aux obfervations fur l'article 16 ci-après, prefcrit auffi l'exécution dudit article 15, pour les toiles peintes ou teintes, toiles blanches, mouffelines, étoffes & bonneteries qui feront conduites de l'intérieur du royaume dans les quatre lieues frontieres de l'étranger, foit à deftination foit par emprunt de paffage.

Dans les provinces où la mefure des lieues eft fixée par la coutume, cette coutume regle ce qui peut-être dans l'étendue des quatre lieues : dans celles où la lieue n'eft point réglée par la coutume, elle demeure fixée à deux mille cinq cents pas géométriques, chaque pas de cinq pieds ; c'eft le réfultat de l'arrêt du 5 juin 1703, rapporté en la note de l'article 7 du titre 9.

X V I.

Ceux qui enleveront des marchandifes dans les quatre lieues, feront tenus, auffi fous les mêmes peines, de faire leurs déclarations au bureau du lieu d'où ils partiront, s'il y a bureau ; finon au plus prochain bureau, & d'y prendre pareillement des acquits à caution, foit que les marchandifes foient deftinées pour les quatre lieues, ou pour entrer plus avant dans la ferme.

Il s'étoit élevé des difficultés fur l'interprétation de cet article : il y a été pourvu par un arrêt & des lettres-patentes du 13 juillet 1725, enregiftrées en la cour des aides de Paris, le 22 août fuivant. Elles ont difpofé que ceux qui enleveroient des marchandifes dans les quatre lieues feroient tenus, à peine de confifcation & de trois cents livres d'amende, de faire avant l'enlevement, leurs déclarations au bureau du lieu du chargement, s'il y avoit bureau, finon au plus prochain bureau du lieu d'où ils partiroient, quand même il ne feroit pas directement fur la route de celui de la deftination, foit que les marchandifes fuffent deftinées pour les quatre lieues, ou pour entrer plus avant dans la ferme.

Les maires, échevins & habitants de Langres ayant formé appofition à cet arrêt, ils en ont été déboutés par un autre arrêt du 21 mai 1726.

Depuis, la cour des aides de Paris a rendu plufieurs arrêts en conformité : l'un du 27 août 1777 eft intervenu dans l'efpece fuivante. Un nommé Pierre le Febvre s'étoit préfenté le 29 juillet 1776, au bureau de Chamouilley en Champagne, fitué près la Lorraine. Il y avoit demandé un acquit à caution pour une voiture chargée de fucres, qu'il difoit avoir achetés & enlevés à Bienville & qu'il conduifoit à Saint-Dizier. L'acquit lui fut refufé à Chamouilley, parce qu'il auroit dû en faire la déclaration avant l'enlevement ; mais le receveur des traites de Saint-Dizier eût la facilité de lui donner cette expédition pour voiturer fes fucres dans l'intérieur de la ferme.

Le 11 août fuivant, Lefebvre fe préfenta encore au bureau de Chamouilley avec une voiture chargée de cent cinquante pains de fucre. L'acquit à caution lui fut de nouveau refufé, Lefebvre continua fa route vers Saint-Dizier. Une brigade d'employés arrêta fa voiture. Il repréfenta la facture du marchand de Bienville portant qu'il avoit vendu audit Lefebvre cent cinquante pains de fucre pris dans fa boutique, & le certificat du fyndic de Bienville, portant que les fucres avoient été pris chez ce marchand : on ne lui déclara pas moins la faifie.

Lefebvre affigné en la juridiction des traites de Saint-Dizier s'infcrivit en faux contre le procès verbal ; & fon inscription fut déclarée nulle. Il porta également plainte contre le receveur de Chamouilley ; & ce commis fut décrété & assigné pour être ouï. Dans cet état, le fermier & le receveur appellerent à la cour des aides du décret assigné ; & Lefebvre de la sentence qui déclaroit son inscription nulle.

Sur l'appel, Lefebvre prétendit qu'il étoit en regle ; qu'il n'étoit point obligé de faire déclaration avant l'enlevement ; que les lettres-patentes du 13 juillet 1725, étoient tombées en désuétude. Il articula qu'il n'y avoit point au bureau de Chamouilley de regiftre ouvert pour recevoir ces fortes de déclaration ; qu'il s'étoit préfenté à ce bureau ; que l'acquit à caution qui, quelques jours auparavant, lui avoit été délivré à Saint - Dizier, le conftituoit en bonne foi ; enfin, que la facture & le cer-tificat dont il étoit porteur le 11 août, prouvoient in-vinciblement qu'il avoit acheté les fucres à Bienville même.

M. l'avocat général établit que les lettres-patentes du 13 juillet 1725, étoient en pleine vigueur ; que la cour avoit rendu une infinité d'arrêts en conformité ; & que dans les quatre lieues, les déclarations devoient être faites avant l'enlevement.

L'arrêt confirma tous ces principes, en prononçant la confifcation des fucres faifis, & en condamnant Lefebvre en l'amende de trois cents livres, portée par l'ordonnance.

Les juges des traites de Peronne s'étoient ecarté des difpofitions des lettres-patentes de 1725, à l'occafion de plufieurs faifies de chevaux trouvés les 30 juillet, 14 octobre & 15 décembre 1776, & les 13 février & 15 mars 1777, dans les quatre lieues des limites, fans être accompagnés d'acquits à caution, mais feulement avec des certificats des fyndics des lieux de l'enleve-ment ; & le fermier s'étoit pourvu à la cour. Elle dé-clara, par fon arrêt du 29 août 1777, les faifies vala-bles, confifqua les chevaux & mulets, condamna les prévenus aux amendes & aux dépens. Et l'arrêt faifant droit fur les conclufions de M. le procureur-général du roi, ordonna l'exécution de l'article 16 du titre 6 de de l'ordonnance de 1687, enfemble des lettres-patentes du 13 juillet 1725 ; comme encore que les déclarations prescrites par lesdites lettres-patentes, ne pourroient être suppléées par aucun certificat.

Les dispositions de cet article 16, relativement aux toiles peintes ou teintes, toiles blanches, mousselines, & ouvrages de bonneterie enlevés dans les quatre lieues limitrophes de l'étranger, ont été confirmées par l'art. 5 d'un arrêt de réglement du conseil, du 13 août 1772, qui explique la forme des déclarations, & quand le transport des marchandises devra être fait au bureau.

Cet article 5, en ordonnant l'exécution des articles 15 & 16 du titre 6, a disposé qu'il ne pourroit être enlevé dans les quatre lieues frontieres de l'étranger, aucunes toiles peintes, toiles de fil teint, toiles blanches, mousselines, & étoffes d'aucune espece, & ouvrage de bonneterie, soit en soie, soit en laine, sans préalablement en avoir fait au bureau le plus prochain du lieu de l'enlevement, déclaration contenant le nombre des ballots, les marques & numéros desdits ballots, la quantité, qualité & poids des marchandises, le nom du marchand qui en fait l'envoi, de celui à qui elles sont adressées, le lieu de l'enlevement & celui de la destination ; qu'ensuite lesdites marchandises seront apportées audit bureau pour y être vues & visitées, & qu'elles seront expédiées par acquit à caution pour en assurer la destination. Il défend même au fermier & à ses commis, de recevoir auxdits cas aucunes déclarations vagues & sans destination fixe, & de délivrer aucuns passavants ou billets de roulement.

On doit conclure de ces autorités réunies, que pour prendre un acquit à caution pour des marchandises qui s'enlevent dans les quatre lieues, l'on ne doit pas commencer par conduire ces marchandises au bureau. On ne peut, en effet, les charger sans en avoir fait la déclaration ; & voici ce qui doit se pratiquer à cet égard. Le voiturier ou marchand se transporte au bureau le plus prochain : il déclare vouloir enlever telle marchandise ou denrée, de tel endroit situé dans les quatre lieues. On reçoit sa déclaration, & on lui délivre un billet qui l'autorise à transporter ces marchandises ou denrées, de tel endroit au bureau ; & on ne lui donne par ce billet, que le temps nécessaire à faire ce transport par la route la plus directe. Arrivé au bureau avec sa marchandise, on la vérifie, & on lui expédie enſuite l'acquit à caution qui lui eſt néceſſaire.

Quand on conſtate une contravention relative au dé-faut d'acquit à caution, dans les quatre lieues frontieres, il eſt à propos d'énoncer dans le procès-verbal, quelle eſt à peu près la diſtance du lieu où les marchandiſes ont été rencontrées au plus prochain village, ou autre en-droit remarquable de la province réputée étrangere voiſine.

TITRE VII.

Des inventaires, & du tranſport du vin, dans les quatre lieues proche les limites de la ferme, dans les provinces d'Anjou, du Maine & du bas Poitou.

ARTICLE PREMIER.

Il ſera fait tous les ans, un mois après les vendanges, inventaire du vin qui ſe trouvera dans les quatre lieues proche les limites de la fer-me, dans les provinces d'Anjou, du Maine & du bas Poitou; & à cet effet, permettons au fermier de faire ſes viſites dans les caves & celliers, & de marquer les futailles & tonneaux pleins de vin en trois douves au moins, avec une rouanne, ou un fer chaud; à ſon choix, & l'em-preinte, tant du fer chaud, que de la rouanne, ſera miſe au greffe des juges des traites.

Les inventaires dont il eſt fait mention, & les mar-ques que cet article permet d'appoſer aux futailles, ont pour objet d'empêcher les verſements de vin d'une pro-vince à l'autre, en fraude des droits. Auſſi, la cour des aides de Paris a, par arrêt du 3 août 1716, infirmé une sentence de la juridiction des traites d'Angers, en ce qu'elle n'avoit pas condamné la veuve Luquet au quadruple des droits de cinq poinçons de vin trouvés roulant dans les quatre lieues des limites de l'Anjou à la Bretagne, sans la marque prescrite par cet article.

C'est dans la même vue qu'un arrêt du conseil, du 4 août 1722, a ordonné qu'il ne pourroit être transporté du dedans de la ferme dans les quatre lieues de la frontiere, & nommément à Saint-Florent-le-Vieil, & dans la châtellenie de Chantoceaux, une plus grande quantité de vins & eaux-de-vie, que ce qui sera nécessaire pour l'usage des habitants desdites quatre lieues, & pour la provision d'une année seulement, à peine de confiscation & de trois cents livres d'amende, lesquels vins & eaux-de-vie seront représentés aux inventaires & visites qui seront faites par les commis, toutefois & quantes & où besoin sera, avec défenses, sous les mêmes peines, aux habitants des lieux situés dans les quatre lieues de la frontiere de la ferme, d'avoir dans leurs maisons d'habitation autre plus grande quantité de vins & eaux-de-vie que celle provenant de leur crû, ou qu'ils auront fait venir du dedans de la ferme pour l'usage & consommation de leurs familles seulement, réitérant, à cet effet, les défenses portées en l'article 7 du titre 9 de la présente ordonnance.

Le fermier n'use pas, au reste, par-tout de la faculté qu'il a de faire procéder à ces inventaires par ses employés : il les a supprimés dans la partie du Poitou, dépendante des bureaux de Remouillé & Montaigu, qui confine la Bretagne.

I I.

Les formalités prescrites par notre ordonnance des aides, du mois de juin 1680, pour la confection des inventaires dans les articles 3, 4, 5, 6, 7 & 9 au titre des inventaires & récolements du vin, seront aussi observées pour les inventaires qui seront faits en vertu du présent réglement.

Les

Les inventaires & récolements qui ont pour objet d'empêcher les versements de vins des cinq grosses fermes, dans celles réputées étrangeres, doivent être faits dans la forme prescrite pour ceux relatifs aux droits d'aides.

I I I.

Les inventaires seront paraphés, sans frais, en chaque feuille par l'un de nos juges des traites sur ce requis, au plus tard dans un mois après leur clôture ; & en cas de délai ou de refus par les juges, les commis pourront, dans la quinzaine après le mois expiré, en signifier au greffier une copie signée d'eux, qui tiendra lieu de paraphe.

Ces inventaires & récolements pour pouvoir être opposés aux particuliers, doivent avoir une forme légale : elle étoit prescrite par l'article ci-dessus.

I V.

Il sera fait aussi inventaire de l'eau-de-vie, à mesure qu'elle sera fabriquée ; & à cet effet, ceux qui feront brûler du vin, seront tenus de faire leurs déclarations par écrit aux commis dés plus prochains bureaux, du jour qu'ils mettront le feu à leurs chaudieres, & du jour qu'ils l'ôteront, & de la quantité du vin qu'ils prétendront brûler, à peine de cent livres d'amende ; & le fermier pourra y envoyer des commis ou gardes, pour tenir regiftre de la quantité d'eau-de-vie qui en aura été tirée, & marquer les futailles & tonneaux, comme il eft porté en l'article 1er. pour le vin.

Quoique l'inventaire des vins dans les arrondissements des bureaux du Poitou dépendant de la direction de Nantes, ait été supprimé, on procede toujours à celui des eaux-de-vie qui y sont fabriquées.

V.

Les vins & eaux-de-vie qui viendront du dedans de la ferme, & qui seront portés par acquit à caution, dans la même étendue des quatre lieues, seront aussi marqués & rouannés; & la marque sera faite au bureau où les acquits & passeports seront délivrés.

Cette disposition est conforme à l'article 4 du titre des droits de sortie sur les vins transportés hors du royaume par les provinces de Champagne & Picardie, lequel est plus amplement rapporté ci-après sur l'article 9.

V I.

Les marchands ou propriétaires des vins & eaux-de-vie, qui auront été marqués ou rouannés, ne pourront les tirer des caves ou celliers, pour en faire le transport, qu'après en avoir fait déclaration au plus prochain bureau, à peine de confiscation & de cent livres d'amende.

V I I.

Les vins & eaux-de-vie ne pourront être transportés hors de l'étendue de la ferme, que les tonneaux n'aient été démarqués, à peine de confiscation & de cent livres d'amende; & il sera fait mention de la démarque dans les acquits.

V I I I.

Il fera fait mention dans les certificats de defcente, de la maifon où le vin ou eaux-de-vie auront été déchargés, du nom de celui qui l'occupe, & de la rue où elle eft fituée. Voulons, au furplus, que ce qui a été ordonné dans le titre précédent, touchant l'expédition & décharge des acquits à caution & les certificats de defcente, foit obfervé pour le vin & l'eau-de-vie mentionnés au préfent titre, qui feront tranfportés par acquit à caution ou dépri.

Suivant l'article 17 du titre commun de l'ordonnance de 1681, les marques & démarques doivent être faites fans frais.

I X.

Le fermier fera fes vifites ordinaires deux fois l'an, dans les caves & celliers étant dans les quatre lieues proche les limites de la ferme, favoir, depuis le 1er. jour de mars jufqu'au 15 avril, & depuis le 1er. jour d'abût jufqu'au 15 feptembre ; & toutes perfonnes, de quelque qualité qu'elles foient, feront tenues de faire ouverture de leurs caves, celliers, preffoirs & autres lieux ; finon, en cas d'abfence ou de refus, l'ouverture en fera faite pour la vifite, comme pour la confection de l'inventaire.

L'article 4 du titre des droits de fortie fur les vins tranfportés hors du royaume par les provinces de Champagne & Picardie, de l'ordonnance de 1681, enjoint à ceux qui déclareront du vin, près les villages de la frontiere ; de souffrir la marque sur les futailles, lesquelles ils se soumettront & bailleront caution de représenter au lieu de la destination, pendant trois mois, à compter du jour de leur arrivée, toutes les fois que les commis y feront leurs visites ; & en cas de refus de souffrir les visites, ou à faute de représenter les futailles marquées, le vin sera réputé sorti, & seront contraints, tant les principaux obligés, que les cautions, solidairement de payer le double des droits.

X.

Les futailles & tonneaux qui auront été marqués, seront représentés aux visites, ou les acquits de payement ou à caution, au cas qu'ils aient été transportés ; & à faute par les marchands ou propriétaires de les représenter, ils seront condamnés au quadruple des droits de sortie.

X I.

Les tonneaux qui auront été représentés vides lors des visites, seront démarqués, & l'inventaire en sera déchargé ; & s'ils sont encore pleins, les marchands en seront de nouveau chargés pour les représenter aux visites suivantes.

X I I.

Les marchands ou propriétaires du vin seront déchargés de la représentation des tonneaux, après que le temps de chaque visite sera expiré, sans qu'ils aient été requis de les représenter, pourvu que le certificat de descente ait été rapporté dans le temps marqué par l'acte de dépri, & avant le temps de la visite.

XIII.

Défendons aux commis de prendre aucune chose pour la marque ou rouanne, & pour la démarque, à peine de concuffion.

TITRE VIII.

Des marchandifes de contrebande, & de celles dont l'entrée ou la fortie eft défendue.

ARTICLE PREMIER.

Toutes marchandifes de contrebande feront confifquées, avec l'équipage qui aura fervi à les conduire, même les marchandifes qui feront enfemble, aux termes de l'article 13 du titre 2 ; & les marchands & voituriers feront condamnés à cinq cents livres d'amende, fans préjudice des peines afflictives portées par nos ordonnances, fuivant la qualité de la contravention.

Non-feulement les marchandifes de contrebande, & l'équipage qui a fervi à les conduire font faififfables ; il en doit être de même des marchandifes qui font enfemble & qui appartiennent au même envoyeur ou voiturier.

Ces marchandifes font non-feulement, celles dont il eft parlé dans les articles ci-après, mais encore toutes celles étrangeres, dont l'introduction dans le royaume a été défendue par les ordonnances & réglements rendus depuis 1687 jufqu'à ce jour. L'article 1ᵉʳ. de l'arrêt du 17 juillet 1785, porte d'une maniere expreffe qu'elles feront prohibées à toutes les entrées du royaume, fous les peines portées par lefdits réglements.

K 3

Parmi ces marchandifes, font les écorces d'arbres ou étoffes de la Chine & des Indes de foie pure ou mêlée d'or & d'argent, ou de foie & coton de quelque nature qu'elles puiffent être : ce font les difpofitions de l'édit du mois d'octobre 1726.

Par l'article 5 fa majefté s'eft interdit la faculté d'accorder ni exemption ni modération quelconque des dits droits à aucune perfonne de quelque rang & qualité qu'elle foit, ni pour quelque caufe que ce puiffe être.

L'article 6 a renouvelé les défenfes faites par l'arrêt du 6 feptembre 1701, à tous marchands & négociants tant en gros qu'en détail, des villes & autres lieux du royaume & à toutes autres perfonnes, d'expofer en vente, débiter ou vendre de maniere quelconque, aucune defdites marchandifes prohibées, à peine de confifcation d'icelles, & de trois mille livres d'amende, fans qu'en aucun cas il puiffe en être fait remife ou modération.

Pour affurer davantage la punition des contrevenants, le confeil a fait connoître à la ferme générale par fa décifion du 17 août 1785, que fon intention étoit qu'on ne fe prétât à l'avenir, dans aucun des bureaux des fermes,

des accommodements pour des faifies relatives à cet arrêt & à celui du 10 du même mois, fans aucune exception.

Par l'article 7, il a été également défendu à tous marchands des villes & autres lieux du royaume, de mettre fur les portes de leurs boutiques *le titre de magafin de marchandifes d'Angleterre, où d'autres pays étrangers*, fur même peine de trois mille livres d'amende, & d'être déchus des droits & privileges de marchands. Il a été enjoint fous les mêmes peines, à ceux dont les boutiques porteront pareille infcription, de la faire biffer & fupprimer dans huit jours pour tout délai, à compter de celui de la publication dudit arrêt. Il a été ordonné aux gardes, fyndics & adjoints des corps & communautés d'arts & métiers à Paris & dans les provinces, de tenir la main à l'exécution dudit article, & de dénoncer aux juges de police les contraventions.

Suivant l'article 8, les marchandifes prohibées qu'on tentera d'introduire, de vendre ou de faire circuler dans le royaume en contravention aux diſpoſitions dudit arrêt, doivent être ſaiſies par les prépoſés de l'adjudicataire des fermes.

Parmi les marchandiſes prohibées, on doit comprendre, en vertu de l'arrêt du 10 juillet 1785, toutes les toiles peintes étrangeres, les mouſſelines & baſins étrangers autres que ceux provenants du commerce de la compagnie des Indes, les toiles de coton auſſi étrangeres autres que du même commerce, de celui du Levant & des fabriques d'Alſace.

Celles des marchandiſes d'Angleterre qui ſont prohibées, à peine de confiſcation & de dix mille livres d'amende, comme omiſes dans l'état des marchandiſes permiſes, annexé à l'arrêt du 17 juillet, & dont le détail ſe trouve page 52 *des Obſervations préliminaires.*

Les ouvrages d'acier poli, autres que les outils & inſtruments propres aux arts & aux ſciences, & tous criſtaux & verres venant de l'étranger, ſont défendus ſous les mêmes peines.

Les particuliers qui deſirent de ces objets pour leur propre conſommation, peuvent obtenir de M. le contrôleur-général des finances, la permiſſion de les faire entrer en payant ſeulement trente pour cent de leur valeur, & les dix ſous pour livre, s'ils n'étoient pas impoſés à des droits plus forts avant l'arrêt du 17 juillet; & les anciens droits, s'il eſt queſtion de toiles ou d'autres marchandiſes ſemblables : déciſion du conſeil, du 5 novembre 1785.

On voit, au reſte, que l'amende de cinq cents livres prononcée par l'ordonnance, en cas d'introduction des marchandiſes de contrebande, n'eſt applicable qu'aux marchandiſes, pour leſquelles les réglements rendus depuis n'en ont pas fixé une plus forte.

I I.

Après les frais faits pour parvenir à la confiſcation, qui ſeront pris préalablement ſur ce qui aura été confiſqué, nos droits ſeront payés pour le total de la marchandiſe confiſquée; & enſuite le tiers de ce qui reſtera ſera donné aux dénonciateurs, & les deux autres tiers feront adjugés par tiers, favoir, un tiers à nous, & les deux autres tiers au fermier.

Si les marchandifes confifquées font dans un état de prohibition abfolue, il n'eft pas dû de droits. Ces marchandifes font, en effet, envoyées ou au dépôt du prohibé à Paris, & de là à l'Orient, ou dans un port franc, pour y être vendues à la charge de la réexportation, ou bien renvoyées directement ; & les droits ne font perceptibles dans aucun de ces cas.

Quant à la répartition du produit, elle varie : s'il s'agit des mouffelines ou toiles peintes, toiles de coton, bafins, linons ou gazes, la compagnie des Indes doit en prélever un tiers : un autre tiers eft accordé au dénonciateur, lorfqu'il y a en dénonciation ; & le dernier tiers eft remis à MM. les fermiers généraux, pour les gratifications & récompenfes de ceux qui les auront faifies. Ce font les difpofitions de l'article 7 de l'arrêt du confeil, du 10 juillet 1785.

S'il eft queftion des marchandifes d'Angleterre, ou autres prohibées par l'arrêt du 17 juillet 1785, il en eft ufé comme il eft prefcrit par l'article 9 de ce réglement. Il porte que les marchandifes, dont la confifcation aura été prononcée, feront auffi-tôt après expédiées fous plomb & par acquit à caution, au bureau général du prohibé de Paris, où elles feront eftimées par deux experts à ce commis, pour être la moitié du prix de ladite eftimation, accordée & payée comptant aux commis faififfants fans aucune retenue ; & que lefdites marchandifes feront enfuite réexportées à l'étranger, & à cet effet renvoyées ; favoir, celles connues fous le nom de marchandifes blanches dans le port de l'Orient, & les autres dans l'un des ports francs du royaume, où elles feront vendues au mois de janvier de chaque année par vente publique, fans pouvoir, en aucun cas, rentrer dans le royaume ; que le produit defdites ventes fera diftribué, ainfi qu'il fera ordonné par fa majefté, après le prélèvement de la moitié attribuée aux commis, & des frais qui feront payés fur l'autre moitié.

De ce qu'il eft dit que les marchandifes prohibées, dont la confifcation aura été prononcée, feront auffi-tôt après expédiées ponr le bureau général du prohibé, il ne faut cependant pas conclure que le conseil ait prétendu apporter aucun changement dans l'ordre judiciaire qui s'obfervoit à cet égard. Il n'a entendu par l'envoi au dépôt auffi-tôt après la confifcation, que celui qui doit avoir lieu après l'expiration des trois mois, à dater du jour de la fignification du jugement, à perfonne ou domicile.

I I I.

Nous déclarons l'or & l'argent monnoyé & non monnoyé, les pierreries, les munitions de guerre, les falpêtres & les chevaux, marchandifes de contrebande à la fortie du royaume.

De l'or & de l'argent dont l'exportation avoit été défendue par cet article, les efpeces de France font feules reftées dans la prohibition à la fortie pour l'étranger; on le voit dans le recueil des droits, au mot *Efpeces* : il y eft parlé d'exceptions faites en faveur des Suiffes & des Genevois. Il refte à ajouter qu'aux termes d'un arrêt du 22 février 1717, les officiers des vaiffeaux de la compagnie des Indes, qui partent pour les Indes Orientales peuvent porter entre eux, fur chaque vaiffeau, une fomme de 15000 liv. en efpeces de France, aux conditions énoncées dans ce réglement.

I V.

Si nous permettons l'entrée ou la fortie des marchandifes de contrebande, les droits appartiendront au fermier, & feront payés fuivant le tarif; & s'il y a des condamnations d'amendes ou des confifcations, elles lui appartiendront, fans qu'il en foit comptable.

Lorfqu'il eft accordé des permiffions de faire entrer ou fortir des marchandifes prohibées, on en doit faire acquitter les droits, à moins que le paffeport ou ordre n'en accorde l'exemption : auquel cas la liquidation en doit être faite au pied de l'ordre ; & le conducteur doit donner au bas son certificat comme il n'en a point été payé. Ce certificat doit être renvoyé à l'hôtel des fermes, pour être compris dans l'état des des indemnités dues sur le prix du bail.

Ces droits, lorsqu'il étoit question de marchandises d'Angleterre, étoient les mêmes que ceux exigibles sur pareilles especes de marchandises permises venant des autres pays étrangers; ils font à présent de trente pour cent, suivant l'art. 4 de l'arrêt du 7 juillet 1785, sauf les exceptions portées par la décision du conseil du 5 novembre suivant, citée ci-devant page 151, ligne 27.

V.

Le fermier ne sera tenu d'avoir égard aux permissions qui auront été données pour faire entrer ou sortir des marchandises de contrebande, si elles ne sont contre-signées de l'un de nos secrétaires d'état, & visées du contrôleur-général de nos finances.

Ces permissions s'accordent, soit par une lettre de M. le contrôleur général, soit par une décision du conseil adressée à la ferme générale qui en fait part au directeur par le département duquel la marchandise doit entrer ou sortir.

V I.

Nous défendons la sortie hors de notre royaume, des grains & légumes de toutes especes, & des laines, chanvres & lins du crû de notre royaume, sans notre permission, à peine de confiscation & de cinq cents livres d'amende.

Pour les grains & légumes, voyez ces mots au recueil des droits : on y obfervera que la fortie en eft permife ou prohibée par certains ports ou par tous, fuivant les befoins de l'état.

L'exportation des laines, défendue par cet article, a été permife par arrêt du confeil du 7 feptembre 1728, comme on le voit au mot *Laines.*

Celle des chanvres & lins continue d'être prohibée : voyez les mots *Chanvres & Lins.*

V I I.

Défendons pareillement, fous les mêmes peines, l'entrée des glaces de miroirs venant des pays étrangers, & des points de Venife.

Ces défenfes ont été renouvelées par l'art. 344 du bail de Carlier, & par plufieurs autres réglements qui ont fixé l'amende à 3000 liv. Voyez à ce fujet le mot *Glaces* : on y trouvera les exceptions faites à cet égard.

V I I I.

Défendons à tous gouverneurs ou lieutenants-généraux de nos provinces, & tous autres, de donner aucuns paffeports pour faire entrer ou fortir des marchandifes mentionnées aux articles précédents : voulons que, fans y avoir égard, elles foient fujettes aux peines portées par l'article 1er.

Il étoit naturel que les paffeports pour l'introduction ou la fortie des marchandifes prohibées, ne puffent être donnés que par fa Majefté : en tolérant le contraire, on auroit favorifé les abus.

TITRE IX.

Des magasins & entrepôts.

ARTICLE PREMIER.

Le fermier établira des magasins dans les villes de la Rochelle, Ingrande, Rouen, le Havre-de-Grâce, Dieppe, Calais, Abbeville, Amiens, Guise, Troyes & Saint-Jean de Laune, pour y recevoir les marchandises destinées pour les pays étrangers, tant pour nos sujets, que pour les étrangers ; & celles qui y seront entreposées, ne seront sujettes à aucuns droits d'entrée ou de sortie, pourvu qu'elles soient transportées hors le royaume par les mêmes lieux par où elles y seront entrées, dans six mois : autrement elles seront sujettes à nos droits d'entrée.

Cet article n'a plus d'exécution : les entrepôts & transits qu'il accordoit, ont été reconnus préjudiciables au commerce du royaume & aux droits des fermes, en ce qu'ils facilitoient le débit & la consommation des denrées & marchandises étrangeres, & occasionnoient des fraudes: ils ont été en conséquence révoqués par arrêt du conseil du 9 mars 1688. Il a ordonné que les marchandises des pays étrangers, qui entreroient & sortiroient du royaume, payeroient les droits, conformément aux réglements & aux tarifs.

Il est seulement à remarquer que pour favoriser le commerce des Iles & Colonies Françoises, il a été établi dans les ports ouverts à ce commerce, des magasins d'entrepôts, tant pour les marchandises nationales qui ont cette destination, que pour celles des Colonies qui jouissent de la faveur de l'entrepôt & du transit. Voyez à cet égard les art. 5, 11 & 15 des lettres-patentes du mois d'avril 1717, & les obfervations préliminaires, au mot *Commerce des Iles*, pages 60 & 66.

Les marchandifes deftinées pour le commerce de Guinée, jouiffent du même avantage, en vertu de l'art. 7 des lettres-patentes du mois de janvier 1716, & des art. 15 & 16 de l'arrêt du 26 octobre 1784.

Il en eft de même des marchandifes du commerce de l'Inde.

I I.

Les magafins feront fermés à deux ferrures ; de l'une defquelles le fermier aura la clef, & le député des marchands aura la clef de l'autre.

Cet article n'a plus lieu pour les cinq groffes fermes, que dans quelques cas extraordinaires, comme échouement & naufrage, où le garde magafin de l'amirauté & les commis du fermier ont chacun une clef des endroits où les marchandifes échouées ou naufragées font entrepofées.

On peut auffi l'appliquer aux marchandifes deftinées pour les Colonies, ou qui en proviennent : l'art. 30 des lettres-patentes du mois d'avril 1717, en porte des difpofitions expreffes. Il veut que les magafins fervants à l'entrepôt des marchandifes & denrées du royaume, deftinées pour les Iles & Colonies Françoifes, & de celles du crû defdites Iles, foient fermés à trois clefs différentes, dont l'une fera remife au commis du fermier des cinq groffes fermes, l'autre au commis du fermier du domaine d'Occident, qui pourroit ne pas être le même, & la troifieme entre les mains du prépofé des négociants.

Les receveurs des traites l'étant en même temps des droits du domaine d'Occident, les magafins ne font fermés qu'à deux ferrures.

I I I.

Les marchands ou voituriers qui voudront entrepofer des marchandifes dans les lieux ci-deffus mentionnés, repréfenteront leurs lettres de voiture ou connoiffements aux bu-

reaux, avec la déclaration en détail de ce qui fera contenu dans leurs ballots & paquets; & le fermier en fera la vérification.

Ceci s'obferve pour les marchandifes deftinées pour les Colonies Françoifes.

I V.

Après la vérification faite, les ballots feront fcellés & plombés; & ils ne pourront être rechargés, pour être tranfportés aux lieux de leur deftination, qu'en préfence du fermier.

Cet article, par rapport aux traites, ne peut plus s'appliquer qu'au domaine d'Occident.

V.

Les marchandifes ne pourront être entre-pofées, à moins que la deftination n'en foit faite par les lettres de voiture & connoiffe-ments; & elles ne pourront être vendues dans le royaume, à peine de confifcation & de cinq cents livres d'amende.

Cet article s'obferve pour les marchandifes deftinées pour les Colonies Françoifes.

V I.

Les voituriers, tant par eau que par terre, ne pourront fortir que par l'un des bureaux ci-deffus déclarés, ni décharger leurs marchandifes en aucuns lieux de notre royaume, ni les vendre, quand même le droit d'entrée en auroit été payé, aux termes de l'article 1er.

le tout à peine de confifcation, & de cinq cents livres d'amende.

Cet article n'a aucune application à la régie des traites.

V I I.

Défendons tous autres magafins ou entrepôts dans les quatre lieues proche les frontieres de la ferme, foit dans les provinces de la ferme, foit dans les provinces réputées étrangeres, & auffi dans les huit lieues proche de notre bonne ville de Paris, à peine de confifcation, & de trois cents livres d'amende.

La défenfe de former des entrepôts dans les quatre lieues des frontieres, a toujours paru un des moyens les plus propres à empêcher le paffage frauduleux des marchandifes d'une province dans une autre. Auffi, l'art. 10 du réglement général du confeil du dernier mai 1607, qui en fait fentir la néceffité, en contient une difpofition expreffe; il eft conçu en ces termes : « Et » parce que plufieurs marchands, à deffein de frauder » les droits, font des magafins & entrepôts de quantité » de marchandifes aux villes & lieux approchants des » provinces réputées étrangeres, pour de-là les tranf- » porter plus facilement aux fufdites provinces fans rien » payer, fa Majefté a fait défenfes à tous marchands, » leurs facteurs ou autres, de faire aucuns magafins ou » entrepôts de marchandifes & denrées au-delà defdits » bureaux, ni plus proche des fufdites frontieres de » quatre lieues, fous peine de confifcation & amende ». On ne peut rien voir de plus précis que ce réglement, dont l'art. 7 du titre 9 de l'ordonnance de 1687 renouvelle les difpofitions : il indique clairement l'intention du légiflateur & l'efprit de la loi. On ne peut s'y fouftraire, fous prétexte que l'on a fabriqué la marchandife trouvée en entrepôt, ou que l'on eft marchand : perfonne n'eft excepté de la prohibition, qui a pour objet, comme fa Majefté s'en eft expliqué par l'art. 10 cité, de remédier à la facilité que les marchands, fans cette difposition, auroient continué d'avoir pour faire passer d'une province à l'autre toutes sortes de marchandises ou denrées en fraude des droits. Si la qualité de marchand avoit été un titre pour avoir chez soi une quantité arbitraire de marchandises, les lois qui défendent les entrepôts auroient été illusoires : chaque habitant de la frontiere auroit pu supposer faire commerce, & sous ce faux prétexte, verser impunément en fraude dans la province voisine les objets de son prétendu commerce, & recevoir, par la même voie, des marchandises de la même province, qu'il feroit ensuite circuler dans celle où il feroit établi.

Aussi, une infinité d'arrêts ont jugé que la qualité de marchand n'avoit jamais été un titre pour dispenser de la confiscation, avec amende, ceux chez qui il avoit été trouvé des marchandises excédant l'approvisionnement du lieu de leur demeure. L'un d'eux a été rendu dans l'espece suivante, au préjudice du nommé Bugue, marchand de la petite ville de Craon en Anjou.

Il avoit été saisi chez lui, le 28 avril 1698, trois cents cinquante-une livres de sirop, sous prétexte qu'il les avoit en magasin ; & ce sirop avoit été confisqué par sentence du juge des traites de Laval, du 15 juillet suivant, avec 30 liv. d'amende. Sur l'appel à la cour des aides de Paris, Bugue soutint que la ville de Craon n'étoit pas dans l'étendue des quatre lieues ; & il fut ordonné par arrêt que ce fait feroit vérifié. Le procès-verbal qui fut fait en conséquence de cet arrêt, ayant fait connoître que la distance de cette ville aux frontieres de Bretagne n'étoit que de 56040 pieds, le fermier observa que chaque lieue devoit, suivant l'art. 23 de la coutume d'Anjou, être de 15000 pieds ; & il conclut qu'il n'y avoit de Craon aux frontieres de la Bretagne que trois lieues trois quarts moins quelques pieds. Bugue prétendit, au contraire, que la mesure de la lieue devoit être fixée tout au plus à 2500 pas ou à 12500 pieds ; & qu'alors il se trouvoit un peu plus de quatre lieues de Craon aux frontieres de la Bretagne. Cette prétention ayant été adoptée par la cour des aides, son arrêt du 28 juin 1701 déchargea Bugue des condamnations prononcées contre lui.

Le fermier s'étant pourvu contre cet arrêt, il en a
obtenu

obtenu la caſſation par un autre du conſeil du 5 juin 1703; cet arrêt, en ordonnant l'exécution de la ſentence des juges des traites de Craon, a fait défenſe à Bugue, & à tous autres de faire aucuns magaſins ou entrepôts dans les quatre lieues proche les frontieres de la ferme, ſoit dans les provinces de la ferme, ſoit dans les provinces réputées étrangeres, ſous les peines de l'ordonnance. Il a encore diſpoſé, par forme de réglement, que dans les provinces où la meſure des lieues étoit fixée par la coutume, l'étendue deſdites quatre lieues ſeroit réglée ſur le pied porté par leſdites coutumes; & qu'à l'égard des provinces dans leſquelles la lieue n'étoit point réglée par la coutume, l'étendue en demeureroit fixée à 2500 pas géométriques, chaque pas compoſé de cinq pieds.

L'art. 7 de l'ordonnance ne s'étant pas expliqué ſur ce que l'on devoit entendre par entrepôt, on a été long-temps incertain ſur ce qui devoit fixer l'entrepôt. La ſeule induction qu'on pouvoit tirer à cet égard, réſultoit de l'arrêt du conſeil du 4 août 1722, qui ordonne qu'il ne pourra être tranſporté du dedans de la ferme dans les quatre lieues de la frontiere, autre ni plus grande quantité de vins & eaux de vie, que ce qui ſera néceſſaire pour l'uſage des habitants des villes, bourgs & lieux ſitués dans leſdites quatre lieues & pour la proviſion de leurs maiſons ou familles pour une année ſeulement. L'art. 3 de l'arrêt de réglement du 13 août 1772, contient des diſpoſitions plus préciſes : il répute magaſin ou entrepôt, tout ce qui ſera trouvé en balle ou ballot, & même ce qui ſera déballé, s'il eſt reconnu excédant à l'approviſionnement & à la conſommation du lieu. Ce ſont ces principes que M. Clement de Barville, avocat général de la cour des aides, a répétés en portant la parole dans l'affaire de Pierre Lefevre, dont on a vu l'eſpece aux obſervations ſur l'art. 16 du titre 6. Il a fait conſidérer à la cour comme une contravention à l'art. 7 du titre 9, l'exiſtence chez un marchand de Bienville de cent cinquante-quatre pains de ſucre, attendu que ce marchand ne devoit en avoir qu'une quantité relative à la conſommation du lieu.

Indépendamment des lois qui défendent les entrepôts dans les quatre lieues frontieres de l'étranger ou des

Tome IV. L

provinces réputées étrangeres pour toutes marchandises en général, il en exifte de particulieres pour les toiles peintes ou imprimées, toiles de coton blanches, mouffelines, étoffes & ouvrages de bonneterie. L'art. 2 de l'arrêt du 19 août 1772, en ordonnant à leur égard l'exécution de l'art. 7 du titre 9 de l'ordonnance de 1687, a difpofé qu'il ne pourroit en être tenu aucun magafin ni entrepôt dans les quatre lieues frontieres de l'étranger, à peine de confifcation & de 500 liv. d'amende.

L'art. 6 veut que dans le cas où il feroit déclaré dans un bureau de l'intérieur pour la deftination d'un lieu fitué dans l'étendue defdites quatre lieues frontieres, une plus grande quantité de ces marchandifes, que celle nécefaire à l'approvifionnement & confommation dudit lieu, le fermier & fes commis en refufent l'expédition ; & que s'il eft paffé outre, on procede à la faifie defdites marchandifes dont la confifcation fera pourfuivie.

Enfin, fuivant l'art. 7, s'il eft enlevé d'un lieu fitué dans ladite étendue des quatre lieues frontieres, une plus grande quantité de marchandifes que celle qui pourroit y être dépofée, relativement à l'approvifionnement & confommation de ce lieu, elles feront réputées magafin ou entrepôt & comme tel, la faifie en fera faite au bureau où elles feront déclarées & préfentées, foit qu'elles foient deftinées pour un autre lieu fitué dans lefdites quatre lieues, foit pour l'intérieur.

La pofition locale du Pont de Beauvoifin fitué partie en France, partie en Savoie, favorifoit des abus très-préjudiciables au commerce général du royaume & à l'intérêt des fermes : on les avoit prévenus relativement aux toiles peintes & imprimées, en défendant par arrêts du confeil des 22 janvier 1747 & 20 novembre 1760, d'en tenir magafin audit lieu. Le même abus fubfiftant pour les marchandifes du Levant & des Colonies, a été réprimé par un autre arrêt du 31 juillet 1777.

Cet arrêt, en rendant les difpofitions de ceux du 22 janvier 1747 & 20 novembre 1760, communes aux marchandifes du Levant & des Colonies, a voulu qu'il n'en pût être tenu magafin ni entrepôt au Pont de Beauvoifin ; que dans le cas où aucunes marchandifes non originaires du royaume, ou celles originaires du

royaume, qui, jouissant du bénéfice du transit, arriveroient au Pont de Beauvoisin, les voituriers ou conducteurs
seroient tenus de les représenter au bureau avec les acquits
de payement des droits auxquels elles sont sujettes ; que
ces acquits seroient retenus & enregistrés sans frais, dans
un registre qui seroit tenu à cet effet, & ensuite enliassés,
pour servir aux vérifications que le fermier jugeroit à
propos de faire faire lors des expéditions, vers l'intérieur,
afin que, dans le cas où ces mêmes marchandises seroient
expédiées du Pont de Beauvoisin pour l'intérieur du Dauphiné, ou pour d'autres provinces, après avoir été présentées au bureau pour y être visitées, les commis du fermier pussent délivrer, soit des acquits à caution pour
celles qui en seroient susceptibles, soit des acquits de payement, ou des certificats justificatifs du payement des
droits qui devront accompagner les marchandises jusqu'à
leur destination. Le même arrêt a défendu à tous conducteurs & voituriers d'enlever dudit Pont de Beauvoisin aucunes marchandises sans être porteurs d'acquits de payement des droits ou de toute autre expédition justificative
dudit payement, à peine de confiscation desdites marchandises, des équipages servants à leur transport, & de cinq
cents livres d'amende.

Les entrepôts dans les faubourgs de Lyon, & à une
certaine distance de la ville, sont également proscrits. D'a-
bord, par l'ordonnance du roi Charles IX, du 25 juillet
1566, article 18, il est expressément défendu à tous voituriers, tant par eau que par terre, de décharger aucunes
marchandises dans les faubourgs de Lyon, granges,
bourgs, bourgades, bastides, châteaux & autres lieux quelconques & environs de cette ville, sans les avoir auparavant
amenées & déchargées tout droit à la douane, à peine
de confiscation des marchandises & autres biens des marchands & conducteurs, & des chevaux, charrettes, mulets
& bateaux, sur lesquels elles seroient conduites, & de cinq
cents livres d'amende pour chacune fois pour laquelle ils tiendront prison jusqu'au payement. Il porte que ceux qui
n'auront pas de biens pour payer cette somme, seront punis corporellement ; savoir, du fouet pour la premiere fois ;
& pour la seconde, envoyés aux galeres.

L'article 22 de la même ordonnance défendoit à tous
hôteliers, taverniers & grangers d'autour de la ville de

Lyon, de recevoir aucunes defdites marchandifes que l'on voudroit décharger en leurs maifons fans avoir été menées à la douane, fous peine de confifcation des granges, maifons, hôtelleries & cabarets où elles auroient été reçues au cas qu'ils en fuffent propriétaires, & en outre d'être condamnés aux galeres, ainfi que les voituriers & conducteurs; & où ils ne feroient que locataires, que tous les meubles qui fe trouveroient en icelui feroient acquis & confifqués au profit de fa majefté.

Une ordonnance d'Henri III, du 3 mars 1585, a renouvelé les mêmes défenfes; elle a feulement modéré les peines à la confifcation, avec amende de cent cinquante livres contre les cabaretiers & recéleurs des marchandifes.

En conformité de ces réglements, une fentence de la juridiction de la douane de Lyon, du 27 mai 1654, avoit confifqué une partie de cuirs entrepofée à la blancherie du fieur Cardon, proche la riviere de Saône, en allant à l'Ile-Barbe, avec trente livres d'amende entre les nommés Meneftrier, Gerbier & François qui avoient formé ledit entrepôt; elle leur avoit défendu de récidiver, fous peine de punition exemplaire.

Une autre fentence du 18 décembre 1654 avoit également condamné en l'amende de trente livres & aux dépens, chacun des nommés Simon & Chavaffu, pour avoir entrepofé deux charrettes dans le logis du Chapeau rouge, au fauxbourg de Vaife; auffi avec pareille défenfe de récidiver, fous pareille peine.

Une autre fentence du 13 décembre 1659 avoit confifqué une caiffe de bas & rubans de foie, entrepofée à l'Arbrefle, à trois lieues de Lyon, malgré l'allégation du cocher du carroffe qu'il avoit oublié de la laiffer à Tarare.

Pour fe fouftraire à l'exécution de ces réglements, les voituriers difpofoient leur marche de maniere qu'ils arrivoient fur le tard aux fauxbourgs de Lyon, où ils s'arrêtoient pour loger, au lieu d'arriver de bonne heure pour venir droit à la douane pour y décharger leurs marchandifes; & pendant la nuit, ils faifoient entrer furtivement ces marchandifes en ville. Ces abus faifant un tort confidérable aux droits du roi, une ordonnance de la juridiction de la douane de Lyon, du 5 juillet 1714, a ordonné l'exécution des ordonnances & arrêts du confeil

concernant les entrepôts des marchandifes ; en conféquence a enjoint aux voituriers & conducteurs d'icelles,
de régler leur marche de maniere qu'ils puffent arriver en
cette ville avant la fermeture des portes, & par ce moyen
venir décharger le même jour au bureau de la douane
les marchandifes, avec défenfes à eux d'en faire aucuns
entrepôts ; & anx marchands, bourgeois, hôteliers &
autres perfonnes defdits faubourgs, & à trois lieues aux
environs, de quelque qualité & condition qu'ils fuffent,
de recevoir lefdis voituriers, & fouffrir les déchargements
& entrepôts defdites marchandifes dans leurs maifons :
le tout à peine de confifcation defdites marchandifes,
chevaux, charrettes, mulets & bateaux, de l'amende,
& autres peines portées par lefdites ordonnances & arrêts.
Et pour découvrir les contraventions qui pourroient être
faites à ladite ordonnance, elle a permis aux employés
de faire, dans l'étendue defdites trois lieues, toutes recherches & vifites néceffaires, en préfence du fyndic ou
de l'un des habitants de la paroiffe, ou dûment appelé,
& de faifir tout ce qu'ils trouveroient en contravention,
pour en être la confifcation pourfuivie devant ladite
juridiction.

Cette jurifprudence eft toujours la même, comme le
juftifient une infinité de fentences rendues depuis, dont
les plus récentes font des 7 janvier 1782, & 4 juillet 1783.
La première a confifqué deux pieces de draperie, contenues dans un ballot, faifies le 9 avril 1781, en entrepôt
chez Henri Favre, cabaretier à la Guillotiere, & réclamées par Claude Nicot, qui repréfentoit un acquit pour
ces draperies. La fentence a feulement modéré, par grâce,
l'amende à cent livres.

L'autre avoit pour objet une faifie faite, le 26 juin
1783, dans le cabaret du nommé Madinier, cabaretier à
Limonay, paroiffe de Dardillier, de cinquante-fix livres
gaze de foie, cinq livres gaze de fil, vingt-fix paires bou-
cles d'argent, & beaucoup de bijouteries : elle a prononcé
la confifcation des objets faifis, avec amende & dépens.

Il eft d'autant plus effentiel de tenir la main à l'exécution de cette police, que la défenfe des entrepôts dans les
faubourgs de Lyon & dans les villages voifins, même à
trois lieues de diftance de la ville, a le même objet que
celle portée à l'égard des quatre lieues des provinces de

ferme, limitrophes des provinces réputées étrangeres ou de l'étranger, celui d'empêcher l'approche de Lyon aux marchandises destinées à y être introduites en fraude des droits de douane; & que si ces entrepôts étoient tolérés, elles pourroient y arriver, par petites parties, sans rien payer.

TITRE X.

Du bureau de Paris.

ARTICLE PREMIER.

Les marchands ou voituriers qui ameneront des marchandises dans notre bonne ville de Paris, seront tenus de les conduire directement au bureau de la douane pour être visitées, & d'y représenter leurs acquits, congés & passavants, à peine de confiscation des marchandises, & de l'équipage qui aura servi à les conduire.

C'est une obligation pour les marchands & voituriers qui amenent des marchandises à Paris, de les conduire directement au bureau de la douane pour y être visitées, & d'y représenter leurs expéditions.

Si, par la vérification des marchandises en cette douane, il est reconnu un excédant ou une fausse déclaration en qualité, la saisie peut en être faite. Si les droits de route ont été mal perçus, on en exige le supplément, ou on ordonne le remboursement de ce qui a été exigé de trop.

On y perçoit les droits sur les marchandises, qui, en conséquence des ordres du ministre des finances, ou de ceux de la ferme générale, n'en ont point acquitté sur leur route, & ont été expédiées sous plombs & par acquits à caution pour cette douane.

On y reçoit pareillement les droits des marchandises expédiées de Paris pour l'étranger, ou pour telle province du royaume que ce soit, même ceux de douane de Lyon, douane de Valence, & autres locaux dont ces marchandises font fusceptibles. J'obferverai, à ce fujet, que ceux de douane de Lyon pour Lyon, n'y font perçus que depuis 1736; cette perception anticipée n'a même été confentie que fur les repréfentations de quelques négociants de Paris. Ils obferverent à la ferme générale qu'étant fouvent forcés dans les occafions des demandes preffées pour Lyon, de charger les courriers de l'acquittement des droits des marchandifes, ceux-ci cherchoient toujours à les frauder, ce qui les expofoit à des faifies : ils demanderent à payer ces droits à la douane de Paris ; ce qui leur fut accordé.

Il eft à obferver qu'il n'y a pas d'obligation de la part des négociants d'aller faire leurs déclarations en cette douane, ni d'y conduire les marchandifes qu'ils font enlever de Paris. C'eft feulement une facilité qui leur eft accordée : elle leur eft d'autant plus avantageufe, qu'au moyen du plomb appofé aux ballots ou malles qui renferment leurs marchandifes, elles font difpenfées de la vifite jufqu'au dernier bureau de leur route, comme on le verra ci-après.

Il exifte cependant quelques exceptions : par exemple les ouvrages de modes, la vaiffelle d'argent, & les autres ouvrages d'orfévrerie fabriqués à Paris, & qui en font expédiés, foit pour l'étranger, foit pour les Colonies, ne jouiffent d'une modération de droits, qu'autant qu'ils font portés à la douane de cette ville, & que l'on y remplit les formalités requifes.

Il en eft de même des glaces de la manufacture royale de Paris, de la porcelaine de la manufacture royale de Vincennes, de la matiere d'étamage, en un mot, de tous les objets qui ne jouiffent de quelques faveurs qu'à ces conditions. Voyez à ce fujet dans le recueil des droits les mots *argenterie, glaces, matiere d'étamage, ouvrages de modes, porcelaine & vaiffelle d'argent.*

I I.

Les ballots ou caiffes qui auront été plombés dans le bureau, ne pourront être vifités qu'au dernier bureau de la route, si ce n'est en cas de fraude, & aux termes de l'article 21 du titre 2.

Cet article suppose que les plombs & les cordes sont sains & entiers; car dans le cas d'altération, la visite peut être faite dans tous les bureaux indistinctement, sans que le voiturier ait à prétendre aucun dédommagement, lors même qu'il ne seroit pas reconnu de fraude.

Il peut arriver que les commis du bureau de Paris se trompent sur une perception de douane de Lyon, par exemple qu'ils fassent acquitter au poids ce qui doit les droits à la douzaine, de maniere qu'il y a évidemment une erreur au préjudice du fermier. Pour rectifier cette perception, il est indispensable de compter le nombre de douzaines; & il semble que cette opération doive être naturellement faite à Lyon où se trouve le siege de la douane, quoique la marchandise ait une destination ultérieure. Cependant si les plombs & cordes se trouvoient sains & entiers, & que le voiturier ou commissionnaire se refuseroit à laisser ouvrir ses ballots, il ne faudroit pas insister, mais lui délivrer un acquit à caution pour assurer l'ouverture, la visite & la perception du supplément des droits au dernier bureau de la route.

<h3 style="text-align:center">I I I.</h3>

L'empreinte de la marque du plomb sera mise au greffe de l'élection : défendons de la contrefaire, à peine de faux.

Le plomb apposé à la douane de Paris, dispensant de toute visite jusqu'au dernier bureau de la route, il étoit naturel de prononcer des peines séveres contre les personnes qui le contreferoient, cette contrefaction pouvant occasionner les plus grands abus.

TITRE XI.

Des saisies.

ARTICLE PREMIER.

Les marchandises qui seront saisies dans les bureaux, y seront déposées, & il en sera fait description par le procès-verbal de saisie, en présence des marchands ou voituriers ; & s'ils sont absents, en présence de notre procureur sur les lieux : & le receveur ou contrôleur du bureau sera établi gardien par le procès-verbal.

S'il a été saisi une marchandise dans un bureau, il est de regle qu'elle y soit déposée. On ne s'écarte de cet ordre des choses que dans le cas où l'on craint que cette marchandise ne vienne à être enlevée, soit parce que le bureau n'est pas sûr, ou parce qu'il n'est point à portée d'être protégé, en cas que l'on tente la spoliation des objets saisis.

La description des marchandises, c'est désigner leur espece & qualité, le poids ou la mesure à l'aunage. La partie ne peut pas se plaindre de ce que cette description a été faite avec des détails trop minutieux, & qui ont tenu plusieurs jours ; c'est une sûreté que le receveur a pu prendre pour sa propre tranquillité, & comme gardien des objets saisis : cependant, il est à propos d'éviter des détails inutiles dans les descriptions, tels que celui du nombre, lorsqu'il s'agit de mêmes especes de marchandises qui acquittent au poids.

Si le marchand ou voiturier ne se présentoit pas pour assister à cette description, & qu'il n'auroit pas été sommé de s'y trouver, il faudroit nécessairement y appeler le procureur du roi de la juridiction des fermes compétante, s'il étoit dans le lieu du siege, & à son défaut, le procureur du roi de la juridiction royale ; mais il est très-rare que son ministere devienne nécessaire par l'attention des commis ou gardes, de sommer le prévenu d'être présent à cette description, & parce que cette sommation couvre son absence, suivant l'article ci-après.

II.

L'interpellation faite au marchand ou voiturier, en parlant à sa personne, d'être présent à la description des marchandises, vaudra comme s'ils étoient présents.

Si le marchand ou voiturier a été apperçu par les employés, & que le procès-verbal qui constate ce fait n'exprime pas qu'il a été sommé d'assister à la description, c'est une nullité à opposer contre ce procès-verbal, suivant l'article 12 du titre 2, qui veut, en termes exprès, que s'il n'est pas fait mention de cette interpellation, ce soit une nullité.

III.

L'équipage saisi sera rendu au marchand ou voiturier, en donnant par lui caution solvable de le représenter, ou la juste valeur, en cas de confiscation.

Dès que le marchand ou voiturier donne caution solvable de payer la valeur des chevaux, bœufs & voitures, ou des bateaux sur lui saisis, & que la saisie ne comprend que des marchandises permises, on ne peut pas refuser de lui en accorder la main-levée, après en avoir fait une estimation à l'amiable; il est même à propos, sans que ce soit cependant une obligation, de lui offrir cette main-levée provisoire dans le procès-verbal de saisie.

Ce parti de modération, recommandé par la ferme générale, a pour objet de mettre le voiturier dans le cas de ne pas être obligé d'interrompre son commerce par la privation de sa voiture & équipage. Il prévient d'ailleurs les condamnations de dommages - intérêts que le fermier pourroit supporter, si la saisie étoit mal-fondée, ou s'il se trouvoit dans le procès - verbal des vices de forme qui sussent capables de le faire faire annuller.

Par suite, lorsque les commis du fermier ont offert, par leur procès-verbal, la remise des chevaux & équipages, que la partie n'a pas jugé à propos de l'accepter, & qu'elle a cependant demandé en justice cette main-levée, on ne doit pas hui contester la faculté de faire estimer, par des experts, la valeur de ces objets. Ainsi, si elle obtient une sentence qui ordonne une nomination d'experts, il faut exécuter ce jugement, nommer un expert pour le fermier, faire estimer les objets saisis, & les remettre ensuite sous caution.

I V.

Si la saisie est faite hors le bureau, dans une maison ou dans un magasin, les marchandises ne seront point transportées, si le marchand donne un gardien solvable; il en sera seulement fait description en la forme prescrite par l'article 1er.: mais s'il ne donne point de gardien, elles seront transportées au bureau.

Les saisies dont on entend parler dans cet article, sont celles faites dans des maisons ou magasins, pour cause d'entrepôt : les marchandises qui en sont l'objet ne doivent point être transportées au bureau, si la partie saisie offre un gardien solvable, qui s'oblige à les représenter en bon état, ou à en payer la valeur suivant l'estimation qui doit en être faite ; mais c'est au marchand à présenter ce gardien ; & on ne sauroit se prévaloir contre le procès-verbal, de ce que les employés n'ont pas offert au prévenu de lui laisser sa marchandise en donnant gardien.

C'est, au reste, au seul cas d'entrepôt que cette faveur est accordée : on ne sauroit la prétendre pour des marchandises que les employés ont saisies en contravention à l'article 2 du titre 2, c'est-à-dire, parce qu'elles ont été introduites dans une maison avant que d'être conduites au bureau. Elle n'est point non plus applicable au cas où les marchandises sont saisies pour cause de prohibition, tel que défaut de plomb ou de marque de fabrique.

Il est simple que le gardien doit signer le procès-verbal qui constate sa soumission : sans cela, on peut refuser de l'accepter pour gardien.

V.

Si la saisie est faite à la campagne, il en sera fait descrption en gros, sans les déballer, & elles seront conduites au plus prochain bureau ; & s'il est trop éloigné, en la plus prochaine ville, où il en sera fait description en détail.

Description en gros, c'est désigner le nombre de caisses, ballots, tonneaux, &c., s'ils sont couverts de toiles d'emballage, toiles cirées, ficelées ou autrement, & ce qu'ils paroissent contenir. Par la description en détail, on entend une désignation des poids & qualités des marchandises.

V I.

Le procès-verbal de saisie sera signé par le marchand ou voiturier, s'il veut ou sait signer ; & en cas de refus, il en sera fait mention dans le procès-verbal, & de l'interpellation qui lui en aura été faite ; & il lui sera laissé copie du procès-verbal, s'il est présent ; sinon il sera fait mention de son absence : le tout à peine de nullité.

Lorsque le marchand ou voiturier est présent à la fin du procès-verbal, on l'interpelle de le signer : s'il refuse on en fait mention , & on lui laisse copie du procès-verbal.

Si ce marchand ou voiturier s'est enfui à l'approche des commis , & qu'il ait abandonné sa marchandise sans se faire connoître, le fermier ne peut point lui signifier de procès-verbal, puisqu'il ne le connoît pas ; mais il doit se conformer à l'article 17 ci-après, qui indique la procédure à tenir, l'orsqu'après huit jours personne ne se présente pour réclamer la marchandise.

Il y a un troisieme cas qui tient un milieu entre les deux autres, celui où le marchand ou le voiturier n'a point abandonné sa marchandise sans se faire connoître, & qu'il ne s'est cependant pas trouvé présent lorsque les opérations ont été finies, & le procès-verbal rédigé. L'ordonnance s'est moins étendue sur ce cas mitoyen ; mais le peu qu'elle en dit, rapproché des principes & de l'esprit de ses autres dispositions, montre évidemment ce qui doit être décidé pour cette espece.

La premiere réflexion qui se présente, c'est qu'il ne paroît pas qu'on puisse y appliquer l'article 17 : cet article est fait pour les cas où les marchands & voituriers sont inconnus ; les délais qui leur sont accordés pour se présenter, la procédure avec le procureur du roi , en font la preuve. L'ordonnance n'auroit pas établi ces formalités, si l'on avoit connu le domicile des prévenus ; ils se seroient alors trouvés dans le cas de tous les autres citoyens, qui doivent être assignés à personne ou domicile, & qu'il faut appeler réguliérement avant que de rien prononcer contr'eux.

On ne peut pas y appliquer davantage la disposition des articles 6 & 7 du titre 11. En effet, l'article 6, après avoir ordonné que le marchand ou voiturier signera le procès-verbal, ou qu'il sera fait mention de son refus, & qu'il lui sera laissé copie, ajoute: *S'il est présent, sinon il sera fait mention de son absence ; le tout à peine de nullité.* On ne pouvoit pas obliger les commis à faire signer le procès-verbal par le prévenu, ni même à l'interpeller de signer, s'il s'étoit retiré ; & dans ce cas, il étoit également impossible de lui donner copie, comme le législateur le prescrit à l'égard de ceux qui sont présents. Il n'a mis en la place de cette formalité rien autre chose, si ce n'est que l'absence seroit constatée : *Sinon ,* est-il dit, *il sera fait mention de son absence.*

Il eſt clair que la mention de l'abſence eſt miſe ici en oppoſition avec la ſignature, & la ſignification du proc-cès-verbal, & pour les ſuppléer ; comme dans l'article 2 du même titre, la ſommation d'être préſent à la deſcrip-tion des marchandiſes, équivaut à la préſence ; comme dans tous les actes, l'interpellation de ſigner & la mention du refus, tiennent lieu de ſignature. Ainſi, aux termes de cet article, par la mention de l'abſence, le procès-verbal eſt complet & valable, comme s'il étoit ſigné du prévenu, & qu'il lui en eût été donné copie.

On ne peut objecter à ce ſentiment la diſpoſition de la déclaration du 6 ſeptembre 1717, qui veut que les procès-verbaux clos le matin, ſoient ſignifiés dans l'après-midi ; & que ceux clos l'après-midi, ſoient ſignifiés dans la matinée du lendemain.

En premier lieu, cette déclaration n'a eu pour objet que d'expliquer les articles des ordonnances, qui portent que la ſignification ſera faite *le même jour.* Comme ces termes, *le même jour* étoient diverſement entendus dans les tribunaux, le légiſlateur en a déterminé le ſens avec préciſion. Mais ces termes ne ſe trouvant point dans les articles de l'ordonnance de 1687, relatifs à la ſignifica-tion des procès-verbaux, ce n'eſt pas le cas d'application de la déclaration de 1717 ; car, dans le cas d'abſence du marchand ou voiturier, cet article n'exige aucune ſigni-fication pour la validité du procès-verbal, la mention de l'abſence y ſupplée.

Cependant, pour éviter toute difficulté, & pour accé-lérer le jugement, il eſt à propos, ſi on connoît le do-micile du prévenu, de lui faire ſignifier le procès-verbal le plutôt poſſible. Dans ce cas, lorſque le particulier demeure dans le lieu de la ſaiſie, ou à proximité, il eſt avantageux de ſe conformer à la déclaration de 1717 ; c'eſt aux commis à prendre les précautions néceſſaires à ce ſujet : ils doivent ſur-tout, lorſque le procès-verbal ne doit pas être ſignifié le même jour, faire mention expreſſe dans cet acte qu'il a été clos l'après-midi, & dénoncé le lendemain avant midi.

Si le marchand ou voiturier a ſigné le procès-verbal, on ne ſauroit ſe prévaloir de ce que cet acte ne retient pas qu'il a été ſommé de le ſigner ; mais s'il a été apperçu par les employés à la conduite de la fraude, que ceux-ci aient

pu lui parler, & qu'il ne soit pas intervenu de réclamateur, ou que ce réclamateur n'ait pas été sommé de
signer, le défaut de sommation au marchand ou voiturier, emporte la nullité du procès-verbal.

Quand un procès-verbal dure plusieurs jours, & que
le prévenu assiste à sa confection, il est bon, à la fin
de chaque contexte, de lui faire lecture de ce contexte,
de le sommer de signer, & de lui déclarer qu'il lui en
sera donné copie, avec celle du restant du procès-verbal; mais il n'est pas nécessaire de lui délivrer copie de
chaque vacation lorsqu'elle est finie, dès qu'il reste encore d'autres opérations pour achever le procès-verbal.

Dans ce cas, ou si le procès - verbal est l'objet de
plusieurs vacations, les vacations qui suivent le premier
contexte, doivent commencer par ces mots : *Et ledit jour...*
ou bien : *Et le lendemain.... en continuant notredit procès-
verbal.*

V I I.

Il sera donné assignation aux marchands ou
voituriers, par le procès-verbal de saisie, à
comparoir dans le jour, si la saisie est faite
en lieu où il y ait un juge de nos droits : &
si la saisie est faite à la campagne, l'assignation sera donnée au jour suivant ; & en cas
que le juge soit éloigné de plus de dix lieues,
le délai sera augmenté d'un jour pour dix
lieues.

Si la partie saisie assiste à la fin du procès - verbal,
on l'assigne, par cet acte, à comparoître devant le juge.
Les délais de cette assignation ne sont point réglés par
la distance du domicile du prévenu au lieu de la juridiction , mais par celle du lieu de la saisie. Ce n'est
point, en effet, à domicile qu'on l'assigne : l'assignation lui est donnée parlant à sa personne ; & comme il
doit avoir avec lui toutes les expéditions nécessaires à
sa défense, il n'a pas besoin de retourner à son domicile. Aussi l'ordonnance ne lui accorde qu'un jour pour

comparoître, fi la faifie eft faite dans le lieu même où le juge réfide ; elle lui accorde deux jours, fi la faifie eft faite dans la campagne dans une diftance moindre de dix lieues. Enfin, fi le juge eft plus éloigné, le délai eft augmenté d'un jour pour dix lieues.

Lorfque la partie a abandonné fa marchandife à la vue des commis fans fe faire connoître, le fermier ne peut pas plus donner d'affignation, que de copie du procès - verbal, parce qu'il ne connoît point le prévenu : mais fi, pendant huit jours, perfonne ne fe préfente pour réclamer les marchandifes, il eft autorifé, aux termes de l'article 17 ci-après, d'en faire prononcer la confifcation avec le procureur du roi ; & huit autres jours après, il peut les faire vendre en préfence du même officier, en faifant faire toutefois préalablement trois proclamations.

Il eft un troifieme cas qui préfente plus de difficultés, celui où le prévenu, après avoir attendu les commis, s'être fait connoître à eux, & après avoir été préfent au commencement des opérations, s'eft retiré avant que le procès-verbal fût rédigé.

On ne peut pas appliquer à ce cas l'article 17, comme on l'a dit dans le commentaire fur l'article 6 ; & on ne fauroit guere davantage lui appliquer l'article 7. Cet article, en effet, qui regle les affignations & les délais, ne parle point du tout du cas de l'abfence, il eft relatif uniquement au cas où les marchands ou voituriers affiftent à la rédaction & à la clôture du procès-verbal ; la feule lecture de l'article le démontre : il eft dit que l'affignation fera donnée par le procès-verbal de faifie. Il faut donc que le voiturier foit préfent lors du procès-verbal. Il dit encore qu'il fera affigné à comparoir dans le jour, fi la faifie eft faite dans un lieu où il y ait un juge de droits des fermes : il faut donc qu'il foit refté dans ce lieu, & que l'affignation foit donnée à fa perfonne. Tous les autres délais font fixés de même à raifon de la diftance entre le lieu de la faifie & celui de la juridiction : donc l'affignation eft fuppofée donnée au lieu de la faifie, & conféquemment dans le cas où le prévenu ne s'eft point retiré.

Ainfi, la difpofition textuelle de l'article 7 eft certainemert limitée au cas où le prévenu affifte au procès-
verbal ;

verbal.; elle n'a point de rapport à celui où il s'est retiré après s'être fait connoître, mais sans vouloir assister
à la clôture de cet acte ; il n'existe en conséquence aucun réglement qui ait prescrit un délai particulier pour
donner l'assignation dans cette derniere espece : on doit
en conclure qu'à défaut de loi spéciale ce sont les lois
générales & les regles du droit commun qui doivent être
suivies. L'ordonnance, par l'article 6 , a mis le fermier
en état de se procurer un titre régulier & complet, malgré
la retraite des marchands ou voituriers ; & comme elle
n'a point marqué de terme fatal pour faire usage de ce
titre, le fermier se trouve nécessairement dans la même
position que tous les particuliers qui ont une action à
intenter ; & il peut réclamer les mêmes délais, sauf néanmoins les prescriptions auxquelles les actions de la ferme
générale sont assujetties.

Pour contester ce point, il faudroit admettre de deux
choses l'une, ou que la disposition de l'article 7 s'appli-
que au cas de l'absence comme à celui où les marchands
& voituriers sont restés présents, ou qu'aussitôt qu'ils se
sont retirés, le fermier ne peut plus les poursuivre, &
qu'ils sont déchargés de toute action ; mais l'une & l'autre
alternative seroit absurde : la raison & l'équité se réu-
nissent au contraire avec le texte de la loi en faveur de
ce qui a été dit, que pour faire assigner le prévenu qui
s'est retiré sans recevoir copie de son procès-verbal, on
avoit tout le temps accordé pour former une action ordinaire : le prévenu n'évitera point les peines qu'il peut
avoir encourues, puisque le fermier sera le maître de l'ac-
tionner à son domicile.

Cependant pour accélérer le jugement, & éviter toute
difficulté, il convient, en faisant signifier le procès-verbal,
que le même exploit porte assignation ; &, dans le cas
où on n'auroit pas assigné en dénonçant ce procès-verbal, il est à propos de faire donner cette assignation le
plutôt possible, sauf, en cas de contestation, à faire connoître que l'article 7 du titre 5 de l'exercice des commis de l'ordonnance des aides qui prescrit les délais
dans lesquels les prévenus de fraude pour les aides seront assignés, n'est point applicable à la partie des traites.

La briéveté des délais accordés en matiere de traites
pour comparoître, ne doit pas empêcher un particulier

qui s'inscrit en faux contre un procès-verbal, d'en remplir les formalités dans les délais de l'assignation : c'est
ce qui a été jugé par une infinité d'arrêts, dont l'un
a été rendu contradictoirement en la cour des aides de
Paris le 23 août 1777. Le nommé Lefevre, dont les marchandises saisies avoient été conduites à Saint-Dizier, assigné le 11 d'un mois à comparoître le lendemain en la
juridiction des traites de la même ville, au lieu de déclarer son inscription dans la journée du 12, & de remplir le même jour les formalités qui doivent en être la
suite, avoit différé jusqu'au 14 ; & il prétendoit justifier
ce retardement sur ce qu'il n'avoit reçu copie du procès-
verbal que le 12 à une heure du matin ; mais une sentence
des juges des traites de Saint-Dizier, du 31 du même mois,
sans égard à cette allégation, avoit déclaré nulle cette inscription comme faite hors du délai.

Sur l'appel de cette sentence par Lefevre, il soutint,
1° que la regle générale, établie par l'ordonnance de
1667, étoit que le jour de l'exploit & celui de l'échéance
n'étoient point compris dans le délai ; 2° que la déclaration du 17 février 1688, postérieure à l'ordonnance
de 1687, & qui dérogeoit à toutes ordonnances contraires, fixoit à trois jours les plus courtes assignations,
& déclaroit également que les jours de l'exploit & de
l'échéance n'étoient point compris dans ce délai ; 3° que
la déclaration du 25 mars 1732, supposoit que toutes les
assignations étoient données à trois ou à huit jours ; 4°
que si l'assignation étoit donnée au jour même ou au
lendemain, il y auroit impossibilité de remplir les formalités de l'inscription de faux ; 5° que le fermier étoit
dans l'usage, même en matiere de traites, de donner
les assignations conformément à la déclaration de 1688 ;
& que ces assignations avoient toujours été déclarées valables. Il soutenoit que l'assignation auroit dû être donnée à trois jours ; que l'assignation ayant été donnée le
11, l'échéance ne tomboit que le 15, qu'ainsi il auroit
pu s'inscrire le 16 ; qu'en la supposant même donnée le
11, l'échéance n'étoit qu'au 14, & l'inscription eût été
recevable le 15.

M. l'avocat-général établit que la briéveté des délais
prescrits par l'ordonnance de 1687 avoit pour fondement
l'intérêt du commerce dont il étoit important de n'ar-

rêter l'activité que le moins possible ; que cette brièveté
étoit en faveur du commerce & contre l'adjudicataire
de la ferme ; que les saisies en matiere de traites devoient être jugées & discutées très-sommairement ; que
l'objet de la déclaration de 1688 avoit été de réduire
les délais, & non pas de les augmenter ; que cette déclaration n'avoit aucune application aux traites, qu'ainsi
elle ne contenoit point de dérogation à l'ordonnance de
1687 : que quand il s'agissoit de saisies de marchandises
en magasin, on pouvoit assigner à trois ou huit jours ; mais
que lorsqu'il s'agissoit de marchandises roulantes, il falloit se conformer à l'article 7 du titre 11 de l'ordonnance de 1687 ; que la cour en avoit toujours main-
tenu l'exécution ; que les déclarations de 1732 & de
1736 ne parloient que des assignations à trois ou huit
jours ; que l'assignation au lendemain n'y étant point
comprise, elle restoit soumise à la regle générale ; que
de-là résultoit la nécessité de s'inscrire dans le jour de
l'échéance ; que les expressions *au plus tard* de l'article
1er de la déclaration de 1732, ne signifioient que ce
qu'elles signifient dans l'article 8 du titre 11 de l'ordonnance de 1687. L'arrêt adopta & confirma tous ces
principes.

Déjà le conseil avoit jugé, le 22 octobre 1771, dans
l'espece suivante : que lorsqu'un prévenu étoit assigné
en matiere de traites au délai de l'ordonnance, il devoit
s'inscrire en faux dans le jour de l'échéance de ceux réglés
pour cette partie.

Le nommé Cochet avoit été saisi le 3 juin 1769, avec
une piece de toile qu'il venoit d'introduire de Savoie en
France en fraude des droits : le procès-verbal qui lui
avoit à l'instant été signifié, portoit l'assignation en la
juridiction des traites de Grenoble, au delai de l'ordonnance : le 10, il avoit consigné l'amende & présenté requête pour être admis à l'inscription. Le fermier ayant
soutenu que le délai fatal pour l'inscription étoit révolu,
la juridiction des traites avoit rejeté ce moyen ; & sur
l'appel, un arrêt contradictoire du parlement de Grenoble, du 20 mars 1770, avoit confirmé la sentence avec
amende & dépens.

Le fermier observa au conseil que l'article 1er de la
déclaration du 25 mars 1732 vouloit qu'on fût tenu de

déclarer au plus tard dans le jour de l'échéance de l'affignation qu'on s'inscrivoit en faux ; que Cochet, assigné
au délai de l'ordonnance, devoit suivre le délai que dé-
terminoit l'ordonnance de la matiere, c'est-à-dire celle
de 1687 ; que l'article 7 du titre 11 régloit qu'il seroit
donné assignation à comparoître dans le jour suivant, si
la saisie étoit faite à la campagne, & que le siege ne
fût pas éloigné de plus de dix lieues ; qu'il n'y avoit
que sept à huit lieues du lieu de la saisie à Grenoble ;
qu'ainsi l'assignation donnée le 3 juin devoit échoir le 4 ;
& que c'étoit le 4 & non le 10 que l'inscription auroit dû être déclarée. Ces moyens furent adoptés par
le conseil.

Les assignations pour la partie du prohibé doivent se
donner dans les mêmes délais, sans que l'on puisse se
prévaloir à cet égard des dispositions contraires de l'ordonnance civile de 1667. Cette ordonnance est absolument étrangere à la régie des traites, & l'on n'y fait l'application de ses dispositions que dans les cas non prévus par l'ordonnance de 1687, dont le titre 8 concerne uniquement les marchandises prohibées. Or, l'article 7 du titre 11 de cette derniere ordonnance veut
qu'il soit donné assignation à comparoître dans le jour,
si la saisie est faite en lieu où il y ait un juge des
droits ; & que si la saisie est faite à la campagne, l'assignation soit donnée au jour suivant ; & en cas que le
juge soit éloigné de plus de dix lieues, que le délai
soit augmenté d'un jour pour dix lieues. Ces dispositions précises n'admettant point d'exception, il faut toujours s'y conformer, soit que le prévenu demeure dans
le ressort de l'intendance où il est assigné, soit qu'il n'y
réside pas. Ainsi, les commis & employés doivent en
matiere de prohibé comme en matiere de traites, donner assignation, soit au jour même si le tribunal de
l'intendance est situé dans le lieu où la saisie est faite,
soit au lendemain si la saisie est faite à la campagne,
soit enfin dans les délais de l'ordonnance du mois de
février 1687, dans tous les autres cas indistinctement,
& quelques soient les distances & changements de ressort. Ces principes sont d'autant plus essentiels à maintenir, qu'il importe infiniment de ne laisser aux prévenus
qui voudroient s'inscrire en faux, que le moins de temps

poſſible pour ſe préparer des moyens & pratiquer des témoins, & qu'il eſt également important d'accélérer les jugements pour éviter le dépériſſement des marchandiſes.

VIII.

Le procès-verbal ſera affirmé véritable pardevant le juge de nos droits, au plus tard dans le même délai de l'aſſignation, à peine de nullité ; & l'acte d'affirmation ſera mis au pied du procès-verbal, & ſigné ſans frais par l'officier.

L'affirmation eſt une eſpece de récolement qui rend complette la preuve réſultante des procès-verbaux, & leur donne une telle force, qu'une fois revêtus de cette formalité, ils ne peuvent plus être attaqués que par l'inſcription de faux ; au lieu qu'ils ſont nuls, s'ils ne ſont pas affirmés. Cette formalité que le légiſlateur a ordonnée pour contenir les employés par la religion du ſerment, eſt ſi eſſentielle, que pour empêcher qu'elle ne pût être omiſe, ſous aucun prétexte, on en a renouvelé l'obligation dans une infinité de réglements.

Elle ne ſeroit pas de rigueur dans le criminel comme dans le civil : une raiſon tirée de la différence dans les procédures des deux eſpeces, a dicté cette juriſprudence.

Dans le civil, le procès-verbal conſtatant ſeul la fraude ou contravention du délinquant, il a fallu que cet acte fût revêtu de toutes les formalités qui en pouvoient aſſurer l'aûtenticité. Dans le criminel, ſi l'affirmation eſt omiſe, on en eſt quitte, pour ne conſidérer le procès-verbal, que comme devant ſervir de dénonciation : il s'agit, d'ailleurs, de la preuve d'un délit; & elle doit réſulter de l'information, des récolements & confrontations. Or, cette eſpece de preuves, ſuffiſant dans tous les crimes publics pout infliger aux accuſés les peines prononcées contre eux par les ordonnances, il ſeroit inconſéquent de ne pas s'en contenter dans les affaires des fermes où le procès-verbal ſert de dénonciation. Il eſt néanmoins à propos de faire affirmer les procès-verbaux au criminel comme au civil. Il en résulte deux avantages : le premier, de cumuler les preuves ; l'autre, d'éviter toute difficulté, si l'affaire venoit à être civilisée.

On ne doit, en un mot, négliger de faire affirmer un procès-verbal rendu en matiere de traites ou de prohibé, qu'autant que tous les faits qui y sont rapportés, se sont passés en préfence du juge. Dans ce cas, on peut se dispenser de l'affirmation : c'est une suite des arrêt & lettres-patentes des 22 octobre & 16 novembre 1718, qui disposent que les procès-verbaux faits en préfence d'un officier de l'élection ou autre juge à qui il appartient de le faire, seront valables, sans qu'il soit besoin que ces procès-verbaux soient ensuite affirmés.

Le motif de cette exception se trouve dans la considération que lorsqu'un juge confirme par sa signature, le rapport des employés, l'affirmation qui n'est qu'un moyen imaginé pour assurer la vérité de ces rapports, devient absolument inutile, l'assistance de ce juge ne permettant pas de douter de la vérité de ce procès-verbal, & étant de regle que tout ce qui est fait sous les yeux du juge ne peut acquérir une plus grande autenticité, parce qu'elle est attachée à sa préfence & à son caractere.

Il est sensible que si le juge n'avoit assisté qu'à une partie des opérations, le procès-verbal, quoique entiérement rédigé en sa préfence, ne seroit pas moins dans le cas d'être affirmé : il en seroit de même, s'il étoit simplement énoncé dans le procès-verbal, que le juge a été préfent à tous les faits qui y sont décrits, sans que cette mention fût certifiée par la signature de ce juge.

L'affirmation étant le complément du procès-verbal, il étoit naturel d'ordonner qu'elle seroit faite dans le délai accordé, pour comparoître sur l'assignation ; mais on ne doit pas conclure de l'art. 8, que si les employés avoient assigné un prévenu à trois jours, au lieu de lui donner assignation pour le lendemain, l'affirmation faite le deuxieme jour seroit nulle, sous prétexte qu'elle auroit été faite à tard. Toutes les fois que ce moyen a été proposé, on n'y a eu aucun égard ; & on en auroit un motif de plus si les employés faisissants ne résidoient pas au lieu du siege qui doit connoître de l'affaire. Cependant, pour éviter toute diffituké à cet égard, il eſt à propos que les employés affirment leurs procès-verbaux le plutôt poſſible.

L'affirmation des procès-verbaux peut ſe faire non-ſeulement pardevant le juge des droits, mais encore pardevant un juge royal ou ſeigneurial, tel qu'il ſoit ; c'eſt le réſultat de différents réglements : le premier, eſt un arrêt du 15 novembre 1689 ; il a ordonné que les employés pourroient affirmer leurs procès-verbaux, pardevant le plus prochain juge royal ſur ce requis, ſans que, pour raiſon de ce, il pût être articulé aucun moyen de nullité contre les affirmations, leſquelles vaudroient comme ſi elles avoient été faites pardevant les juges des fermes.

L'art. 5 de la déclaration du roi du 30 janvier 1717, a également diſpoſé que les affirmations des commis, ſur leurs procès-verbaux, pourroient être par eux valablement faites pardevant le juge des lieux ou autres plus prochains juges, ſoit royaux ou des ſeigneurs.

Une autre déclaration du 23 ſeptembre 1732, a répété les mêmes diſpoſitions, & elles ont été confirmées par l'art. 374 du bail de Forceville. Ainſi, un châtelain, un lieutenant de juge ſeigneurial, ou tout autre juge, tel qu'il ſoit, peut recevoir une affirmation.

Elle eſt valable, lors même que cet officier tiendroit des commiſſions de l'adjudicataire : c'eſt ce qui a été jugé, notamment par un arrêt rendu contradictoirement en la cour des aides de Paris, le 6 mars 1742 : il a infirmé une ſentence de l'élection des ſables d'Olonne, laquelle avoit prononcé la nullité de l'affirmation d'un procès-verbal rapporté contre Jacques Mercier, qui ſe prévaloit de ce que cette affirmation avoit été reçue par le juge de Palluau, qui étoit diſtributeur de la formule, buraliſte des aides, & contrôleur des actes.

Depuis, un arrêt du conſeil du 23 novembre 1777, publié au bureau des finances de Beſançon, le 16 décembre ſuivant, a autoriſé les employés des fermes à affirmer leurs procès-verbaux pardevant les juges ſeigneuriaux, quoiqu'ils fuſſent en même temps contrôleurs des actes.

Des arrêts du conſeil, des 23 février 1712, & 25 février 1713, avoient permis de faire, en cas de beſoin, les affirmations des procès-verbaux devant un notaire royal : mais la déclaration du 30 février 1717 & les réglements poſtérieurs n'ayant pas accordé la même facilité, on s'expoſeroit à des contestations, en faisant des affirmations devant ces officiers.

On doit également éviter d'affirmer des procès-verbaux devant des procureurs du roi, même des juridictions des fermes. Il est vrai que, suivant les arrêts & lettres-patentes des 26 février 1692, 21 février & 9 mars 1721, lorsque les juges des traites sont malades, recusés ou absents, les procureurs du roi peuvent tenir le siege, & juger en leur lieu & place ; & on doit en conclure qu'ils peuvent également, dans ce cas, recevoir les affirmations. Une sentence de l'élection des sables d'Olonne l'a même décidé ainsi ; & cette sentence a été confirmée par un arrêt de la cour des aides de Paris, du 11 janvier 1759.

D'après cet arrêt, & plus encore, d'après les motifs qui l'ont déterminé, il est incontestable que s'il s'élevoit quelque difficulté sur la validité d'une affirmation reçue par le procureur du roi d'une juridiction des fermes, elle seroit jugée à l'avantage du fermier ; & il y en a un nouveau motif depuis les lettres-patentes du 17 septembre 1778, rendues à l'occasion des procès-verbaux souscrits par des employés illitérés, dont les procureurs du roi des juridictions des traites, & leurs substituts peuvent recevoir les affirmations. Cependant, pour prévenir toute contestation, il vaut mieux s'adresser à un juge en titre, s'il en est dans le lieu ou à proximité.

Par suite, si un officier réunissoit la qualité de procureur du roi d'une juridiction des fermes, à celle de juge d'une autre juridiction, il faudroit éviter de lui faire recevoir l'affirmation sous celle de procureur du roi. Le caractere de juge qu'il auroit, ne permettroit pas, à la vérité, de douter que l'affirmation ne fût très-réguliere : & s'il étoit formé quelque incident à ce sujet, la régie pourroit d'autant moins y succomber, que l'acte qui auroit été rédigé, étant l'ouvrage de cet officier, & les employés ayant, à toute rigueur, satisfait aux ordonnances, en s'adressant à un juge en titre, on n'auroit aucun reproche à leur faire. S'il en étoit autrement, il dépendroit de ces officiers, en prenant une qualité qui ne seroit pas celle sous laquelle on auroit recouru à leur autorité, de faire annuller les procès-verbaux qu'on leur présenteroit. Comme c'est, au reste, par méprise qu'ils souscrivent les actes dans leur qualité de procureur du roi, les employés doivent les en faire appercevoir. Par-là ils écartent une objection, qui, quoique peu fondée, peut servir à éloigner le jugement.

S'il s'agit, au contraire, d'un procès-verbal rapporté par des employés illitérés dans le ressort de la cour des aides de Paris, il faut veiller à ce que ce juge fasse mention de sa qualité de procureur du roi des traites, & non de celle de juge royal, ceux-ci n'étant pas compétants dans ce cas.

S'il est à propos de ne point affirmer des procès-verbaux devant des procureurs du roi de juridiction des fermes, on doit également éviter de faire recevoir ces affirmations par des procureurs fiscaux. Un arrêt du conseil du 3 octobre 1724, a, à la vérité, jugé qu'un procès-verbal rapporté contre le maître du coche d'eau d'Aisne, n'étoit point nul, quoiqu'il eût été affirmé devant un procureur fiscal, en l'absence du bailli & du lieutenant. Mais, on le répete, il faut éviter tout ce qui peut entraîner des difficultés.

MM. les intendants des provinces & leurs subdélégués généraux & particuliers, ont droit de faire prêter serment aux employés, en ce qu'ils ont l'attribution particuliere de la plupart des contestations relatives au prohibé ; mais les cours faisant quelquefois difficulté de reconnoître leur autorité, on ne doit affirmer devant eux que les procès-verbaux concernant les affaires dont ils ont l'attribution particuliere. Cependant, s'il arrivoit que des employés affirmassent un procès-verbal devant un subdélégué général ou particulier, & qu'il en résultât des contestations, on pourroit se prévaloir d'un arrêt contradictoire du conseil, du 22 novembre 1723, lequel a déclaré valable un procès-verbal affirmé par-devant un subdélégué, & qui, par ce motif, avoit été déclaré nul par l'élection de Rethel-Mazarin : mais il est plus prudent d'éviter toutes contestations à cet égard.

Un juge seigneurial, & même son lieutenant, étant compétant pour recevoir une affirmation, il devroit, à plus forte raison, en être de même des maires & échevins qui sont de création royale. Cependant la ferme générale toujours dans la vue d'éviter les difficultés, a recommandé à ses employés de ne pas affirmer leurs procès-verbaux devant ces officiers ; & ils doivent se conformer aux ordres qu'ils ont reçus à cet égard.

Les réglements ayant déclaré suffisant le témoignage de deux employés sur un plus grand nombre qui se trouvent présents à une saisie, ont dû également se contenter de l'affirmation de deux d'entr'eux; c'est la suite des dispositions de l'art. 7, du tit. 5 de l'exercice des commis de l'ordonnance des aides, qui, n'exigeant que deux commis pour la confection d'un procès-verbal, a disposé que le nombre de deux étoit également suffisant pour l'affirmer.

Pour se conformer, autant qu'il est possible, à la lettre de l'art. 8 du tit. 11, il est bon que l'affirmation soit commencée au pied du procès-verbal, s'il s'y trouve un espace suffisant; mais il n'est pas nécessaire que l'officier qui la reçoit, l'écrive lui-même : c'est ce qui a été jugé par un arrêt & des lettres-patentes des 3 & 24 février 1733. Ils ont ordonné que les affirmations des procès-verbaux des employés seroient valables, pourvu que l'acte qui les contiendroit, fût signé du juge devant lequel elles auroient été faites, de quelque main que cet acte eût été écrit.

Les dispositions de l'ordonnance qui veut que les affirmations soient reçues sans frais, avoient été répétées par un arrêt du conseil du 6 décembre 1687, qui ordonnoit aux employés d'affirmer leurs procès-verbaux, & d'en remettre des doubles au greffe, avec injonction aux greffiers de les recevoir, & communiquer sans frais.

Cet arrêt faisoit une loi certaine, tant contre l'officier qui recevoit l'affirmation, que contre le greffier. Il avoit pour objet, non-seulement de retrancher les frais inutiles, mais encore d'éviter les embarras d'assembler un juge & son greffier. Cependant la cour des aides de Normandie avoit ordonné, par arrêt du 15 juin 1709, que l'affirmation seroit rédigée par le greffier, par acte séparé qui demeureroit au greffe; & qu'il seroit payé, pour chaque affirmation, 15 sous au juge, & la moitié au greffier. Il y a été pourvu par l'arrêt du conseil du 25 du même mois de juin : il a ordonné que l'acte d'affirmation seroit mis & signé sans frais aux pieds des procès-verbaux, par le juge qui la recevroit.

Quelques juges du ressort de la cour des aides de Bordeaux percevoient des droits pour ces affirmations : un arrêt de cette cour, du 17 décembre 1712, leur a défendu d'en exiger aucuns.

La même chose a été ordonnée par un arrêt du parlement de Grenoble, du 10 avril 1756, qui a condamné le juge des traites de Briançon à restituer les droits qu'il avoit exigés pour une affirmation.

Cette défenſe concerne les juges royaux ordinaires & ceux des ſeigneurs, comme les juges des fermes. C'eſt le réſultat de la déclaration du roi, du 23 ſeptembre 1732, qui porte que les juges des lieux, ou les plus prochains juges des lieux, ſoit royaux, ſoit des ſeigneurs, ſeront tenus de mettre l'acte d'affirmation au pied du procès-verbal ſans frais, en exécution de l'article 8 du titre 11 de l'ordonnance de 1687.

Il n'y a d'exception que pour les affirmations reçues dans le reſſort de la cour des aides de Paris, ſur des procès-verbaux rapportés par des employés illitérés. Aux termes de l'article 7 des lettres-patentes du 17 ſeptembre 1778, il eſt dû 3 livres au juge, tant pour ſa lecture, que pour l'acte qui en eſt rapporté.

Tout juge doit recevoir l'affirmation d'un procès-verbal au moment où il lui eſt préſenté : l'arrêt & les lettres-patentes, des 8 mars & 12 avril 1720, en portent une diſpoſition expreſſe. Ils ont enjoint aux officiers de l'élection de Beaugé, & à tous autres du royaume, de recevoir l'affirmation des procès-verbaux des employés des fermes au moment où ils ſe préſenteront à cet effet, en quelques temps & lieu que ce ſoit, à peine de répondre, en leur propre & privé nom, des amendes & confiſcations encourues par les fraudeurs, ſur le ſimple procès-verbal de refus de recevoir l'affirmation, même d'interdiction.

Un autre arrêt du conſeil, du 26 mai 1722, ſur lequel il a été expédié des lettres-patentes le 7 ſeptembre ſuivant, a fait plus : il a condamné le ſénéchal des Epaiſſes au payement du quadruple des droits fraudés par le nommé Gonin, & de la valeur des vins qui lui avoient été ſaiſis, en l'amende encourue par le prévenu, & en cent livres pour les frais de voyage des commis, que ſon refus avoit obligé de ſe rendre à Poitiers, à l'effet d'affirmer leur procès-verbal. Il a enjoint à ce juge, & à tous autres, même à ceux des ſeigneurs, de recevoir les affirmations des procès-verbaux qui leur ſeroient préſentés, auſſi à peine de répondre, en leur propre & privé nom, des condamnations qui pourroient réſulter des procès-verbaux, dont ils n'auroient pas voulu recevoir l'affirmation.

Quand un juge refuſe de recevoir l'affirmation d'un

procès-verbal, & qu'il confent que ce refus foit conftaté en fon hôtel, il doit en être rédigé fur le champ un acte à la requête du fermier ; & il faut lui en délivrer une copie. Lorfqu'au contraire cet officier s'oppofe à la rédaction du procès-verbal, les employés doivent fe rendre au plus prochain lieu de retraite ; & lorfqu'ils y auront rapporté leur procès - verbal, ils le fignifieront, ou feront dénoncer par le miniftere d'un huiffier fans affignation.

Si les délais accordés pour l'affirmation d'un procès-verbal font prêts à expirer, & que les employés prévoient ne pas pouvoir trouver d'autres juges pour faire remplir à temps cette formalité indifpenfable, ils doivent, avant les délais expirés, faire fignifier au greffe de la juridiction compétante pour le délit, une copie, tant du procès-verbal de fraude ou contravention, que de celui de refus ; ce qui tiendra lieu de l'affirmation.

Il eft bon de remarquer à ce fujet, que l'on ne peut forcer un juge à recevoir l'affirmation d'un procès-verbal qui concerne une partie dont il eft parent, étant de principe qu'un officier de juftice ne peut faire aucun acte de fon miniftere, qui intéreffe les parties dont il eft parent.

La forme des affirmations varie ; mais il eft d'un ufage affez général qu'elles foient dans la forme qui fuit.

« Devant nous...., juge de telle juridiction, fe font » préfentés cejourd'hui les fieurs...., employés des fer- » mes dénommés au procès-verbal ci-deffus, & des autres » parts, auxquels en ayant donné lecture, ils ont juré » & affirmé qu'il contient vérité, & ont figné avec nous. » A.... ce... »

Quand la fraude ou contravention a été découverte par des employés qui ne favent ni lire, ni écrire, & que c'eft dans le reffort de la cour des aides de Paris, leur affirmation doit être faite dans une forme particuliere.

Elle peut être conçue en ces termes : « Aujourd'hui » (mettre la date) font comparus pardevant nous (ex- » primer la qualité de l'officier qui reçoit l'affirmation « N. N. (les noms & les grades des employés inftrumen- » tants), lefquels ont affirmé fincere & véritable le pro- » cès-verbal ci-deffus, après que nous en avons fait lec- » ture féparément, & hors la préfence des autres em- » ployés, au N. ou aux NN.,... s'ils font plufieurs em-

» ployés illitérés qui ont en notre préfence figné, tant » ledit procès-verbal, que le préfent acte d'affirmation».

Le juge qui reçoit l'affirmation devant la dicter à fon greffier, ou aux employés, ou l'écrire lui-même, elle eft fon ouvrage ; & comme cette affirmation eft un acte diftinct & féparé du procès-verbal, il eft contraire aux lumieres naturelles, que les défauts qui s'y rencontrent influent fur un procès-verbal, qui d'ailleurs eft régulier : il feroit également contre l'équité, qu'un juge qui auroit mal rédigé un acte d'affirmation, pût enfuite en prendre droit pour annuller le procès-verbal. Cependant, pour éviter toute difficulté, il convient que les employés veillent à ce que l'affirmation d'un procès verbal énonce la date de cet acte, la qualité du juge qui reçoit l'affirmation, la comparution des employés ; qu'il leur a donné lecture du procès-verbal, fait prêter ferment de dire la vérité, & qu'ils l'ont affirmé véritable.

S'ils reconnoiffent qu'il a été fait quelqu'omiffion à ce fujet, il faut qu'ils en faffent honnêtement la repréfentation au juge, & le prient de la réparer. Si ce juge s'y refufe, ils doivent lui préfenter un acte d'affirmation tout dreffé : s'il ne veut pas l'admettre, & qu'il foit dans l'intention d'en rédiger un autre qui paroiffe irrégulier, ils peuvent également propofer leurs réflexions par un acte à la fuite du procès-verbal, & affirmer le tout pardevant un autre juge.

L'acte d'affirmation d'un procès-verbal, rapporté par des employés qui ne favent ni lire, ni écrire, devant attefter à la juftice l'obfervation des formalités qui font prefcrites, à peine de nullité, pour valider la fignature de ceux des employés qui font illitérés, il eft néceffaire de veiller à fa rédaction, encore plus attentivement qu'à celle des affirmations faites en d'autres cas.

La date d'une affirmation a feulement pour objet de juftifier que cette formalité a été remplie dans les délais. Ainfi, lorfqu'il eft conftaté que le procès-verbal a été affirmé dans un temps utile, l'omiffion de la date de cette affirmation ne fauroit préjudicier à l'action du fermier : ainfi jugé par arrêt du confeil du 22 avril 1738. Cet arrêt en a caffé un de la cour des aides de Montauban, qui, annullant une fentence de la juridiction des gabelles de Villefranche, du 30 décembre pré cédent, avoit déchargé de la peine des galeres & de l'amende un faux faunier, fous le feul prétexte que l'acte d'affirmation du procès-verbal, rendu à fon préjudice, n'étoit pas daté.

Quand même l'acte d'affirmation n'exprimeroit pas que le juge a fait lecture du procès-verbal aux employés, ce ne feroit pas une nullité : ainfi jugé en matiere d'aides par deux arrêts.

L'un, du confeil du 27 mai 1731, a caffé une fentence de l'élection de Falaife, du 16 feptembre précédent, rendue en faveur de Noël Buiffon & fa femme, fous le feul prétexte que l'acte d'affirmation n'exprimoit pas qu'il en eût fait lecture aux commis.

L'autre, rendu contradictoirement en la cour des aides de Paris, le 7 feptembre 1740, a infirmé une fentence de l'élection de Nemours, qui avoit admis ce moyen propofé par le nommé Gayard.

Cet arrêt a auffi jugé que le défaut d'énonciation de la part du juge dans cet acte d'avoir fait prêter ferment aux employés, ne pouvoit pas annuller le procès-verbal.

La même chofe a été décidée contre le nommé Dufrene par arrêt du confeil du 16 feptembre 1746; lequel en a caffé un de la cour des aides de Rouen rendu contre ces difpofitions.

Dufrene ayant formé oppofition à cet arrêt, il en a été débouté par un autre du 30 janvier 1748.

Cette jurifprudence eft d'autant plus naturelle que les réglements obligent feulement les commis à affirmer leurs procès-verbaux, & qu'aucune loi ne prefcrit de faire mention dans l'affirmation que lecture leur en a été faite, & qu'on leur a fait prêter ferment. Cependant, on le répete, comme il importe aux droits du roi d'éviter toute difficulté, il faut veiller à ce que ces énonciations aient lieu.

I X.

En cas de rebellion, il fera dreffé procès-verbal par les commis ou gardes; fur lequel le juge de nos droits pourra procéder extraordinairement.

L'injonction faite aux employés de dresser procès-verbal des rebellions qui leur seront faites, a été renouvelée pour les contrebandiers par l'article 4 de la déclaration du 2 août 1729. Il porte qu'en cas de rebellion de la part des contrebandiers, les commis seront tenus d'en dresser procès-verbal sur le champ, & d'en donner avis dans les 24 heures aux juges qui en doivent connoître, à peine d'être déclarés incapables de tous emplois, même de punition corporelle s'il y échoit.

On sent qu'il ne s'agit ici que de violences qui troublent l'ordre public, & que le dépôt au greffe de la copie du procès-verbal tient lieu de dénonciation.

Dans les autres cas, il est, à la vérité, à propos de dresser procès-verbal de la rebellion ; mais on n'est tenu d'en donner avis au ministere public que lorsqu'il s'agit de délit qui mérite une punition exemplaire.

Dans ce cas, si les prévenus de rebellion n'ont pas été arrêtés, on peut se dispenser de leur donner ou faire donner copie du procès-verbal qui a été dressé : il faut seulement remettre cet acte à celui qui est chargé des pourfuites, afin qu'il puisse présenter sa plainte pour éviter que les parties préviennent ou que les preuves dépérissent.

Lorsque la partie surprise en fraude ou contravention n'a point eu de part à la rebellion excitée par la saisie faite à son préjudice, on peut lui faire signifier ce procès-verbal avec assignation, réservant de faire informer contre les auteurs & complices de la rebellion.

Si la rebellion n'a pas été grave, & que les personnes qui y ont participé soient connues, il convient, au lieu de prendre contre elles la voie extraordinaire, de leur faire donner le plutôt possible copie du procès-verbal, & de les assigner pour être condamnés en l'amende de cinq cents livres, portée par la déclaration du 2 septembre 1776, & aux dommages-intérêts du fermier, avec dépens ; ce qui simplifie la procédure, évite les frais de l'instruction criminelle & les inconvénients résultants du déplacement des employés.

On voit par différents réglements que le législateur a cherché à arrêter les rebellions en inspirant des craintes

aux rebelles : le frein le plus puiſſant qui leur ait été
oppoſé, eſt puiſé dans les diſpoſitions des lettres-patentes
du 4 mai 1723, expédiées ſur des arrêts du conſeil des
30 ſeptembre 1719 & 26 mars 1720. Elles ont permis
aux commis des fermes, en cas de rebellion & voies
de faits contre eux, d'empriſonner les contrevenants dans
l'inſtant de la rebellion, ſans aucune permiſſion particuliere ; & ces diſpoſitions ont été confirmées par l'article 6 de
la déclaration du roi du 2 ſeptembre 1776.

Les mêmes réglements ont défendu aux juges des fermes de mettre en liberté les coupables ou complices
qu'après l'inſtruction & jugement définitif, & en cas
d'appel de part du fermier, qu'après le jugement dudit
appel, à peine de répondre par leſdits officiers en leurs
propres & privés noms des dépens, dommages & intérêts du fermier, même des amendes & confiſcations
encourues par les fraudeurs.

X.

Les marchandiſes qui ne pourront être gardées ſans perte conſidérable, feront vendues
au plus offrant & dernier enchériſſeur, & les
deniers conſignés entre les mains du fermier,
ſi mieux n'aiment les marchands donner bonne
& ſuffiſante caution de payer la valeur des
marchandiſes, ou en conſigner le prix entre
les mains du fermier, eſtimation préalablement faite.

Quelquefois des marchandiſes ſaiſies ne peuvent ſe
garder ſans perte conſidérable : telles ſont celles ſujettes
à déchet & coulage, & autres qui éprouvent en les gar-
dant un dépériſſement ſenſible. L'ordonnance a accordé
l'alternative de les vendre proviſoirement, ou de les
rendre au marchand ſous caution. Il en exiſte deux rai-
ſons ; la vente proviſoire eſt indiſpenſable par la nature
même des marchandiſes, ce qui eſt un premier motif
d'accorder des facilités ; 2° cette vente proviſoire ſe fait

autant

autant pour l'intérêt du fermier que pour celui de la partie saisie ; c'est même ordinairement le fermier qui la provoque : ç'a été un nouveau motif pour le législateur de laisser au prévenu un moyen de conserver sa propriété en nature, si par l'événement du jugement au fond il arrivoit qu'il ne dût pas en être dépouillé.

Il est, au reste, à propos lorsque la marchandise peut dépérir d'en offrir la main-levée sous caution, par le procès-verbal, en même temps que celle de la voiture & des chevaux : ceci évite les frais de vente.

Si la partie n'a pas accepté cette main-levée, on peut parvenir à la vente en faisant prononcer la confiscation des objets saisis, si l'affaire est en état d'être jugée ; & dans le cas contraire, en obtenant une ordonnance sur requête qui permette cette vente provisoire, sans préjudicier aux droits des parties. Il est alors à propos de faire signifier au prévenu la sentence ou l'ordonnance, avec sommation d'être présent à la vente, & d'y faire trouver, s'il le juge à propos, des enchérisseurs.

X I.

Les saisies seront jugées sur les procès-verbaux des commis & gardes, sans autre preuve, pourvu qu'ils soient en la forme ci-dessus prescrite, & signés de deux commis, ou de deux gardes, ou d'un commis & un garde.

Il n'est pas besoin, en matiere de traites, d'autre preuve de fraude ou de contravention contre un particulier, qu'un procès-verbal revêtu des formalités prescrites par l'ordonnance de 1687, & qui soit signé de deux commis ou de deux gardes, ou d'un commis & d'un garde ayant serment en justice.

Cet acte seroit valide quand même il ne seroit signé que d'un commis ou d'un garde, pourvu qu'il eût été également souscrit par un commis de la régie générale, de l'administration des domaines, des devoirs de la province de Bretagne, des octrois des villes, ou de tout autre commis ou employé, huissier ou autre officier ayant serment en justice : ce sont les dispositions de l'arrêt du conseil du 26 octobre 1719, & des lettres-patentes sur icelui du 5 décembre suivant. Ils ont été confirmés par un autre arrêt du conseil du 20 septembre 1772, rendu à l'occasion de la réunion de la régie des droits sur les papiers & parchemins timbrés, à celle des domaines & droits y joints. Cet arrêt, en ordonnant l'exécution des lettres-patentes de 1719, dispose que les employés des fermes & domaines, ayant serment en justice, pourront veiller à la conservation des droits de toutes les fermes, en empêcher la fraude, & rapporter des procès-verbaux de toutes celles qu'ils pourront découvrir, lesquels feront foi en justice, & seront crus jusqu'à l'inscription de faux, sans que lesdits employés soient obligés de se faire recevoir & prêter serment dans les juridictions, auxquelles appartiendront la connoissance & le jugement des contraventions que lesdits procès-verbaux auront pour objet, ni de faire enregistrer leurs procurations & commissions dans les greffes desdites juridictions. Il permet auxdits employés de se faire assister d'huissiers ou autres officiers ayant serment en justice, pour faire la découverte des fraudes, & en rapporter leurs procès-verbaux, qui seront aussi crus jusqu'à l'inscription de faux, encore bien qu'ils ne soient signés que d'un commis & d'un huissier ou autre officier, en satisfaisant, par les huissiers ou autres officiers, à la formalité prescrite par lesdits arrêts & lettres-patentes de 1719.

Les maréchaussées sont également fondées à faire des saisies sans l'assistance d'aucun commis. Elles y avoient été autorisées par un arrêt du conseil du 3 juin 1736 ; mais elles faisoient des difficultés de se conformer à ce réglement, sous prétexte de la défense qui leur avoit été faite, par l'article 5 de la déclaration du roi, du 28 mars 1720, d'exploiter pour d'autres affaires que celles qui feroient de la compétence du prévôt. Il y a été pourvu par un autre arrêt, du 4 juin 1738 : en ordonnant l'exécution de celui de 1736, il enjoint aux officiers & cavaliers de maréchaussée, d'arrêter tous contrebandiers portant & conduisant actuellement des marchandises prohibées ; même de dresser à ce sujet tous procès-verbaux nécessaires : lesquels feront crus, & feront foi en justice jusqu'à inscription de faux.

Il en est de même des troupes : c'est le résultat de l'article 17 de l'ordonnance du roi, du 20 avril 1734. Il enjoint aux cavaliers, dragons & soldats, d'arrêter les contrebandiers qu'ils pourront découvrir : veut que, pour les marchandises de contrebande qu'ils auront prises & déposées aux bureaux des fermes, il leur soit reglé par les fermiers généraux, une récompense proportionnée à la valeur desdites marchandises.

L'article 11 ci-dessus, porte que de pareils procès-verbaux seront crus jusqu'à inscription de faux. Il en résulte que l'on peut employer cette voie pour leur ôter la foi qui leur est due. Il est donc utile de savoir ce que c'est qu'une inscription de faux, & ce qu'il faut observer pour faire admettre celle formée contre un procès-verbal : ce sera l'objet des observations suivantes.

On nomme inscription de faux, une demande tendante à prouver qu'un acte est faux ou falsifié : celle formée contre un procès-verbal a pour objet de prouver que les faits qu'il contient, sont, en tout ou en partie, contraires à la vérité.

Cette voie est la seule ressource des contrevenants de mauvaise foi, lorsque le procès verbal rapporté à leur préjudice, contient preuve de leur fraude ou contravention, & ne renferme aucune nullité. Le conseil qui l'a proposé presque toujours par antipathie contre les droits du roi, comme l'observe fort judicieusement M. Riolz dans le dictionnaire des arrêts, ne risque rien. Le fraudeur risque peu, puisque les frais n'excedent gueres ce qui lui en auroit coûté pour s'arranger. D'un autre côté, il est bien aise d'inquiéter le fermier & ses commis ; & cette double considération le détermine à obéir aveuglément. Heureusement, pour le maintien des droits du roi, il a été prescrit pour les inscriptions de faux, des formalités dont on ne sauroit s'écarter sans en voir prononcer la nullité.

D'abord l'article 1er. de la déclaration du 25 mars 1732, porte que ceux qui voudront s'inscrire en faux contre les procès-verbaux, seront tenus de le déclarer au plus tard dans le délai de l'échéance des assignations qui leur seront données à la requête des fermiers ; à défaut de quoi, ils n'y seront pas reçus.

On a vu aux observations sur l'article 7 du présent

titre, que ce délai étoit de rigueur, en matiere de traites; malgré la briéveté de celui des assignations.

La forme dans laquelle une inscription de faux doit être déclarée, est tracée dans le même article 1er. Il porte que la déclaration de s'inscrire en faux, sera faite à l'audience de la juridiction, ou par écrit.

La requête tendante à l'inscription de faux, doit être signée du demandeur, ou du porteur de sa procuration spéciale, à peine de nullité; & ladite procuration doit être attachée à la requête : c'est ce que prescrit l'article 3 du faux incident de l'ordonnauce de 1737.

L'article 57 porte que cette procuration sera passée devant notaire; & l'article 58, qu'elle sera paraphée par le juge.

Le même jour que les inscriptions de faux ont été faites, les inscrivants sont tenus de passer & signer lesdites inscriptions au greffe de la juridiction où ils procedent; à défaut de quoi, ils demeurent déchus : ce sont les dispositions de l'article 3 de la déclaration de 1732.

Le même article veut que les inscrivants déclarent dans le même acte par lequel on passera les inscriptions au greffe, les noms, surnoms, qualités & demeures des témoins dont ils entendent se servir; à défaut de quoi, ils demeureront pareillement déchus de leur inscription, sans qu'ils puissent faire, par la suite, entendre d'autres témoins.

La facilité dangereuse que les inscrivants ont toujours trouvée à séduire des témoins qui déposassent en leur faveur, a nécessité les dispositions de cet article. Le peu de délai qu'il accorde pour nommer ces témoins, est un obstacle à leur préparation; ressource qui souvent avoit opéré la décharge des amendes, & même occasionné des condamnations humiliantes contre les employés : il n'a cependant pas ôté aux prévenus les moyens de mettre au jour leur innocence : devant avoir les témoins aussi présents, immédiatement après la saisie que plus tard, ils n'ont besoin pour les nommer, ni d'un temps plus long que les délais de l'assignation, ni de recherches.

Suivant l'article 4, l'acte d'inscription de faux étant fait dans la forme prescrite par les articles précédents sera signifié dans le jour de sa date aux fermiers.

L'article 6 dispense le fermier de faire comparoître ses

commis, pour foutenir leurs procès-verbaux véritables, d'en repréfenter les originaux, & de déclarer qu'ils veulent s'en fervir, pourvu qu'ils aient été dûment affirmés, & que le double des originaux ait été remis au greffe, conformément aux ordonnances & réglements.

D'après l'article 12, ceux qui veulent s'infcrire en faux contre les procès-verbaux avant que d'être affignés fur iceux, font tenus de fe conformer aux formalités prefcrites par les articles précédents.

L'article 10 défend aux premiers juges, même aux cours, d'avoir égard aux actes & procédures qui ne font pas conformes à la difpofition de ladite déclaration, & d'accorder de plus grands délais que ceux qui y font exprimés, à peine de nullité de leurs jugements.

Il réfulte de cet article, que les juges, avant que d'examiner fi des moyens de faux font admiffibles, doivent obferver avec la plus fcrupuleufe attention, fi les infcrivants fe font conformés aux formalités prefcrites par la déclaration de 1732, & fi elles ont été remplies dans les délais de rigueur. Dans le cas où ils reconnoiffent qu'il en a été omis une feule, ils ne doivent pas même prendre connoiffance des moyens, parce qu'une fentence qui admettroit une infcription, que le défaut de forme devroit faire rejeter, feroit dans le cas de la caffation.

Les juges ne peuvent paffer outre à l'inftruction de l'infcription de faux, lorfqu'il y a appel de la fentence qui a jugé les moyens de faux pertinents & admiffibles, jufqu'à ce que ledit appel ait été jugé, à peine de nullité des procédures, d'interdiction des juges, & des dommages & intérêts des appelants. Ce font les difpofitions de l'article 7 de la déclaration de 1732.

Le motif de ces difpofitions, & de la déclaration du 7 octobre 1721 qui y a donné lieu, a été que les moyens accueillis étoient le plus fouvent de nature à ne pouvoir être admis; ce qui jetoit le fermier & les prévenus dans des procédures précipitées & onéreufes, fous prétexte d'inftruction, fans faire différence entre ces fortes d'infcriptions incidentes, à des demandes purement civiles, dans lefquelles il étoit préalable de connoître fi les moyens de faux étoient recevables, & les infcriptions de faux principales, qui commencent par une information & un décret, & où le corps du délit étant toujours conftant, l'inftruction ne doit pas être furfife par un fimple appel.

Il paroiffoit d'ailleurs d'autant plus important d'empêcher les premiers juges de paffer au jugement du fond d'une affaire, jufqu'à celui de l'appel de la fentence d'admiffion des moyens de faux, que l'admiffion de ces moyens par la cour, rend la fentence prefqu'inutile. Le fond eft préjugé; la preuve contraire peut dépérir; & dans le cas où les cours réformeroient la fentence qui a admis les moyens de faux, tout ce qui a été fait poftérieurement, deviendroit fruftratoire, & ne produiroit que de grands frais en pure perte.

Cet objet a paru fi effentiel, que l'article 11 de la déclaration de 1732, renferme encore une difpofition qui y eft analogue. Il défend aux juges, à peine de nullité de leurs jugements, de procéder à l'audition des témoins avant le jour qui fuivra la fignification, que les infcrivants feront tenus de faire faire aux fermiers, de la fentence qui aura admis les moyens de faux.

Cet article a eu en vue de donner au fermier le temps de fe pourvoir, & d'éviter les frais d'enquête & d'information, qui, par l'événement de l'appel, peuvent être inutiles. Il en réfulte l'obligation pour les juges, de fe faire repréfenter, avant l'audition des témoins, l'original de la fignification qui a dû être faite de la fentence au fermier, afin de s'affurer que cette fignification n'a pas été différée jufqu'au jour même de l'audition: dans le cas où le juge s'appercevroit de ce fubterfuge, il devroit renvoyer les témoins.

Pour les infcriptions de faux dans les affaires criminelles, l'article 9 de la déclaration de 1732, diftingue le cas où les accufés n'ont pas reçu copie du procès-verbal avant la plainte du fermier, de celui où ils ont reçu cette copie. Il porte que fi les accufés de contrebande, rebellion, ou autres fraudes, qui ont été décrétés, veulent s'infcrire en faux contre les procès-verbaux des employés, & qu'il ne leur ait point été donné copie du procès-verbal avant la plainte du fermier, lecture leur en fera faite lors de leur premier interrogatoire, & qu'ils feront tenus de déclarer, au plus tard dans les trois jours, qu'ils entendent s'infcrire en faux; à cet effet, configner l'amende, paſſer & ſigner leur inſcription dans la forme preſcrite par les articles précédents.

Si l'accuſé a reçu copie du procès - verbal avant la plainte du fermier, il eſt tenu de déclarer, dans les vingt-quatre heures de ſon premier interrogatoire, qu'il entend s'inſcrire en faux ; à cet effet, conſigner l'amende, paſſer & ſigner ſon inſcription dans la forme preſcrite.

X I I.

Si la ſaiſie a été faite par un commis ſeul ou par un garde, il ſera procédé à l'interrogatoire des voituriers, ſur les faits contenus au procès-verbal ; & en cas de dénégation, le juge ordonnera qu'il en ſera fait preuve reſpectivement.

Une ſaiſie, pour n'avoir été faite que par un commis ſeul ou par un garde, n'eſt pas nulle ; elle devient valide, ſi le prévenu interrogé ſur faits & articles, convient de ſa fraude ou contravention : s'il la dénie, le fermier a encore la reſſource de la preuve par témoins pour le convaincre de ſon délit.

X I I I.

Défendons à tous juges de nos droits, de donner main-levée des ſaiſies, ſoit ſimples ou à caution, ſinon en jugeant définitivement, à peine de nullité des jugements, & des dommages & intérêts du fermier. Défendons aux procureurs de ſigner aucune requête pour les obtenir, à peine de cent livres d'amende, ſi ce n'eſt au cas de l'article 10 du préſent titre, ou en conſignant le prix des marchandiſes.

L'article 27 du titre commun de l'ordonnance de 1681, permettoit de donner main-levée des effets ſaiſis à fin de confiscation, en consignant leur juste valeur à dire d'experts, ou en donnant caution suffisante & solvable. L'article ci-dessus veut que les juges ne puissent accorder des mains-levées, soit simples ou à caution, qu'en jugeant définitivement. Il défend même aux procureurs de signer aucunes requêtes à cet effet.

Les peines que cet article accumule contre les officiers ministériels, & contre les juges eux-mêmes, indiquent clairement avec quelle précision le législateur a voulu être obéi dans la disposition de cet article, dont l'objet, en effet, est très-intéressant, en ce qu'il tend à prévenir les lenteurs & les détours de la chicane, auxquels un prévenu est disposé à recourir, lorsque la marchandise saisie sur lui est rentrée dans sa main. Alors son intérêt est d'éluder le jugement le plus qu'il lui est possible, pour retarder d'autant les poursuites contre lui ou sa caution, tandis qu'il a un intérêt tout différent, lorsque ses marchandises sont au pouvoir du fermier, ou qu'il en a consigné le prix.

Cette jurisprudence a été maintenue par une infinité d'arrêts, notamment deux de la cour des aides de Paris, des 4 décembre 1781, & 15 décembre 1782, rendus dans l'espece suivante. Il avoit été saisi sur le nommé Mariette, courrier, des bijouteries, gazes de soie, & autres marchandises qu'il avoit voulu introduire à Lyon, sans en acquitter les droits. Les sieurs Molinas, Perret, Chipron, & autres négociants de cette ville, s'étoient portés réclamateurs des objets saisis. Ils avoient invoqué en leur faveur l'usage, assez général des commis à la douane de Lyon, d'offrir, par leurs procès-verbaux, main-levée, sous caution, des marchandises; & ils avoient observé que les gazes & autres objets arrêtés sur Mariette, étoient dans le cas de dépérir. D'après ces considérations, ils avoient demandé main-levée provisoire & sous caution des objets saisis; & elle leur avoit été accordée par sentence de la juridiction de la douane de Lyon, du 24 novembre 1781. Mais le fermier s'étant pourvu à la cour des aides, l'arrêt du 4 décembre 1781, fondé sur l'art. 13 ci-dessus, a fait défenses d'exécuter ladite sentence; & l'autre contradictoire, & conforme aux conclusions de M. l'avocat-général, a joint au fond la demande des propriétaires, à fin de main-levée provisoire.

Mais la difpofition de cet article n'a pas d'application au cas où les commis du fermier ont eux-mêmes offert, par leur procès-verbal, la remife fous caution des marchandifes faifies. D'après cette offre, on ne fauroit contefter à la partie cette main-levée, lorfqu'elle la demande, & par fuite la faculté de faire eftimer par des experts la valeur des marchandifes.

Dans ce cas, on ne doit pas former oppofition à une fentence qui a ordonné une nomination d'experts. Il faut exécuter ce jugement, nommer un expert pour le fermier, faire eftimer les objets faifis, & les remettre fous caution.

X I V.

Défendons auffi à nos cours, de recevoir l'appel des faifies, ni d'aucun autre acte, que des fentences & ordonnances rendues par les premiers jugés.

Les appellations, foit directes, foit en adhérant, des procès-verbaux & des actes d'affirmation d'iceux, font inadmiffibles : il eft feulement permis aux parties de relever appel des fentences & ordonnances rendues fur lefdits procès-verbaux. D'après ces principes, le fieur Roch, Irlandois, ayant appelé au parlement de Bretagne d'un procès-verbal de faifie, rapporté contre lui pour faifie d'étoffes d'Angleterre, un arrêt rendu contradictoirement en cette cour, le 31 décembre 1721, en profcrivant cet appel, a confirmé, pour fon reffort, la défenfe faite par l'art. 14 ci-deffus, de recevoir l'appel d'aucun autre acte que des fentences & ordonnances du premier juge.

X V.

En cas d'appel interjeté par le fermier, de la main-levée définitive, les premiers juges pourront, par provifion, ordonner la reftitution de la marchandife, en donnant, par le marchand, bonne & fuffifante caution.

La sentence définitive une fois prononcée, la main-levée peut être accordée provisoirement avant le jugement de l'appel : mais les conditions de cette main-levée provisoire, varient suivant les circonstances. Ou le fermier a réussi, ou il a succombé : dans le premier cas, il ne peut obtenir main-levée, qu'en consignant, comme on le voit au commentaire, sur l'art. 11 du tit. 12.

Si le fermier a succombé en premiere instance, le préjugé qui résulte en faveur du prévenu de la sentence rendue à son profit, fait que le législateur s'est contenté d'exiger un cautionnement. Il suffit, en conséquence, pour obtenir la main-levée, que le propriétaire des marchandises donne caution de leur valeur.

Pour déterminer l'étendue du cautionnement & des titres de solvabilité à représenter par la caution, il y a nécessité indispensable de connoître la valeur des marchandises ; & si la partie ne veut pas en convenir à l'amiable, cette valeur doit être fixée par des experts.

Il est sensible que cet article n'est applicable qu'à des marchandises permises, soit qu'elles aient été saisies seules, ou bien avec des marchandises prohibées ; mais il n'a pas de rapport aux marchandises de contrebande.

En effet, des marchandises saisies pour cause de prohibition, ne peuvent jamais être rendues provisoirement à la circulation, soit parce que cette circulation qui est interdite, les exposeroit, au moment même de la remise, à une saisie nouvelle, soit parce que leur qualité & leur état étant le titre de la saisie, il peut être nécessaire, sur l'appel, de vérifier cet état & cette qualité ; ce qui ne permet pas de se défaisir du corps du délit. Il est évident que le provisoire, dans cette circonstance, seroit irréparable en définitif.

Si ces effets pouvoient être rendus au commerce, ce seroit en favoriser la consommation dans le royaume. Aussi, l'art. 8 de l'arrêt du 13 août 1772, qui forme le titre d'attribution de M. le lieutenant-général de police à Paris, & de MM. les intendants en province pour les saisies de la plupart des marchandises prohibées, n'accordoit l'exécution provisoire, nonobstant l'appel à leurs ordonnances, qu'autant qu'elles étoient rendues en faveur du fermier, & à la caution du bail ; mais toute difficulté a été applanie par l'arrêt du conseil, du 24 mars 1781. On y voit qu'il s'élevoit sans cesse des difficultés, relativement à l'exécution des ordonnances ou jugements de MM. les intendants, en conséquence de l'attribution qui leur étoit accordée par l'arrêt du 13 août 1772 ; que les huissiers chargés des pourfuites, avoient souvent prétendu que, conformément à l'art. 2 du tit. 8 de la premiere partie du réglement du conseil du 28 juin 1738, les exécutions des ordonnances de main-levée, devoient avoir lieu provisoirement, & nonobstant les appels qui avoient été interjetés. Qu'il étoit cependant évident que les dispositions de ce réglement ne s'appliquoient point aux jugements portant main-levée de saisies de marchandises grevées de prohibition, à l'égard desquelles l'appel étoit de droit suspensif, soit par le principe général que les effets prohibés ne doivent point entrer dans le commerce, soit à raison de ce que l'état des marchandises, étant suspect, il y avoit nécessité sur l'appel de les soumettre aux vérifications ordonnées par la déclaration du 7 avril 1764. Pour y pourvoir, l'arrêt du 24 mars 1781, interprétant, en tant que de besoin, l'art. 2 du tit. 8 du réglement de 1738, a déclaré suspensif l'appel des jugements & ordonnances de MM. les intendants, portant main-levée de mousselines, toiles de coton blanches, toiles peintes, toiles de fil teint, étoffes de laine & de soie, ou composées en partie desdites matieres & autres, velours, étoffes de coton, bonneteries de laine & de soie & de tous autres objets de prohibition saisis, soit par défaut de plombs, bulletins & marques de fabrique, pour fausseté ou réapposition de ces caracteres, soit pour défaut d'acquit à caution lors du transport dans les quatre lieues, & pour entrepôt dans la même distance des quatre lieues ; il a fait très-expresses défenses à tous huissiers & sergents de procéder à l'exécution provisoire desdits jugements, au préjudice de l'appel, à peine d'interdiction, de l'amende de 3000 liv. & de demeurer, en leur propre & privé nom, garants & responsables du prix des marchandises dont la main-levée se seroit opérée en contravention audit arrêt. Il a ordonné que la saisie desdites marchandises tiendroit jusqu'après la vérification qui en seroit faite & le jugement ; à la charge, par l'adjudicataire, de demeurer responsable des dommages-intérêts qu'il y auroit lieu de prononcer en faveur des parties saisies.

X V I.

Les faifies faites dans les provinces étrangeres ou réputées étrangeres, feront jugées par le juge dans le département duquel fera le garde ou commis qui aura fait la faifie, fi la marchandife n'eft point ramenée dans l'étendue de la ferme ; & fi elle y eft ramenée, la faifie fera jugée par le juge, dans le reffort duquel elle fera dépofée.

Il réfulte de cet article, que fi des employés réfidants en Picardie, conftatent dans l'Artois une fraude, ou une contravention en matiere de traites, & qu'ils y laiffent la marchandife, la faifie fera jugée par les juges de Picardie. Dans le cas, au contraire, où cette faifie auroit été faite par des employés réfidants en Artois, ce fera aux juges des fermes à Hefdin ou à Bapaume, à en connoître : la même regle doit avoir lieu pour les faifies qui fe font en Franche-Comté, fuivant qu'elles font dues aux foins des employés de cette province, ou de ceux de la Breffe, ou du Bugey. Dans tous les cas, au refte, où la fraude eft ramenée dans l'étendue de la ferme, comme de Franche-Comté en Breffe, d'Artois en Picardie, de Bretagne en Normandie, en Poitou ou en Anjou, c'eft le juge dans le reffort duquel eft fitué le bureau qui doit connoître de la faifie, quand même elle auroit été faite par des employés réfidants dans une province réputée étrangere.

X V I I.

Les marchandifes faifies, qui auront été abandonnées par les marchands & voituriers, & qui ne feront point réclamées dans la huitaine, pourront être confifquées & vendues en préfence de notre procureur, fur les lieux, huit jours après la confifcation jugée, en faifant faire toutefois préalablement trois proclamations par trois jours différents, tant à la porte de l'auditoire du juge, qu'à celle du bureau ; & en cas que, dans la fuite, la reftitution en fût ordonnée, le fermier fera tenu feulement de rendre le prix porté par le procès-verbal de vente.

Lorfque les marchands ou voituriers fe font enfuis à l'approche des commis, ou qu'ils ont abandonné leurs marchandifes fans fe faire connoître, le fermier ne peut point alors leur fignifier le procès-verbal, ni leur donner d'affignation, puifqu'il ne les connoît pas. Mais fi, pendant huit jours, perfonne ne fe préfente pour réclamer les marchandifes, il eft autorifé à en faire prononcer la confifcation avec le procureur du roi ; & huit jours après la fentence, ou l'ordonnance de confifcation rendue, il peut les faire vendre en préfence du même officier, en faifant préalablement faire les trois proclamaions prefcrites. La confifcation ainfi prononcée, n'eft cependant pas définitive : le prévenu peut fe préfenter en juftifiant de fa propriété, & former oppofition à la fentence qui l'a ordonnée ; mais la vente eft définitive. Et quand même la confifcation feroit annullée par la fuite, & la reftitution ordonnée, le fermier ne feroit tenu de rendre que le prix porté par le procès-verbal.

Quoique la confifcation foit ordonnée, on ne peut vendre les marchandifes fans l'obfervation de toutes les formalités prefcrites par cet article ; mais fi ces marchandifes font de nature à pouvoir être gardées dans le bureau fans embarras & fans crainte de dépériffement, on doit, pour éviter les frais qu'entraîne une femblable vente, faire afficher la fentence à la porte du bureau & de l'auditoire, ce qui équivaut à la fignification ; & à l'expiration des trois mois, cette fentence ayant acquis force de chofe jugée en dernier reffort, le fermier peut difpofer des marchandifes comme bon lui femble, & fans pouvoir être expofé à aucune répétition.

S'il eft queftion d'abandon de marchandifes prohibées, par exemple, de mouffelines que l'on vouloit introduire dans le royaume, ce n'eft point de cet article dont on doit fe prévaloir pour demander la confifcation, mais des arrêts du confeil des 15 mars 1746, & 30 juillet 1748, qui prohibent l'entrée des moufelines autres que celles de la compagnie des Indes, & qui font rappelées dans celui du 17 juillet 1785, ou des réglements qui portent la prohibition. Quant à la confifcation des marchandifes fujettes fimplement aux droits, & qui fe trouvent avec celles prohibées, on doit la fonder fur les difpofitions de l'article 1er. du titre 8 de l'ordonnance de 1687, qui veut que ce qui eft trouvé avec des marchandifes prohibées, foit fujet à confifcation.

Il ne faut pas, au refte, confondre l'abandon des marchandifes dans le cas de la faifie, avec celui des marchandifes reftées en douane. Voyez pour celles-ci, les obfervations fur l'article 6 du titre 2.

TITRE XII.

De la juridiction des juges, des droits de fortie & d'entrée.

ARTICLE PREMIER.

La connoiffance de tous les différents, civils & criminels, concernant nos droits de fortie & d'entrée, & de ceux qui naîtront en exécution du préfent réglement, appartiendra, en premiere inftance, aux maîtres des ports, leurs lieutenants, juges des traites, & autres auxquels nous l'avons attribuée par leurs provifions ou commiffions, chacun dans l'étendue du reffort qui lui aura été marqué, & par appel en nos cours des aides. Défendons à tous autres juges, même aux officiers de nos élections, d'en prendre connoiffance, à la réferve toutefois de ceux de l'élection de

Paris, qui pourront en connoître en premiere inftance, dans l'étendue de leur reffort.

Aux termes de cet article, les maîtres des ports & juges des traites doivent connoître de toutes les contraventions à ladite ordonnance, hors les cas qui en ont été exceptés depuis; & les appels de leurs fentences reffortiffent aux cours des aides, ou autres cours qui en tiennent lieu.

Il déclaroit incompétante toute élection autre que celle de Paris. Il a été apporté du changement à cet ordre des chofes par l'édit du mois de feptembre 1772, qui, fupprimant les juridictions des traites & quart-bouillon qui avoient été créées dans la province de Normandie, les a réunis aux fieges des élections, ou greniers à fel des villes où elles étoient établies.

Mêmes difpofitions pour la juridiction des traites de Mâcon, par l'édit du mois d'avril 1779, regiftré en la cour des aides de Paris, le 19 mai : il a fupprimé cette juridiction avec tous les offices qui y avoient été créés; a ordonné que les officiers de l'élection de ladite ville connoîtroient, dans l'étendue de ladite juridiction fupprimée, de toutes affaires dont les officiers de ladite juridiction étoient en droit & poffeffion de connoître, fauf l'appel.

Les lieutenants des juridictions des traites ou maîtrifes des ports, lorfqu'il en a été créé, tiennent le fiege en l'abfence des préfidents.

Lorfque les officiers font abfents ou récufés, ou que leurs charges font vacantes, les procureurs du roi peuvent les fuppléer. Ce font les difpofitions des arrêts & lettres-patentes des 21 février & 9 mars 1721 ; ils difpofent que lorfque les juges des droits de fortie, d'entrée & autres y joints, créés par l'édit du mois de mai 1691, feront recufés, abfents ou malades, lefdits procureurs du roi tiendront le fiege, & jugeront en leur lieu & place ; que dans ce cas, le plus ancien avocat ou praticien du fiege fera leurs fonctions, & donnera les conclufions. Ils veulent néanmoins que lefdits procureurs ne puiffent être juges des affaires dans lefquelles ils auront fait des réquifitions ou pris des conclufions.

Les commiſſions du conſeil établies à Reims, Saumur & Caën ont rarement connu des violences qui pouvoient être exercées envers les employés, relativement aux droits des traites. Il n'en étoit pas de même de celle de Valence : elle avoit reçu une attribution particuliere dans cet objet par l'arrêt du conſeil du 29 juillet 1749. Il commettoit M. Levet, commiſſaire du conſeil de cette commiſſion, pour inſtruire & juger ſouverainement, & en dernier reſſort, le procès, tant aux auteurs, complices, fauteurs, participes ou adhérents des violences & mauvais traitements exercés envers le nommé Lamy, employé des fermes en Bugey, qui s'étoit refuſe de laiſſer paſſer des marchandiſes en fraude des droits de Saint-Vulbas, en Dauphiné, qu'à tous autres particuliers qui pourroient, par la ſuite, exercer des violences, rebellions & voies de fait contre les commis & employés des fermes dans l'exercice de leurs fonctions, dans l'étendue des provinces du reſſort de la commiſſion de Valence.

Feu M. Colleau, ſucceſſeur de M. Levet, & qui, par l'utilité de ſes ſervices, avoit mérité d'être nommé conſeiller d'état, a fait changer cet ordre des choſes. Il a obſervé au conſeil que la commiſſion ſe trouvoit ſi ſurchargée d'affaires, qu'il lui étoit pour ainſi dire impoſſible de ſuffire à tout ; que cette ſurcharge venoit principalement de la fréquence, & de la multitude des procès-verbaux de rebellion portés à ce tribunal, en conſéquence de l'arrêt de 1749. Et il a propoſé de reſſerrer les pouvoirs qui lui étoient confiés.

Le plan de ce commiſſaire ayant été adopté par le conſeil, il a fait connoître, par une lettre écrite circulairement, le 1er février 1779, aux différents directeurs, qu'à l'avenir la commiſſion ne prendroit plus connoiſſance des rebellions faites à l'occaſion de la ſimple fraude ou défaut de payement des droits de douane, foraine, péage, &c. établis ſur l'entrée, ſortie, ou circulation des marchandiſes ou effets non prohibés, de quelque nature ou eſpece qu'ils puſſent être, s'en fût-il même ſuivi mort d'employés.

Ni de celles ſurvenues à l'occaſion des ſaiſies de marchandiſes, autres que celles de contrebande, telles que
ſoieries,

foieries, draperies étrangeres & autres femblables prohibées, y eût-il même meurtre d'employés.

Pour les marchandifes de contrebande, il a diftingué les cas où le tribunal ne devoit pas être faifi, de ceux où il continueroit de connoître.

Il a mis dans le premier cas, 1° les rebellions faites par les contrebandiers, portant, voiturant ou efcortant des marchandifes prohibées, lorfqu'ils feroient au-deſſous du nombre de trois & fans armes, quand même il y auroit meurtre de fraudeur : il n'a excepté que le cas où il y auroit meurtre commis fur les employés.

2° Celles furvenues à l'occafion de l'exécution des décrets & ordonnances de juftice émanés de tout tribunal, autre que celui de la commiffion.

3° Les rebellions faites pour la recouffe de particuliers, arrêtés avec des marchandifes prohibées en quantité aſſez médiocre pour devoir faire préfumer le fimple ufage, quand même il y auroit meurtre des rebellionnaires : il a feulement excepté le cas où il y auroit meurtre d'employés.

4° Celles furvenues en campagne aux employés pour raifon de faifies de marchandifes prohibées en quantité telle qu'on ne puiſſe raifonnablement en induire le commerce, à moins qu'il n'y eût meurtre d'employés & non des rebellionnaires.

Enfin, les rebellions faites pour raifon de faifies domiciliaires en marchandifes prohibées, en quantité qui ne prouveroit pas évidemment le commerce, à moins encore qu'il ne s'en fût fuivi mort d'employé & non d'aucun rebellionnaire.

D'après la même lettre, les cas généraux de la compétence exclufive de la commiffion font, 1° la contrebande en marchandifes prohibées avec port d'armes, foit qu'il y ait attroupement ou non.

2° La contrebande en mêmes marchandifes avec attroupement au nombre de cinq & au-deſſous, quoique fans armes.

3° Les prévarications, infidélités, crimes & délits commis par les employés dans les fonctions de leurs emplois.

Quant aux rebellions commifes contre les employés dans le cours & à l'occafion de leurs exercices, la commiffion

Tome IV. O

ne s'en eſt réſervé la connoiſſance que dans les circonſtances ſuivantes.

La premiere, lorſque la rebellion eſt faite par les contrebandiers, portant, eſcortant ou voiturant des marchandiſes prohibées, attroupés au nombre de trois & au-deſſous,
même ſans armes, & par les contrebandiers armés,
même ſans attroupement ; ou ſans marchandiſes, s'ils
ſont attroupés avec armes au nombre de trois au
moins.

Par armes, on doit entendre, ainſi que s'en eſt expliqué
M. Colleau, les fuſils, carabines, piſtolets, baïonnet-
tes, ſabres, épées, bâtons ferrés, & autres armes offen-
ſives.

La ſeconde, dans le cas de rebellion à l'occaſion des
décrets ou ordonnances de juſtice émanés de la commiſſion
ſeulement.

La troiſieme, quand elle a pour motif la recouſſe des
particuliers arrêtés avec des marchandiſes prohibées, en
ballots ou en aſſez grande quantité pour ne pas permettre
de préſumer le ſimple uſage.

La quatrieme, ſi la rebellion eſt faite en campagne aux
employés pour raiſon de ſaiſie de marchandiſes prohibées,
en ballots ou quantité aſſez conſidérable pour prouver le
commerce.

La cinquieme, lorſque la rebellion faite pour raiſon de
ſaiſie domiciliaire, a pour objet des marchandiſes prohibées trouvées en magaſins, ballots, ou quantité aſſez
forte pour fonder l'accuſation de commerce, & exclure
l'idée de ſimple uſage.

Enfin, dans le cas d'excès graves & de guet-à-pens,
meurtre & aſſaſſinat commis par quelque motif ou perſonne que ce ſoit, ſur les employés étant actuellement
dans le cours & l'exercice non douteux de leurs fonctions.

Il étoit néceſſaire de fixer les quantités de marchandiſes de contrebande qui devoient faire préſumer le commerce, & conſéquemment déterminer la compétence
de la commiſſion dans les cas de rebellion ; ç'a été l'objet
d'une nouvelle lettre de M. Colleau, qui porte que toute
marchandiſe prohibée qui ſe trouvera en piece, ou qui
étant en coupons, excédera la quantité de vingt aunes,
ſera réputée pour faire commerce.

La détermination de ce commissaire pouvoit d'autant moins dépouiller le tribunal de la plénitude de l'attribution qui lui avoit été donnée par l'arrêt du 29 juillet 1749, que l'arrêt du 6 février 1782, qui a commis M. Hortal pour remplacer M. Colleau, lui a donné le pouvoir d'instruire & juger toutes les rebellions faites aux employés ; mais ce magistrat, aussi éclairé que laborieux, qui remplit à la satisfaction générale cette place aussi délicate qu'importante, a annoncé qu'il ne changeroit rien à l'arrêté de M. Colleau. C'est aux employés à s'y conformer, s'ils veulent éviter les renvois de ce tribunal aux juridictions ordinaires des fermes ou aux intendances.

Pour connoître la competance des autres commissions du conseil en matiere de prohibé, il faut recourir aux lettres – patentes des 23 août 1764, 21 novembre 1765 & 9 novembre 1768, rendues pour leur établissement.

Lorsque les commissions du conseil ne font pas compétantes sur les saisies de marchandises prohibées, c'est à M. le lieutenant général de police à Paris, & à MM. les intendants en province que la connoissance en appartient, à peu d'exceptions près dont il sera ci-après parlé.

Celle pour les marchandises d'Angleterre avoit été donnée à MM. les intendants, par arrêt du 30 avril 1722, qui leur attribuoit privativement à tous autres juges la connoissance & le jugement des contestations qui surviendroient à l'occasion des contraventions au réglement de 1701, concernant le commerce avec l'Angleterre & pays en dépendants, sauf l'appel au conseil ; elle leur a été confirmée par l'article 8 d'un autre arrêt du 17 juillet 1785, qui veut que la confiscation de ces marchandises & l'amende soient poursuivies par devant M. le lieutenant général de police à Paris, & par-devant MM. les intendants départis dans les provinces du royaume ; il leur attribue chacun en droit soi, la connoissance de toutes les contraventions aux dispositions dudit arrêt, sauf l'appel au conseil, l'interdisant à toutes les cours & autres juges.

Le même article, en ordonnant de saisir les autres marchandises prohibées par ledit arrêt, qui font les ouvrages d'acier poli, verres & cristaux provenant de l'étranger, qu'on tenteroit d'introduire, de vendre ou de faire circuler dans le royaume, difpofe également que la confifcation & l'amende en feront pourfuivies par-devant M. le lieutenant général de police à Paris, & MM. les intendants, auffi fauf l'appel au confeil.

Cette compétence n'eft pas fufceptible de plus de difficultés pour les faifies de marchandifes d'Angleterre faites en mer : c'eft le réfultat d'une lettre de M. le garde des fcéaux, écrite le 29 mars 1777, au procureur du roi de l'amirauté de Boulogne, à l'occafion d'une pareille faifie dont il réclamoit la connoiffance.

Elle porte que « fi les arrêts des 25 mai & 14 fep-
» tembre 1728, attribuent aux officiers de l'amirauté,
» conjointement avec MM. les intendants, la connoiffance
» des contraventions découvertes en France fur les vaif-
» feaux, & dans les ports & rades, côtes & rivages de
» la mer, fur le fait des marchandifes de contrebande
» ou prohibées à l'entrée ou à la fortie, les marchandifes
» d'Angleterre dont l'entrée eft défendue par l'arrêt de
» 1701, font exceptées de cette attribution, puifque l'ar-
» rêt de 1722 ayant confié la connoiffance de cette prohi-
» bition particuliere à MM. les intendants feuls, ex-
» clufivement à tous autres juges, les arrêts de 1728
» ne contiennent aucune dérogation directe ni indirecte
» à cet arrêt. Elle ajoute que l'on ne peut même fup-
» pofer cette dérogation, puifque les arrêts de 1728 an-
» noncent que l'intention de fa majefté étoit de mettre
» fin aux conflits de juridictions entre les juges de l'ami-
» rauté & ceux des traites, & que ceux-ci ne con-
» noiffoient point des faifies de marchandifes d'Angle-
» terre ».

Ces magiftrats ont également la compétence de ce qui eft relatif aux mouffelines, toiles peintes ou imprimées, toiles de coton, bafins, gazes, linons & bonneteries étrangeres.

Elle leur a été d'abord accordée par l'article 8 de l'arrêt de réglement du Confeil du 13 août 1772. Il a difpofé que M. le lieutenant général de police à Paris, & MM. les intendants dans les provinces connoîtroient, jufqu'à ce qu'il en fût autrement ordonné dans l'étendue de leur département, de toutes les contraventions & faifies qui feroient faites, foit à l'introduction dans le royaume des toiles peintes, toiles de fil teint, toiles blanches, mousselines, étoffes & ouvrages de bonneterie, soit dans les quatre lieues frontieres de l'étranger, soit pour fait de faux plombs, faux bulletins & fausses marques de fabriques, circonstances & dépendances. Il leur a attribué, à cet effet, toute cour, juridiction & connoissance, & l'a interdit à toutes ses cours & juges, sauf l'appel au conseil.

Un autre arrêt du conseil, du 10 juillet 1785, en défendant absolument l'entrée dans le royaume des toiles peintes, teintes ou imprimées, de fabrique étrangere, l'entrée & le débit de toutes especes de gazes & linons, le débit des mousselines étrangeres rayées, quadrillées & brochées, l'introduction de toutes especes de toiles de coton blanches ou écrues, de celles fil & coton, mouchoirs, basins & toile de Nankin fabriquées dans l'Inde ou chez l'étranger, autres que celles qui proviendroient du commerce de la compagnie des Indes, a aussi voulu que M. le lieutenant-général de police à Paris, & MM. les intendants départis dans les différentes généralités, connussent, dans l'étendue de leur département, des contraventions & saisies qui seroient faites, soit pour introduction, soit pour entrepôt, recélement, & débris des marchandises prohibées par ledit arrêt, ainsi que pour fait de faux plombs, faux bulletins & fausses marques ; il leur en attribue toute cour & juridiction, & il l'a interdit à toutes cours & juges, sauf l'appel au conseil.

La connoissance & le jugement des confiscations des marchandises prohibées & de contrebande trouvées sur les côtes du royaume dans les bâtimens au-dessous de cinquante tonneaux, a été également attribuée à MM. les intendants, par arrêt du 19 mars 1719. Cet arrêt, dont on trouve le surplus des dispositions au commentaire sur l'article 3 du titre 8, a commis MM. les intendants pour juger lesdites contraventions ; leur a permis de commettre & subdéléguer pour l'instruction tels officiers ou gradués que bon leur sembleroit.

Ils ont également la compétence, mais avec les officiers de l'amirauté, des saisies d'étoffes des Indes, ou autres marchandises prohibées, autres que d'Angleterre, faites en France dans les ports, rades, côtes & rivages de la mer ; elle leur a été accordée par l'article 1er. de l'arrêt du 25 mai 1728.

Aux termes de cet article, la connoiffance des contra-ventions qui font découvertes en France fur les vaiffeaux & dans les ports, rades, côtes & rivages de la mer, fur le fait des marchandifes de contrebande, ou prohibées à l'entrée ou à la fortie, appartient auxdits fieurs inten-dants, conjointement avec les officiers des amirautés, fauf l'appel au confeil en matieres civiles, & en dernier reffort en matieres criminelles, en appelant pour les ma-tieres criminelles, s'il eft befoin, des officiers ou gradués pour compofer le nombre de juges requis par l'ordonnance; & ces jugements doivent être intitulés du nom defdits fieurs intendants, & officiers des amirautés.

Quelques difpofitions de cet arrêt ayant eu befoin d'interprétation, il y a été pourvu par un autre du 14 feptembre 1728.

Suivant l'article 1er. de cet arrêt, les procès-verbaux des commis du fermier, & ceux des huiffiers vifiteurs des amirautés, lorfqu'ils font des faifies, doivent être dépofés aux greffes des amirautés.

L'article 2 veut que la répétition defdits procès-ver-baux foit faite par MM. les intendants lorfqu'ils feront fur les lieux, avec faculté néanmoins d'en faire le renvoi au fiege de l'amirauté; finon & en cas d'abfence, par le lieu-tenant-général de l'amirauté; & en cas d'empêchement légitime, par les autres juges ou avocats du fiege, fui-vant l'ordre du tableau; le tout à la requête & aux frais du fermier, feulement dans les cas où il aura formé les demandes; il permet au fermier de requérir l'adjonction du procureur du roi.

D'après l'article 3, les officiers d'amirauté peuvent juger feuls lefdits procès en cas d'abfence de MM. les intendants, après néanmoins qu'ils les auront informés des affaires qu'ils auront à juger, & qu'ils auront pris leur agrément pour les juger en leur abfence. Il veut cependant que, dans les villes où réfident MM. les in-tendants, ils préfident à tous les jugements; que le fiege fe tienne chez eux dans les affaires civiles; & à l'amirauté, pour des affaires criminelles.

L'article 4 porte que chaque greffier de l'amirauté tiendra la plume dans toutes les inftructions & jugements de procès, délivrera tous les actes & fentences, & que les minutes demeureront dépofées au greffe de chacune

des juridictions, pour y avoir recours en cas de befoin.

L'article 5, en ordonnant aux huiffiers vifiteurs des
fieges de l'amirauté de continuer leurs fonctions, conformément à l'article 5 du titre 5 de l'ordonnance de la
marine de 1681, fous les peines y portées, a réfervé au
fermier à prendre leur fait & caufe, s'il les trouvoit
fondés. Il a voulu qu'à cet effet, lefdits huiffiers vifiteurs
lui remiffent fur le champ un double de leurs procès-
verbaux, pour avouer ou défavouer la pourfuite ; & en
cas de défaveu, que le fermier ne participât ni aux frais,
ni aux profits des jugements qui feroient rendus.

Enfin, l'article 6 a enjoint à MM. les intendants &
aux officiers de l'amirauté, de fe conformer aux difpofitions des ordonnances & réglements, & notamment aux
ordonnances de 1670, 1680 & 1687.

I I.

Les juges par nous pourvus ou commis,
connoîtront auffi des faifies faites dans les
provinces étrangeres ou réputées étrangeres,
aux termes de l'article 16 du titre des faifies.

Cet article a eu en vue d'éviter toutes difficultés fur
la compétence des faifies faites dans une province réputée étrangere, par les employés réfidants dans l'étendue
de la ferme, & que l'article 16 du titre 11, a voulu
être jugées par le juge dans le département duquel feroient les gardes ou commis qui auroient fait la faifie. Il
a également confirmé la compétence accordée aux juges
établis dans les provinces réputées-étrangeres, pour les
faifies qui, aux termes du même article, devoient être
foumifes à leur décifion ; tels font ceux d'Hefdin &
Bapaume en Artois, de Cliffon, Ancenis & Vitré en
Bretagne, &c.

I I I.

Il connoîtront auffi des malverfations &
fraudes des commis & gardes, & des concuf-

fions, violences, & autres excès par eux commis dans l'exercice de leur commiffions , &
ils pourront procéder contr'eux jufqu'à fentence définitive incluſivement.

Cet article confirme les difpofitions des articles 16 &
17 du titre commun, dont le 1ᵉʳ. défend à tous juges
des juridictions royales ordinaires, de décréter les employés pour le fait de leurs commiffions & emplois, &
pour les cas arrivés dans le cours & à l'occafion de leurs
exercices ; & l'autre ordonne qu'en cas de conflit, les
informations feront envoyées au greffe du confeil, pour
y être les parties réglées de juges ; & que cependant
l'inftruction fera continuée jufqu'au jugement définitif ex-
clufivement, par les officiers des traites, & autres juges
des fermes.

Ces juges font les juges naturels de tous les délits
exprimés dans cet article ; mais on en a fouvent donné
l'attribution à MM. les intendants.

Il exifte auffi des exceptions dans le reffort des commiffions du confeil. On peut voir à ce fujet les obfervations fur l'article 1ᵉʳ. du préfent titre.

I V.

Leur défendons , & aux greffiers de leur
juftice, de s'immifcer en l'expédition des acquits , congés ou paffavants , réceptions ou
décharges de foumiffion, & de prendre aucuns
droits des marchands ou voituriers , fous quelque prétexte que ce foit, à peine de concuffion.

Non-feulement les juges & leurs greffiers ne doivent
pas délivrer d'acquits à caution ; ils ne peuvent pas même
rendre d'ordonnances pour y fuppléer. C'eft ce qui a
été jugé par arrêt du confeil, du 10 janvier 1708 , intervenu fur le refus fait par les commis du bureau de
Langres, de délivrer des acquits à caution pour des dro-

gueries & épiceries, & fur ce que les officiers de la juridiction des traites de Langres avoient rendu plufieurs
fentences pour en tenir lieu. L'arrêt caffant ces fentences,
qui étoient en date des 27 feptembre, 7, 24 octobre, &
29 novembre 1707, a fait très-expreffes inhibitions &
défenfes, tant auxdits officiers, qu'à tous autres juges
des traites, de rendre aucunes fentences ou jugements
pour fervir d'acquit à caution, à peine de nullité, & de
répondre, en leur propre, & privés noms, des dommages-intérêts du fermier.

V.

Ils prêteront le ferment en nos cours des
aides; & en cas d'éloignement de plus de quarante lieues, pardevant l'un de nos confeillers
qui fera trouvé fur les lieux, ou pardevant
l'un de nos juges, qu'elles délégueront à cet
effet.

V I.

Dans les jugements où il écherra condamnation à peine afflictive, ils fe feront affifter
au moins de trois officiers ou gradués.

A la juridiction de la douane de Lyon, & dans celles
où les fieges des traites ont été réunis aux élections, il
ne manque pas d'officiers : dans les autres qui ne font
en général compofées que d'un préfident & d'un lieutenant, & où fouvent les charges de lieutenant n'ont même
pas été levées, les juges doivent fe faire affifter de gradués, c'eft-à-dire, de perfonnes qui aient pris des grades
de bacheliers, & de licence en droit civil.

V I I.

IIs pourront, en cas de foupçon de fraude,
fur la réquifition du fermier ou de fon com-

mis, faire des visites dans les maisons des marchands ou autres, même faire faire ouverture des portes.

Ce ne sont pas ordinairement les juges qui procedent aux visites ; ils y accompagnent seulement les commis, qui peuvent, en leur présence, faire faire ouverture réelle des portes par un serrurier.

V I I I.

La fraude ne pourra être poursuivie extraordinairement, mais civilement, par saisie ou par action, si ce n'est en cas de rebellion ou autre délit.

Cet article, en ordonnant que la fraude ne seroit poursuivie extraordinairement qu'en cas de rebellion ou autre délit, n'a pas entendu pour cela obliger à poursuivre, par la voie extraordinaire, toute rebellion : il dépend toujours du fermier ou régisseur, de former son action au civil, sauf au ministere public à poursuivre sur la rebellion, s'il le juge convenable.

I X.

Tous les différents seront jugés sommairement & sans épices, après avoir ouï les parties par leur bouche, si elles sont présentes ; & ils ne pourront être appointés, à peine de nullité des jugements, à la réserve toutefois des procès criminels, où il échoit peine afflictive.

Cet article est une suite de l'art. 11 du tit. 11, qui veut que les saisies soient jugées sur les procès-verbaux des commis & gardes, sans autre preuve.

Par suite, les lettres patentes, du 8 mai 1724, rendues sur un arrêt du même jour, & regiſtrées en la cour des aides de Paris le 29 novembre ſuivant, ont ordonné que toutes les appellations qui ſeroient portées en ladite cour, des ſentences rendues en matieres criminelles par les juges des fermes, y ſeroient inſtruites & jugées, ſans que les parties puiſſent être admiſes à conclure comme en procès par arrêt, quoique ces ſentences n'aient point prononcé de peines afflictives.

X.

L'appel des ordonnances ou ſentences interlocutoires, ne pourra empêcher l'inſtruction & le jugement. Défendons à nos cours de donner aucunes ſurſéances ou défenſes de procéder ; déclarons nulles tous celles qui pourroient être ordonnées : voulons, ſans y avoir égard, qu'il ſoit paſſé outre par les premiers juges juſqu'au jugement définitif incluſivement, & que les procureurs qui auront ſigné les requêtes, ſoient condamnés en cent livres d'amende, qui ne pourra être remiſe ni modérée.

Une ordonnance & un jugement interlocutoire, ſont ceux qui ne décident pas le fond des conteſtations, mais ordonnent une inſtruction ou une proviſion : leur appel n'empêche pas le jugement du principal ; les diſpoſitions, à cet égard, de l'article ci-deſſus ont été confirmées par un arrêt & des lettres - patentes, des 30 novembre, & 8 décembre 1723. Ils veulent que les appels qui feront interjetés des ſentences & jugements interlocutoires, & d'inſtructions du juge des fermes, ne puiſſent ſuſpendre l'exécution de ces mêmes jugements. Ils enjoignent aux premiers juges, nonobſtant leſdits appels, de continuer l'inſtruction deſdits procès juſqu'à ſentence & jugement définitif incluſivement, ſauf aux parties à ſe pourvoir contre les ſentences & jugements par les voies de droit.

Ces défenses, qui ont eu pour objet d'empêcher les prévenus de prolonger l'inftruction des procès, ne fouffrent d'exception que pour les fentences qui admettent des moyens de faux, ou la preuve de faits tendants à attaquer la foi des procès-verbaux, comme on l'a dit aux obfervations fur l'article 11 du titre 11.

X I.

Défendons à tous juges de nos droits, même à nos cours, de donner aucune main - levée des effets confifqués, finon en confignant entre les mains du fermier, leur jufte valeur, au dire d'experts.

L'article 27 du titre commun, défendoit également de donner main-levée des effets confifqués, même en confignant leur jufte valeur ; mais il laiffoit en caufe d'appel, l'alternative de configner la valeur des effets confifqués, ou d'en donner caution : l'article ci-deffus n'a pas admis cette derniere difpofition. Il veut que, lorfque la confifcation aura été prononcée, au lieu de la main-levée, le marchand ne puiffe être traité, comme fi la fentence avoit accordé cette main - levée. La défaveur réfultante contre lui du jugement de premiere inftance qui l'a condamné, exige qu'il lui foit impofé une condition plus rigoureufe, que pour obtenir la main-levée provifoire. Le légiflateur, en fubftituant, à raifon de la circonftance, l'obligation de configner à celle de fournir un fimple cautionnement, donne fuffifamment à connoître qu'il a mis une grande différence entre le cautionnement & la confignation. Il eft, en effet, très-différent pour le fermier, d'avoir à retenir dans fes mains, après le jugement de l'appel, une valeur qui y eft dépofée en efpece, ou d'avoir à difcuter la caution du prévenu, & le prévenu lui-même.

On ne peut, au refte, difconvenir que cette loi, en affurant les intérêts du fermier, laiffe en même temps aux particuliers, en attendant l'événement, l'avantage de recouvrer des marchandifes qui, à raifon des engaʒements qu'ils ont pu prendre, leur font quelquefois plus importantes, que la confignation du prix ne peut leur être à charge : elle eft également intéreffante pour ceux qui ont une efpérance bien fondée de reftitution.

X I I.

Les fentences qui ordonnent le payement de nos droits, feront exécutées par provifion, & nonobftant l'appel aux cautions baillées par le fermier.

Cet article confirme les difpofitions de l'article 43 du titre commun.

X I I I.

Défendons à nos cours de donner aucunes furféances ou défenfes de les exécuter ; & dès-à-préfent, nous les déclarons nulles.

L'article 43 du titre commun, renfermoit les mêmes difpofitions.

X I V.

Les jugements portant condamnation des droits, feront exécutés par corps.

Cet article eft une fuite de l'article 13 du titre commun, qui porte que les redevables, contraignables par corps au payement des droits, ne pourront pas être fouftraits à l'emprifonnement par la ceffion de leurs biens.

X V.

Le temps prefcrit par notre ordonnance, du mois de juillet 1681, au titre commun pour toutes les fermes, pour relever l'appel des fentences qui condamnent au payement de nos droits, fera auffi obfervé par l'appel des jugements, portant confifcation ou amende.

On voit aux obfervations fur l'article 47 du titre commun, que l'exécution de l'article 15 ci-deffus, a été ordonnée par arrêt & lettres-patentes du 20 juin 1724, & que plufieurs arrêts du confeil avoient déjà jugé en conformité ; ou ajoutera ici qu'un arrêt de la cour des aides de Paris, du 18 juin 1717, avoit auffi déclaré François Etienne non-recevable dans l'appel qu'il avoit interjeté d'une fentence rendue par le juge des traites de Laon, faute de l'avoir relevé dans les trois mois.

TITRE XIII.

Des amendes & confifcations.

ARTICLE PREMIER.

Les articles 26, 28, 29, 30, 31 & 43 de notre ordonnance, du mois de juillet 1681, au titre commun pour toutes les fermes, concernant les amendes & confifcations, feront obfervés.

Cet article ordonne l'exécution de ceux qu'il rappelle.

II.

Si les marchandifes confifquées ne peuvent être gardées fans perte confidérable, elles pourront être vendues nonobftant l'appel, aux termes de l'article 10 du titre 11.

On doit fuivre à cet égard, ce qui eft dit fur l'article 10, du titre 11.

I I I.

Les confifcations jugées par fentence confirmée par arrêt, contre des marchands qui auront obtenu main-levée à caution, en attendant le jugement définitif, feront exécutées par corps, tant contr'eux, que contre les cautions.

Le par-corps prononcé par cet article, ne doit pas être étendu aux dépens ; il n'a lieu que par la confifcation, & l'amende.

I V.

Défendons au fermier de nos droits, d'abandonner à fes commis les amendes & confifcations qui pourront être jugées à fon profit pendant le cours de fon bail, foit en tout ou en partie : déclarons tous traités faits pour raifon de ce, nuls, même les procès-verbaux faits par les commis auxquels le fermier aura donné part dans les amendes & confifcations, & néanmoins le tiers des confifcations fera donné aux dénonciateurs.

Les employés font non-feulement en droit de fe fervir d'efpions pour la découverte des fraudes ; ils y font même affujettis par les réglements dont les plus récents font les arrêts du confeil des 10 & 17 juillet 1785. Tous ces réglements attribuent aux dénonciateurs un tiers du produit des amendes & confifcations ; & le fermier ainfi que fes commis ne peuvent pas plus leur refufer de leur payer ce tiers, que de recevoir leurs dénonciations. La ferme générale ne peut, au refte, leur accorder que ce tiers ; c'eft aux employés, s'ils font convenus de donner davantage à un dénonciateur, à le prendre fur le produit des fommes qui leur reviennent : plus ils feront de faifies , plus ils trouveront de récompenfes de leur travail.

Pour éviter les abus qui pourroient réfulter des fuppofitions de dénonciation en matiere de prohibé , la ferme générale a demandé à connoître les dénonciateurs par noms, furnoms & demeures , & à être informée, lorfqu'on lui rendoit compte d'une affaire, de la récompenfe qui leur étoit promife.

Quant à la défenfe de faire participer les commis aux confifcations & amendes réfultantes des faifies, elle n'a pas fubfifté long-temps. Il a été bientôt reconnu que pour exciter les commis à remplir leurs fonctions avec attention & à empêcher la contrebande , il convenoit de leur donner des récompenfes fur le produit des faifies dues à leur vigilance.

Tel a été le but des délibérations des 11 mars 1719, & 27 juin 1740, concernant les cinq groffes fermes, de celle du 26 février 1726 , relative aux gratifications d'aunage pour les marchandifes prohibées , enfin de celle du 7 octobre 1752 , qui fait la regle actuelle , excepté en Lorraine où on fuit les difpofitions d'une autre délibération du 22 juin 1757. Cet objet a paru fi important que l'article 7 , de l'arrêt du confeil du 10 juillet 1785 , & l'article 8 , de celui du 17 du même mois , ont fixé le traitement des employés dans les faifies qu'ils feroient des objets prohibés par ces réglements.

Ce traitement confifte pour les toiles peintes , toiles de coton & autres marchandifes prohibées, par le premier de ces arrêts, dans le tiers de leur produit fuivant la vente qui en fera faite à l'Orient, chaque année par les adminiftrateurs de la compagnie des Indes.

Pour les marchandifes défendues par l'arrêt du 17 juillet, dans la moitié du prix de l'eftimation, qui en fera faite par deux experts au bureau général du prohibé, à Paris où ces marchandifes feront envoyées après que la confifcation en aura été prononcée : dans les autres cas, on fuit les difpofitions de la délibération du 7 octobre 1752.

Suivant l'article 9 de cette délibération , les armes faifies fur les fraudeurs ou contrebandiers , feront abandonnées aux employés faififfants, après que la confifcation

tion en aura été ordonnée, & que les relais de la réclamation seront expirés.

L'article 24, veut que le montant des ordres de
gratification d'aunage qui seront expédiés pour les écorces
d'arbres, furies, satins, damas, & étoffes d'or &
d'argent, soit reparti comme les droits d'emplacement,
après qu'il en aura été prélevé un sixieme, dont les
deux tiers appartiendront au directeur, & un tiers au
contrôleur général, & en outre un dixieme pour le
receveur gardien.

Ainsi, en supposant que la gratification d'aunage
s'éleve à cent livres, le directeur du département a pour
les deux tiers du sixieme onze livres deux sous trois
deniers, le contrôleur général pour l'autre tiers, cinq
livres onze sous un denier, & le receveur pour le
dixieme dix livres.

Le restant est divisé entre les saisissants, suivant leur
nombre ; de maniere que d'après l'article 18 de cette
délibération, le capitaine général présent à la saisie, a
deux parts, & une part s'il est absent ; l'officier de brigade
qui commande lors de la saisie, a deux parts ; les
officiers subalternes part & demie ; & chaque employé
une part.

L'article 19 accorde aux pilotes qui ont serment en
justice part & demie, comme aux officiers subalternes ;
& aux matelots une part.

Conformément à l'article 20, les employés, pilotes,
& matelots qui n'ont pas été présents aux saisies, mais
qui ont été postés pour y contribuer, partagent comme
saisissants, ainsi que ceux qui ayant été présents n'ont
pas signé le procès-verbal.

Si les employés supérieurs étoient présents aux captures,
ils partageroient dans la répartition à raison de quatre
parts pour les directeurs, trois parts pour les contrôleurs
généraux & deux parts pour les autres, c'est-à-dire pour
les receveurs : article 21.

L'article 25 accordoit vingt-cinq livres pour l'écrou
de chaque contrebandier, conduisant à port d'armes des
marchandises prohibées, quinze livres pour chaque fraudeur arrêté avec chevaux ou autres voitures, & dix livres
pour chaque colporteur, homme ou femme : mais la

Tome IV.   P

ferme générale s'est vue dans l'impossibilité de payer cet écrou pour les contrebandiers arrêtés avec des marchandises prohibées. La compagnie des Indes n'ayant voulu, conformément à l'arrêt du 11 juin 1714, payer que la gratification d'aunage & rembourser les frais de justice, ce que la ferme auroit passé au delà à ses commis seroit tombé en pure perte pour elle : c'est ce qu'elle a fait connoître par sa lettre circulaire du 2 mai 1754.

Suivant l'article 29, les employés qui arrêtent des fraudeurs, ou contrebandiers décrétés, ou jugés par contumace ou évadés des prisons, doivent jouir d'une gratification pour leur tenir lieu de droit d'écrou ; & cette gratification est du double dudit droit d'écrou.

Les employés saisissants jouissent seuls d'une gratification de cinquante livres pour chacun des fraudeurs, ou contrebandiers, qui, en vertu de leurs procès verbaux, sont condamnés à la peine des galeres, ou autres plus grandes peines, ou enfin qui sont envoyés aux colonies par ordre du roi : article 30.

Lorsqu'il a été saisi des barques ou bateaux, soit dans les ports, ou rivieres, soit en mer à deux lieues au large des côtes du royaume, ou îles adjacentes avec un chargement de marchandises prohibées, le produit de la vente en est abandonné aux seuls employés saisissants, s'il n'excede pas la somme de deux cents livres : article 32.

Si le produit de la vente excede deux cents livres, cette somme est prélevée au profit des saisissants, & le surplus remis à la masse qui doit être répartie : art. 33.

L'article 34 veut que ces gratifications soient partagées entre les employés saisissants, suivant les regles établies par les articles 18, 19, 20 & 21.

Sur le produit de la vente des chevaux, chariots, barques ou bateaux, & autres équipages ou effets servant à transporter la fraude ou à la couvrir, qui ont été vendus par autorité de justice, & dont la confiscation a été adjugée définitivement au profit du fermier, on déduit & préleve les frais de fourriere, garde, vente & autres ; & le surplus est joint à la masse du produit net des amendes & accommodements : article 35.

D'après l'article 39, la répartition des amendes, & de ce qui y a été ajouté, après le payement de tous les frais de procédure, & après que le dénonciateur a été satisfait, s'il y en a, est faite en vingt-quatre parts.

De ces vingt-quatre parts, le directeur en aura trois, le contrôleur-général deux, & le commis, à la stipulation duquel le procès-verbal a été rendu, trois : art. 40.

Dans les seize parts restantes, la ferme générale en abandonne huit seulement aux employés, si la saisie est domiciliaire, c'est-à-dire, s'il est question d'un entrepôt dans les quatre lieues, ou de marchandises prohibées, saisies dans une maison ou un magasin, & douze si la saisie est faite en campagne : art. 41.

Les saisies faites dans l'intérieur des bureaux, & celles faites à bord des navires, se répartissent comme faites en campagne : article 42.

Les employés supérieurs, tels que les directeurs, les contrôleurs-généraux, & les commis stipulants, ont les mêmes parts, lorsqu'ils sont présents aux saisies, que celles qui leur sont accordées pour l'aunage, également en cas de présence : article 43.

D'après l'article 44, les commis des bureaux, tels que les contrôleurs, visiteurs & autres, partagent également entr'eux ; & lorsqu'ils ont saisi conjointement avec les employés des brigades, leurs parts sont du double de celles des employés.

On entend par-là, que si deux commis dans un bureau ont fait entr'eux une saisie accommodée à cent liv., il leur revient à chacun vingt-cinq livres. S'il s'y trouvoit trois gardes, il reviendroit douze livres dix sous à chacun des commis, six livres cinq sous à chacun des gardes, & autant à leur capitaine général absent. Observez aussi qu'un emballeur ou garde sédentaire attaché à un bureau, n'est pas censé faire partie des commis, & par conséquent n'a qu'une part de saisissant : que si ce garde emballeur saisit avec les commis du bureau sans qu'il y ait d'employé de brigade, il n'est rien dû au capitaine général, parce qu'il n'a aucune inspection sur le garde sédentaire.

Suivant l'article 45, les capitaines généraux, présents aux saisies, ont deux parts dans les répartitions, comme dans les gratifications d'aunage ; & abſents, une part ſeulement.

L'article 46 veut que, parmi les officiers des brigades, celui qui aura commandé lors de la ſaiſie, ait deux parts, & les autres, part & demie.

On entend, par-là, que ſi le détachement eſt commandé par un brigadier, & qu'il y ait pluſieurs ſous-brigadiers dans la ſaiſie, le brigadier a deux parts, & les ſous-brigadiers chacun part & demie.

S'il y a deux brigadiers, le plus ancien, à qui on eſt cenſé avoir confié le commandement du détachement , a deux parts, l'autre n'a que part & demie, comme les ſous-brigadiers.

Les articles 47 & 48, accordent aux employés, pilotes & matelots, les mêmes parts que dans les gratifications d'aunage.

L'article 49 diſpoſe que, dans le cas où le commis ſtipulant ne réſidera pas dans le lieu où la juridiction ſera établie, le receveur, réſidant dans ledit lieu, ſera chargé de la ſuite des inſtances, & partagera par moitié dans ce qui eſt accordé au ſtipulant.

Cet article, en accordant aux receveurs réſidants ès lieux où il y a juridiction, une part dans les ſaiſies faites dans les autres lieux, n'a eu pour objet que de leur offrir une récompenſe des peines que leur a occaſionnées la ſuite des affaires. Ainſi, le receveur d'un lieu où réſide le directeur n'étant pas dans le cas de donner ſes ſoins à cette pourſuite, ne peut, dans aucun cas, obtenir de parts comme pourſuivant, puiſqu'il ne l'eſt pas. Il n'a pas, à plus forte raiſon, droit à cette ſaiſie, dans le cas où elle n'eſt pas en juſtice réglée. Il n'y a qu'une circonſtance qui le mette dans le cas d'y participer ; ce ſeroit celle où les objets ſaiſis ſeroient, par ſuite de la procédure, dépoſés dans le bureau de la ville où eſt établie la juridiction : alors, ce receveur partageroit comme gardien, & non comme pourſuivant.

Lorſqu'une affaire n'eſt pas portée en juſtice réglée, le receveur, réſidant dans le lieu de la juridiction, n'a aucun ſoin relatif à la pourſuite. Il ne mérite par conſéquent point de récompenſe comme pourſuivant. Le receveur ſubordonné doit jouir de la totalité des trois parts accordées au ſtipulant. Il en eſt de même du receveur prin-

cipal qui ne demeure pas dans le lieu où est située la juridiction ; il ne lui est rien dû, à moins qu'il n'ait été établi
gardien.

Il ne peut y avoir d'exception, qu'en cas d'incapacité
absolue du receveur subordonné ; ce qui est fort rare. Si
cette circonstance forçoit d'avoir recours au receveur
principal pour rédiger le procès-verbal, alors ce dernier
devenant stipulant, auroit les parts accordées à cette
qualité, & le receveur subordonné ne pourroit avoir
droit à la saisie que comme saisissant, si la saisie avoit été
faite à son bureau.

En supposant alors que l'affaire eût été suivie, le receveur principal qui ne demeureroit pas au lieu de la juridiction, auroit la moitié des parts comme stipulant ; &
celui qui résideroit au lieu de la juridiction, jouiroit de
l'autre moitié comme poursuivant.

La délibération de 1752, ne statuant pas sur les cas de
retraite ou de changement de commis, la ferme générale
a été obligée de donner une solution particuliere sur cet
objet, & elle a distingué la qualité dans laquelle parta-
geoient les commis décédés, retirés ou changés.

Si c'est comme saisissants ou stipulants, leur portion
leur est acquise du jour de la saisie ; & ils ont droit à la
totalité, dès cette époque, & par conséquent à leur défaut leurs héritiers ou représentants, à quelqu'époque que
soit faite la répartition. Si c'est comme gardien ou poursuivant, la portion qui revient au commis décédé, changé
ou retiré, doit être proportionnée au temps de sa garde
ou de sa poursuite, comparé à la totalité de celui pendant
lequel la marchandise a été gardée ou l'affaire suivie.
Ainsi, s'il a été gardien ou poursuivant un an, & que
l'affaire n'ait été jugée qu'après trois ans révolus, le
commis décédé ou retiré, a droit du tiers de ce qui revient en qualité de gardien, & son successeur, des deux
autres tiers.

Dans le cas où on ne pourroit pas trouver les héritiers
du commis décédé qui a droit à une répartition, il convient d'en référer à la régie, pour être par elle ordonné
ce qui conviendra, suivant les circonstances.

Suivant l'article 52, dans le cas où les procès-verbaux
sont rendus en matiere de prohibé, à la requête de MM. les
procureurs du roi dans les commissions établies pa le

conseil , les commis stipulants dans le district desquels les procès-verbaux ont été rendus , & qui auroient été chargés de la suite des instances , si elles avoient été portées à l'intendance, jouissent de la part du stipulant dans le produit des amendes & confiscations prononcées par la commission où l'affaire a été portée ; & le commis chargé de la poursuite près la commission, a les parts revenantes à la compagnie.

Lorsque les brigades de maréchaussée, ou autres particuliers autorisés à saisir, tels, par exemple, que les huissiers ou les commis des parties étrangeres, ont fait seuls des captures, ils jouissent seuls du produit net de l'aunage, & des gratifications de galeres : article 53.

D'après l'article 54, ils participent également seuls au produit des amendes, confiscations & accommodements, à la réserve des parts accordées aux directeurs, contrôleurs-généraux & commis stipulants, c'est-à-dire, qu'ils bénéficient des parts que la compagnie se réserve dans les saisies faites par les employés. Ainsi, en supposant que la maréchaussée ait opéré une saisie dont le produit net aille à huit cents livres, il lui revient cinq cents trente-trois livres six sous huit deniers, cent livres au directeur, autant au receveur, & soixante-six livres treize sous quatre deniers au contrôleur-général.

Suivant l'article 55, si les maréchaussées ont seulement contribué aux saisies en donnant main - forte aux employés, ou en travaillant de concert avec eux, alors le bénéfice des captures est partagé entre lesdites maréchaussées & les employés saisissants ; & les parts sont réglées proportionnément au degré de l'emploi ; en sorte que le commandant de la maréchaussée, & le commandant des employés, ont chacun deux parts, les officiers subalternes, part & demie, & les cavaliers & employés, chacun une part. Les maréchaussées ont, en outre, les parts réservées à la compagnie.

Ainsi, dans une saisie faite par un brigadier des fermes, & un employé, avec un brigadier & deux cavaliers de maréchaussée, & qui a été accommodée à huit cents liv., il revient au directeur des fermes cent livres, au contrôleur-général soixante-six livres treize sous quatre deniers, au receveur cent livres, au capitaine général des employés cinquante livres, au brigadier des employés cent livres, à fon employé cinquante livres, & à la maréchauffée trois cents trente-trois livres fix fous huit deniers.

Suivant l'article 56, les troupes qui font des faifies, font traitées comme les maréchauffées ; mais dans le cas où elles ont travaillé avec les employés, l'officier commandant les troupes, a un tiers de plus que celui qui commande les employés, conformément à l'article 17 de l'ordonnance du roi, du 1er. octobre 1743.

D'après l'article 57, fi les employés d'une direction font une faifie dans une direction voifine, les parts revenantes au directeur font partagées également entre les deux directeurs ; mais les parts revenantes aux contrôleurs & capitaines généraux, appartiennent en entier à ceux fous l'infpection defquels font les employés faififfants.

Ainfi, en fuppofant que deux employés de l'infpection de Châtillon-de-Michaille en Bugey faffent une faifie dans la direction de Befançon, & que cette faifie produife net deux cents livres, le directeur de Befançon aura douze livres dix fous, comme celui de Lyon ; mais il ne fera rien dû au contrôleur général de Saint-Claude, ni à d'autre capitaine général, qu'à celui de Châtillon.

Suivant l'article 58, dans le cas où les détachements font compofés d'employés dépendants de différentes capitaineries générales d'une même direction, la part revenante au capitaine général fe partage également entre les différents capitaines généraux de qui dépendent les employés ; & fi parmi ces capitaines généraux quelques-uns affiftent à la faifie, leurs parts font doubles de celles des abfents.

Telle eft la regle qui s'obferve pour la répartition des amendes & confifcations réfultantes des fraudes ou contraventions. Celles relatives au quadruple des droits payés au défaut de rapport d'acquit à caution, fe font conformément à une délibération du 14 décembre 1723, approuvée par M. le contrôleur-général des finances, le 17 janvier fuivant.

Elle porte que fur toutes les fommes qui proviendront, tant d'amendes que du quadruple des droits des marchandifes pour lefquelles il aura été délivré des acquits à caution, foit faute du rapport de la décharge de l'acquit à caution, foit pour fauffe décharge, déduction des frais & du simple des droits, avec les sous pour livre ; il en sera payé un tiers aux receveurs des bureaux ; que les contrôleurs, lorsqu'il y en aura dans les bureaux, & qu'ils travailleront à la suite des acquits à caution, conjointement avec les receveurs, auront un tiers de ce tiers ; que la part accordée au contrôleur, sera payée aux commis qui seront établis dans les bureaux pour faire particuliérement ce travail ; qu'il sera accordé un sixieme du surplus au directeur dans lequel le contrôleur général aura le tiers, & que la moitié restante sera comptée au fermier.

TITRE XIV.

De la police générale de la ferme, des droits de sortie & d'entrée.

ARTICLE PREMIER.

Le fermier pourra augmenter, diminuer ou changer les bureaux, après en avoir obtenu permission des Juges de nos droits dans le ressort desquels le changement ou nouvel établissement sera fait, en le faisant publier dans les paroisses frontieres qui seront sur la route, tant du bureau nouvellement établi, que de celui qui aura été supprimé, & en mettant des affiches à l'entrée du lieu où le bureau sera établi ou changé.

Les formalités prescrites par cet article ne sont pas nécessaires, lorsque le fermier ne fait quechanger le bureau d'une maison en une autre du même lieu ; il suffit de mettre au-dehors, sur la porte, ou en autre lieu, le tableau ou inscription, contenant le droit de la ferme pour la recette ou contrôle desquels le bureau est établi. Par exemple, *Bureau des fermes du Roi. Bureau de la douane de Lyon. Bureau de la douane de Valence*, &c.

I I.

Les marchandises ne seront sujettes à confiscation, pour n'avoir pas été déclarées au nouveau bureau, que trois mois après la publication, sinon en cas de fraude.

Ceci n'a d'application qu'à un bureau nouvellement établi dans un lieu où il n'y en avoit point, & non à un bureau transporté d'une maison à une autre. Il faut cependant observer que si le nouveau bureau étoit placé avant celui qui existoit précédemment, on ne pourroit, pendant trois mois, saisir le marchand qui auroit dépassé la maison où le bureau auroit été transféré, dès qu'il ne se feroit pas avancé au-delà de la maison où il étoit auparavant.

I I I.

Le fermier tiendra registre, dans chaque bureau, des déclarations, payements de droits, soumissions des marchands, ou de leurs cautions, descente des marchandises, & décharges d'acquits à caution, à peine de répondre en son nom des dommages & intérêts des marchands; & les sommes seront écrites sans chiffres ni abréviations, sauf après qu'elles auront été écrites, à les tirer en chiffre hors ligne.

Il est de l'intérêt du fermier que ses commis se conforment aux dispositions de cet article. Et les préposés supérieurs sont chargés d'y tenir la main.

I V.

Dans le bureau où il y aura un contrôleur, il y aura un regiſtre de contrôle ſéparé de celui de la recette.

C'eſt encore un objet de police qui intéreſſe le fermier & non le redevable.

V.

Les regiſtres feront reliés & collés , les feuillets cotés par premier & dernier, & paraphés par le directeur-général en chaque département.

V I.

Enjoignons au 'fermier d'avoir en chaque bureau, en un lieu apparent , un tarif de nos droits , dont le marchand puiſſe prendre communication , à peine d'amende arbitraire , dépens, dommages & intérêts.

Le tarif de 1664 , ceux de douane de Lyon & de Valence, & tous les autres font trop étendus pour pouvoir être imprimés en placard, & affichés: il s'y fait d'ailleurs de ſi fréquents changements, que pour être au courant, il faudroit à chaque inſtant faire imprimer de nouvelles pancartes ; c'eſt ce que la cour des aides de Rouen a bien reconnu par ſon arrêt du 22 mars 1782. On y voit qu'elle avoit ordonné, par ceux d'enregiſtrement des 27 ſeptembre 1781 & 23 février 1782, ſur l'édit du mois d'août 1781 , l'affiche en placard du tarif des droits d'entrée & de ſortie des cinq groſſes fermes; mais qu'elle en a diſpenſé le fermier par celui du 22 mars. Cet arrêt a ſubſtitué à cette obligation celle de faire imprimer un nouveau tarif des droits d'entrée & de fortie qui comprendroit, tant les marchandifes dénommées au tarif de 1664, que celles qui pouvoient y être devenues affujetties, enfemble la quotité des différents droits à percevoir fur chaque article, avec le titre de la perception. Sans doute les intentions de la cour auroient été remplies, fi la ferme générale n'avoit prévu que la ceffation des hoftilités ameneroit une infinité de changements qui pourroient rendre inutile ce travail : on a tâché d'y fuppléer dans cet ouvrage, en préfentant non-feulement la quotité & le titre des droits d'entrée & de fortie du tarif de 1664, mais encore ceux de douane de Lyon & de Valence que le commerce & les commis ont le plus grand intérêt de connoître.

V I I.

Ce que nous avons ordonné pour les poids & mefures des marchandifes, par l'article 40 du titre commun pour toutes les fermes, fera obfervé pour nos droits de fortie & d'entrée ; & les poids & mefures feront réduits & évalués aux poids & mefures de notre bonne ville de Paris.

Voyez les obfervations fur l'article 40 du titre commun : on y ajoutera feulement que les droits de douane de Lyon, douane de Valence & Foraine fe percevoient au poids particulier de chaque province : il en réfultoit des inconvénients ; il y a été pourvu par différents réglements dont l'un eft l'arrêt du 29 août 1724. On y voit que le droit de table de mer fe percevoit fur le pied du poids de table, qui eft d'un cinquieme moins fort que le poids de marc ; ce qui occafionnoit dans fa perception des difficultés qui devenoient onéreufes aux redevables. Cet arrêt a ordonné que ce droit feroit perçu à l'avenir fur le pied du poids de marc.

Ce qui regarde la douane de Valence a fait l'objet des lettres-patentes du 17 octobre de la même année. Il y eft dit que la difproportion du poids de Valence, plus

foible que le poids de marc de quatorze pour cent, cau-
foit un embarras pour la perception de ce droit dans plufieurs bureaux, notamment dans ceux de Provence &
Languedoc, frontiere de Dauphiné, où les commis, après
avoir perçu les droits de foraine au poids de marc, étoient
obligés de faire des réductions fouvent infidelles, pour
percevoir les droits de douane de Valence au poids de
Valence. Cette confidération détermina à ordonner que
ce dernier droit feroit perçu comme l'autre au poids de
marc.

La même chofe a été faite pour la douane de Lyon,
comme on le voit aux obfervations préliminaires,
page 21.....

V I I I.

Le fermier ne pourra fe fervir de commis,
commandants & gardes, qu'ils ne fachent
écrire, & qu'ils ne foient âgés au moins de
vingt ans ; & ils feront reçus au ferment par
le juge de nos droits, dans le détroit duquel
ils feront employés, fans informations de vie
& mœurs, & fans conclufions ni commiffions
du fubftitut de notre procureur-général fur les
lieux.

Les employés doivent être âgés de vingt ans, & avoir
ferment en juftice pour pouvoir exercer leurs fonctions:
mais il n'eft pas néceffaire que leur réception foit comme
celle des huiffiers, précédée d'une information de vie &
mœurs, ni des conclufions du procureur du roi. D'un
autre côté, s'il eft néceffaire, pour valider leurs exercices, qu'ils aient l'âge de vingt ans, ils ne font pas
tenus d'en donner la preuve aux juges qui les reçoivent.

Il s'étoit élevé, à cet égard, une difficulté en l'élection de Caën. Les officiers de cette élection prétendoient
furfeoir la réception des commis qui leur étoient préfentés jufqu'au jour de leur audience, & qu'ils devoient

rapporter leur extrait baptistaire & un certificat de catholicité. Un arrêt du conseil du 15 janvier 1718 a enjoint auxdits officiers & à tous autres de recevoir le serment des commis lorsqu'ils leur seroient présentés, en quelques temps & lieu que ce fût, sans autre formalité que la requête présentée par le fermier ou son directeur, qui contiendra que les commis présentés ont l'âge requis par l'ordonnance, & qu'ils font profession de la religion catholique, apostolique & romaine ; & cet arrêt a été rendu commun pour toutes les fermes par un autre arrêt & des lettres-patentes des 21 & 30 juin 1720.

Quant à l'obligation imposée aux gardes de savoir écrire, & qui résultoit de celle où ils se trouvoient de viser les expéditions, délivrer les brevets de contrôle, &c. on a senti qu'elle n'étoit pas applicable aux employés de brigades ; que s'il étoit nécessaire de savoir écrire pour être garde, la régie manqueroit bientôt de sujets ; aussi jusqu'en 1766, on n'avoit, dans aucun ressort, exigé que les employés de brigades sussent écrire. A cette époque, la cour des aides de Paris eut occasion de reconnoître, dans plusieurs affaires, que des employés illitérés avoient signé des procès-verbaux, sans avoir connoissance des faits qu'ils contenoient : elle crut devoir empêcher le même abus de se renouveler en rappelant, par un arrêt du 25 avril 1766, l'obligation imposée au fermier de ne se servir que de gardes qui sussent écrire, à peine de nullité des procès-verbaux.

Le motif de cet arrêt étoit de prévenir l'abus qu'on auroit pu faire de la foi qui devoit être accordée aux procès-verbaux des commis, & d'empêcher que, sous leurs noms, & à la faveur de leur signature, on n'attestât à la justice des faits dont ils n'auroient point eu de connoissance ; & sous ces points de vue, ce réglement étoit très-sage. Mais, l'adjudicataire étant dans l'impossibilité de se procurer un nombre suffisant d'employés, sachant lire & écrire, cet arrêt avoit causé beaucoup de difficultés dans la régie : elles ont été applanies par les lettres-patentes du 17 septembre 1778, enregistrées le 4 décembre suivant en la cour des aides de Paris, la seule où il fût nécessaire de les adresser.

Suivant l'article 1er de ces lettres-patentes, lorsque l'un ou plusieurs des commis, employés ou gardes qui auront été préfents à la faifie , capture ou autre contra-vention qui aura donné lieu à un procès-verbal en ma-tieres des traites , ne fauront lire ni écrire , mais feule-ment figner leur nom , ils ne pourront appofer leur figna-ture au pied dudit procès-verbal, qu'après qu'un juge des fer-mes , ou l'un des procureurs du roi , ou leurs fubftituts aux juridictions des traites , leur aura fait lecture , à chacun féparément , & hors la préfence des autres employés , du procès-verbal qu'ils affirmeront véritable ; ce dont il fera fait mention dans l'affirmation qui continuera à être faite dans les délais prefcrits par les réglements.

L'article 2 porte que , dans le cas de faifie & capture faite dans les bureaux , ou des contraventions qui y fe-ront conftatées , le procès-verbal ne pourra y être ré-digé que par des commis fachant lire & écrire.

Aux termes de l'article 3 , s'il y a lieu de procéder à la defcription des objets faifis , & que la faifie ait été faite par un ou plufieurs employés ne fachant lire ni écrire , & hors le bureau dans une maifon ou magafin , lefdits employés feront tenus d'en appeler d'autres , fa-chant lire & écrire , pour être procédé à la defcription telle qu'elle eft prefcrite par l'article 4 du titre 11 de l'ordonnance de 1687 : fi la faifie eft faite à la campa-gne , la defcription ou défignation en gros en fera faite fans déballer & verbalement , avec les conducteurs & voituriers , auxquels feront faites les interpellations portées en l'article 6 , du même titre : mais il ne fera procédé à la defcription en détail , mentionnée en l'article 5 , du même titre , que dans les bureaux & par des employés fachant lire & écrire.

Suivant l'article 4 , lorfque la defcription aura été ainfi faite , les employés ne fachant lire ni écrire , qui auront fait la faifie & capture , & même ceux qui auront fait les defcriptions portées par l'article 3 , feront tenus, fans fe divertir à autres actes , de fe préfenter avec les parties faifies , ou elles dûment interpellées de les accompagner , devant l'un des juges des droits des fermes , ou devant l'un des procureurs du roi aux fiege des traites ou de leurs fubftituts , auxquels ils demanderont acte de leur rapport , qui fera rédigé par ledit juge des droits , le procureur du roi ou fon fubftitut au fiege des traites , puis figné & affirmé véritable en leur préfence , ant par les employés dont ils auront reçu le dit rapport, que par ceux dont ils auront rédigé les procès verbaux de defcription ci-deffus mentionnés, lefquels feront annexés, & du tout fera fait mention dans l'acte ainfi rédigé.

Enfin, l'article 5 veut que lefdits procès - verbaux puiffent contenir affignation lorfqu'il y aura eu un acte de defcripiion , & que la copie ainfi que l'affignation puiffent être délivrées aux dits cas , par les commis qui auront rédigé l'acte de defcription , ou par tous commis, qui en auront fait la copie en préfence du juge , pendant la rédaction du procès-verbal.

Il réfulte de ces différents articles, que lorfque l'un ou plufieurs des employés inftrumentants dans un procès-verbal ne favent ni lire ni écrire, mais feulement figner leurs noms , ceux qui font illitérés ne peuvent appofer leurs fignatures au pied du dit procès-verbal , qu'en préfence d'un juge des fermes , ou d'un procureur du roi , ou de fon fubftitut, à une juridiction des traites. Avant cette fignature, le juge fera lecture du procès-verbal à chacun des employés qui ne faura ni lire ni écrire , féparément & hors la préfence des autres employés ; il recevra enfuite l'affirmation de tous les inftrumentants , foit qu'ils fachent lire & écrire , foit qu'ils ne le fachent pas.

Si tous les employés faififfants ne favoient que figner leur nom , d'autres formalités feroient néceffaires ; elles font prefcrites par l'article 4 : elles confiftent à fe préfenter devant l'un des officiers des juridictions des fermes indiqués par les lettres-patentes, avec le prévenu, & après l'avoir fommé de les accompagner ; ce qu'ils déclareront au juge. L'officier chez qui ils fe tranfporteront, dreffera procès-verbal du rapport que les employés lui feront ; & cet acte fera figné & affirmé par les employés , dans la forme ci-deffus détaillée.

I X.

Les commis à la recette ou contrôle, les vifiteurs, gardes & autres employés qui feront envoyés dans le détroit d'un autre juge , prêteront nouveau ferment devant lui , fi mieux ils n'aiment fe faire recevoir en nos cours des aides; auquel cas ils y feront reçus en la forme prescrite par l'article précédent, & ils pourront exercer dans toutes les juridictions de leur reſſort, en y faiſant ſeulement enregiſtrer le ſerment qu'ils auront prêté en nos cours ; ce qui ſera fait ſans frais.

Il a été dérogé à cet article par l'arrêt du conſeil & les lettres-patentes des 26 octobre & 5 décembre 1719, qui ordonnent que tous employés ayant ſerment en juſtice, reçus en quelque juridiction que ce ſoit pour les cinq groſſes fermes tabac, &c. pourront veiller à la conſervation deſdites fermes, & dreſſer des procès-verbaux des fraudes; leſquels feront foi en juſtice ſans qu'ils ſoient obligés de prêter ſerment dans la juridiction à laquelle appartiendra la connoiſſance des fraudes ſur leſdits procès-verbaux, à condition ſeulement que leſdits employés feront mention de leur réſidence actuelle, fonctions ordinaires, & de la juridiction en laquelle ils auront été reçus & prêté ſerment.

Toute difficulté à ce ſujet eſt, au reſte, applanie par les diſpoſitions de l'art. 11 de l'arrêt de priſe de poſſeſſion du bail de Salzard. Non-ſeulement il permet, mais encore il enjoint aux commis employés dans toutes les provinces du royaume, à la régie & exploitation des droits de la ferme générale, ayant prêté ſerment, de ſaiſir & verbaliſer, ſans en prêter un nouveau en quelque lieu qu'ils ſe trouvent, même hors le reſſort de la cour ſupérieure & juridiction ſubalterne où ils auront prêté ſerment ; comme auſſi, hors de la généralité où eſt ſitué leur domicile, ou le chef-lieu de leur département ordinaire.

X.

Permettons aux commis & gardes du fermier, chacun dans le reſſort où il ſera employé, de faire telles viſites que bon leur ſemblera, dans les magaſins, boutiques, hôtelleries

telleries & maiſons des marchands, en ſe faiſant accompagner au moins d'un autre commis
ou garde; même, en cas de refus & après interpellations dûment faites, ils pourront, en
vertu d'ordonnance du juge de nos droits, ou
en ſon abſence du juge du lieu, faire faire
ouverture des portes par le premier ſerrurier
ſur ce requis, en préſence de deux voiſins
qui ſigneront les procès-verbaux, ou qui ſeront interpellés de les ſigner, dont il ſera fait
mention.

Cet article autoriſe les ſimples gardes à faire des per-
quiſitions, chacun dans leur reſſort, dans les appartements
& dépendances des marhands & aubergiſtes. Il n'exige
l'ordonnance du juge, que pour l'ouverture réelle des
portes dont on ne pourra, ou ne voudra point repréſenter
les clefs.
L'arrêt du conſeil & les lettres-patentes des 26 octobre & 5 décembre 1719, permettent, entre autres choſes,
aux employés de ſe faire aſſiſter d'huiſſiers & autres officiers ayant ſerment en juſtice pour faire la découverte
des fraudes, & en faire leurs procès-verbaux qui ſeront
crus juſqu'à inſcription de faux, encore qu'ils ne ſoient
ſignés que d'un commis & d'un huiſſier, ou autre officier.
Il en réſulte qu'un employé ſeul, en ſe faiſant accompagner par un huiſſier, pent faire des viſites chez les marchands & aubergiſtes, ainſi que les ſaiſies qui en ré-
ſultent, & en dreſſer les procès-verbaux valables.

X I.

Leur permettons pareillement, ſur les avis
de fraude qui leur ſeront donnés, de faire
des viſites dans les maiſons de toutes autres
perſonnes, de quelque qualité qu'elles ſoient,
encore qu'elles ne faſſent aucun commerce;

& en cas de refus, faire faire ouverture des portes; le tout néanmoins en se faisant accompagner du juge de nos droits, s'il y en a sur les lieux, ou, à son défaut, du juge du lieu.

Cet article est différent du précédent : il n'autorise les employés à faire, pour la partie des traites, des visites chez tous autres particuliers que des marchands & aubergistes, qu'autant qu'ils seront accompagnés d'un juge ; mais on peut en éluder les dispositions, en prétextant sa visite d'une recherche pour le faux sel ou le faux tabac, ou pour les marchandises prohibées, ce qui dispense de se faire accompagner d'un juge, excepté chez les notables ; encore est-on en droit d'y faire des visites sans aucunes formalités, si l'avis de fraude a été donné à la campagne.

Non-seulement les juges doivent accompagner les commis qui les requièrent d'assister à leurs visites ; la même injonction a été faite par arrêt & lettres-patentes des 21 & 30 juin 1720, à tous officiers des maréchaussées : ils sont tenus, en cas d'absence ou de refus des juges des fermes, de se transporter en tous lieux, à toutes heures que les commis les requièrent, pour faciliter leurs exercices & fonctions, faire faire l'ouverture des portes, & en dresser leurs procès-verbaux, à peine des dommages-intérêts du fermier.

Il est bon de savoir que les capitaines généraux des brigades, & à plus forte raison les inspecteurs sont autorisés à faire toutes visites, sans assistance de juge. Cette faculté leur a été accordée par un arrêt & des lettres-patentes des 13 octobre & 10 novembre 1722 ; par un autre arrêt & d'autres lettres-patentes des 25 janvier 1724 & 24 mars 1727 ; enfin, par l'article 563 du bail de Forceville, qui a ordonné, conformément aux précédents réglements que les capitaines généraux des brigades pourroient, sans la permission du juge, faire des visites dans les maisons des nobles, ecclésiastiques & bourgeois notables.

Ils ont le même droit de visite dans les couvents d'hommes : c'est le résultat des arrêts du conseil des 12 mars & 29 octobre 1726, rendus contre les augustins de Bayeux ; d'un autre du 16 mars 1745, contre l'abbé, & le prieur de l'abbaye de Chatillon, & de celui du 24 février 1767, rendu au préjudice des bernardins de Chezery.

De son côté, la cour des aides de Paris, a enjoint, par un de ses arrêts du 1er septembre 1747, aux capucins de Rhetel-Mazarin, de se conformer aux arrêts & lettres-patentes des 25 janvier 1724 & 24 mars 1727.

Les simples employés sont également autorisés, en cas de soupçon de fraude apparente, & bien fondée, de faire des visites dans les abbayes & autres couvents de filles : mais ils ne peuvent, aux termes des arrêt & lettres-patentes du 19 octobre 1734, entrer dans l'intérieur desdites maisons qu'après en avoir obtenu la permission de l'évêque diocésain, ou bien de l'un de ses grands vicaires ; & ils sont tenus de se faire assister d'un officier des élections, greniers à sel ou juges dés traites, dans les lieux où les sieges desdites juridictions sont établies, ou n'en sont pas éloignés de plus de trois lieues ; & dans les autres lieux, en présence du plus prochain juge royal, ou du juge ordinaire desdits lieux, lesquels juges seront tenus d'avertir un des prêtres desdites maisons, de les accompagner dans lesdites visites, & de faire mention dans leurs procès-verbaux de la présence d'un desdits prêtres, ou des causes pour lesquelles ils n'en ont pas été assistés, soit pour absence, refus ou autrement ; ils autorisent cependant les commis dans les cas urgents dans lesquels les fraudes pourroient échapper, d'entrer, sans la permission de l'évêque, ou du grand vicaire, dans lesdites maisons religieuses, assistés d'un juge, & en présence d'un prêtre de la maison, ou ledit prêtre de ce interpellé.

X I I.

Les commis & gardes pourront suivre, visiter & saisir les marchandises roulantes dans nos provinces réputées étrangeres, qui seront sorties en fraude, & les faire conduire au plus prochain bureau de la ferme, si faire se peut, sinon à la plus prochaine ville ou village, & la saisie sera jugée aux termes de l'article 16 du titre des saisies.

Les employés ont droit de saisir les marchandises roulantes dans les provinces réputées étrangeres, dès qu'ils les ont apperçu sortir des provinces des cinq grosses fermes, & que les voituriers sont hors d'état d'en représenter les expéditions. Ils peuvent alors ramener les marchandises dans l'étendue de la ferme, ou la conduire à la plus prochaine ville ou village de la province réputée étrangere où ils ont fait la saisie.

X I I I.

Ils pourront aussi, dans l'instant seulement de la confection de leurs procès - verbaux, les dénoncer aux parties ; & en les dénonçant, leur donner assignation : & au surplus, ils pourront se servir de tels huissiers & sergents que bon leur semblera.

Les employés ont l'alternative de dénoncer eux-mêmes leurs procès-verbaux, à l'instant de leurs confections, & d'assigner en même temps les prévenus, ou de se servir de la voie d'un huissier ou sergent royal.

S'ils préferent le dernier parti, les huissiers ou sergents royaux qui les suppléent, peuvent, aux termes des arrêts & lettres-patentes des 30 octobre 1731 & 4 décembre 1733, exploiter, hors l'étendue des juridictions où ils sont immatriculés ; ce qui a été confirmé par l'art. 571 du bail de Forceville.

Ces réglements ont excepté les huissiers des juridictions seigneuriales : en leur permettant de travailler pour le fermier pour toutes les procédures contre les redevables, ils ont restreint ces huissiers à ne pouvoir faire lesdites poursuites ailleurs que dans l'étendue des justices où ils avoient le pouvoir d'exploiter.

Tous doivent faire les exploits pour lesquels ils sont requis par les préposés du fermier. L'art. 2 du tit. 25 de l'ordonnance civile de 1667, oblige en effet les huissiers, sous peine de tous dépens, dommages & intérêts, de prêter leur ministere aux parties qui veulent les employer; & cette obligation leur a été rappelée toutes les fois qu'ils ont paru vouloir s'en écarter.

D'abord une ordonnance de M. l'intendant de la généralité de Lyon, du 8 février 1723, a enjoint aux huissiers & sergents de faire, pour les fermes du roi, tout exploit & assignation à la premiere réquisition, moyennant salaire raisonnable, à peine d'interdiction & de 500 liv. d'amende.

Une autre ordonnance de M. l'intendant de la généralité de Paris, du 5 septembre 1723, interdisant pour trois mois les nommés Charles & Lasnier, huissiers à Meaux, qui n'avoient pas voulu signifier une contrainte à d'autres huissiers de la même ville, a enjoint à tous huissiers & sergents, de faire, pour le service de la ferme des domaines, toutes les fonctions de leurs charges à la premiere réquisition, à peine d'interdiction pour six mois, & de plus grande peine s'il y échoit.

Depuis, un arrêt du conseil, du 8 février 1774, a enjoint à tous huissiers & sergents, de faire toutes significations, commandements ou autres exploits en vertu des jugements ou ordonnances émanés de la commission de Reims, ou de ses subdélégués, à peine d'interdiction & de 3000 liv. d'amende.

Enfin, l'art. 13 de l'arrêt de prise de possession de la régie générale, par Dominique Compant, du 27 août 1777, a disposé que les huissiers seroient tenus de prêter leur ministere audit Compant, à la premiere réquisition, à peine de 200 liv. d'amende qui seroit encourue sur le seul procès-verbal qui seroit dressé de leur refus.

Ainsi, en supposant qu'un huissier ou sergent refuse à exploiter pour le fermier, il convient d'en rédiger procès-verbal.

Tous les huissiers sont dans l'obligation de mettre au bas des originaux des exploits les sommes qu'ils reçoivent pour leur salaire: l'article 2, du titre 2, de l'ordonnance de 1667, leur en fait une loi. La ferme générale exige encore qu'ils énoncent lorsqu'ils travaillent pour elle, la distance de leur résidence à l'endroit où ils se sont transportés. Cette précaution a pour objet de connoître les vacations qui leur étoient dues, & d'éviter la réjection des taxes qui pourroient paroître trop fortes, si cette distance n'étoit pas exprimée. Ainsi, les préposés de la ferme doivent veiller à ce que cette formalité soit remplie.

X I V.

Les gardes jouiront des facultés & exemptions accordées, par l'article 11 du titre commun pour toutes les fermes, aux autres commis & employés.

On voit à l'article 11, du titre commun, en quoi consistent les privileges des différents commis des fermes. Les observations sur cet article font connoître les motifs de ces privileges qui ont été confirmés toutes les fois qu'on a voulu y donner atteinte. On se contentera de citer quelques arrêts rendus à ce sujet.

L'un du 10 octobre 1721, a déchargé le commis au contrôle des actes de la ville de Cosne, du payement de la taille à laquelle il avoit été imposé, sous prétexte qu'il avoit du bien dans ce lieu : le conseil s'est décidé sur ce que pendant plusieurs années, que ce commis avoit été employé en différents lieux, il n'avoit point été compris dans cette imposition.

Un autre arrêt du 20 juillet 1728., a jugé qu'un commis ne pouvoit pas être chargé du recouvrement des impositions, quand même il feroit commerce. Il s'agissoit du receveur des traites à Concarneau. M. l'intendant de Bretagne, par une ordonnance du 25 février 1728, l'avoit débouté de sa demande, tendante à être dispensé du recouvrement de la capitation, sous prétexte qu'il faisoit commerce. L'arrêt du 20 juillet suivant, cassant ladite ordonnance, a déchargé ce receveur de ce recouvrement. Il a eu pour motif que si ce receveur faisoit commerce, c'étoit une raison de l'imposer à la taille à proportion de son trafic, & non de le charger d'un recouvrement incompatible avec ses fonctions sédentaires.

On n'est pas plus fondé à assujettir un préposé de la ferme aux fonctions de marguillier : c'est ce qui a été jugé au conseil, par arrêt du 23 octobre 1781. Un premier arrêt du 28 septembre 1779, avoit ordonné l'envoi des motifs de celui du parlement de Bretagne, du 18 août précédent, lequel obligeoit le sieur guerin, entreposeur de tabac à Auray, à remplir les fonctions de la charge de marguillier, à laquelle il avoit été nommé par délibération des habitants de Saint-Gildas, de la même ville : celui de 1781, a déclaré nul celui du parlement, a déchargé le sieur Guerin, de sa nomination à ladite place, l'a dispensé d'en remplir les fonctions, & a condamné les habitants en tous les dépens & au coût de l'arrêt.

Les employés sont, au reste, sous la sauve-garde du roi, & des juges maires & habitants : ce sont les dispositions des anciens réglements rappelés par la déclaration du roi, du 2 septembre 1776. Son article premier, porte que les commis & employés des fermes continueront d'être sous la protection & sauve-garde de sa majesté, & sous celle des juges, prévôts des maréchaussées, maires, échevins, jurats, capitouls, syndics, & principaux habitants des lieux où ils feront leurs résidences, & où ils feront leurs exercices : il enjoint aux gouverneurs, lieutenants-généraux, commandants & autres officiers qu'il appartiendra, d'y tenir la main, & aux prévôts & officiers des maréchaussées de prêter main forte & assistance aux dits commis & employés, toutes les fois qu'ils en feront par eux dûment requis.

L'article 4, a ordonné l'exécution de la déclaration du 27 juin 1716 ; & conformément à icelle, en y ajoutant même, en tant que de besoin, a fait très-expresses défenses à tous particuliers, de quelque qualité & condition qu'ils soient, de troubler directement ou indirectement les employés des fermes dans leurs exercices & fonctions ; comme aussi, de composer, écrire, imprimer, vendre, distribuer & afficher aucun placard ou libelle, contenant des déclamations ou des injures contre lesdits employés, ou tendant à exciter contre eux & contre la perception des droits, la prévention & l'animosité des peuples ; le tout à peine de cinq cents livres d'amende, des dommages & intérêts envers les fermiers, leurs commis & employés, & de punition corporelle s'il y échoit. Il a voulu qu'il fût informé & procédé suivant l'exigence des cas contre les auteurs, écrivains, imprimeurs, colporteurs, distributeurs & afficheurs desdits placards & libelles.

X V.

Ce que nous avons ordonné pour la forme des procès-verbaux de saisies, sera exécuté pour tous les autres procès-verbaux des commis & gardes, sous les mêmes peines.

Les procès-verbaux de rebellion & autres, sont assujettis aux mêmes formalités que ceux de saisie.

X V I.

Permettons au fermier de tenir en mer, & aux embouchures des rivieres, des vaisseaux, Pataches ou chaloupes armées, à la charge toutefois de mettre, de six mois en six mois, au greffe de l'amirauté de la province, un rôle, certifié de lui ou de son commis général en chaque département, des noms & surnoms de ceux qui y seront employés.

Ces dispositions ont été répétées mot à mot par l'article 11, de l'arrêt de réglement du conseil, du 25 mai 1728.

L'article 12, permet au fermier pour composer ses équipages, de choisir tels matelots qu'il voudra, pourvu qu'ils ne soient pas retenus pour le service de la marine.

L'article 13, veut qu'il lui soit délivré un congé de l'amiral de France pour les bâtimens ou pataches qu'il jugera à propos d'armer fur les côtes du royaume, lequel fera pour un an ; & qu'il foit tenu de le renouveler à fon échéance, fous les peines portées par l'ordonnance de 1681.

Suivant l'arrêt du 19 mars 1719, les employés de ces pataches peuvent arrêter les petits bâtiments étrangers & autres qui fe trouveront à la mer fur les côtes à une ou deux lieues au large, pour en faire la vérification & vifite. Ils font autorifés, en cas de refus ou de réfiftance, à contraindre par force les maîtres petits bâtiments de venir à bord : & en cas de fraude ou de faux connoiffements, lefdits petits bâtiments de mer qui fe trouvent chargés de marchandifes de contrebande en tout ou partie, enfemble lenrs chargements, font confifcables au profit du fermier ; & les maîtres defdits defdits bâtiments, matelots, & autres qui fe trouveront fur lefdits équipages, font condamnés aux peines portées par les ordonnances, déclarations & réglements rendus fur le fait des marchandifes prohïbées.

Par petit bâtiment, on entend ceux d'une contenance au-deffous de cinquante tonneaux.

XVII.

Le fermier fera refponfable civilement du fait de fes commis & gardes, dans l'exercice de leurs commiffions feulement, fauf fon recours contr'eux & leurs cautions.

L'adjudicataire ne peut pas fe fouftraire à la garantie civile dont il eft tenu pour les faits de fes commis, dès que ces faits ont pour objet les fonctions de leurs employés ; mais lorfqu'une affaire eft étrangere à leurs fonctions, c'eft contre ces commis feuls que le plaignant eft en droit de fe pourvoir.

Dans tous les cas, au refte, où le fermier eft condamné comme garant du fait de fes commis, il a fon recours contr'eux.

X V I I I.

Il fera procédé extraordinairement contre les commis & gardes qui feront d'intelligence avec les marchands pour frauder nos droits, ou qui, par fraude, ne chargeront pas leurs regiftres des acquits par eux expédiés, & des déclarations faites par les marchands; & ils feront condamnés à une amende qui ne pourra être moindre que du quadruple des droits fraudés, fans préjudice des peines afflictives qui pourront être ordonnées fuivant la qualité du délit.

On doit procéder extraordinairement contre les commis de bureau qui ont délivré des acquits fans les enregiftrer; & la moindre peine pécuniaire à laquelle ils font dans le cas d'être condamnés, eft celle du quadruple des droits fraudés. Ce cas eft un de ceux prévus par l'arrêt du confeil, du 14 feptembre 1688, & pour lequel le fermier eft en droit de retenir les appointements des commis pour fûreté de fon dû.

Parmi les jugements rendus contre les commis qui avoient fait des fuppreffions de recette, on en trouve un de M. l'intendant de Flandre, du 16 mars 1723. Il a condamné au blâme, en quinze livres d'amende chacun, & aux dépens, les nommés Leroi & Routiers, receveurs des fermes & domaines de Flandre, aux bureaux de Neuféglife & Armentieres, convaincus de s'être approprié les droits des fermes; il les a déclarés inhabiles à poffeder aucuns emplois dans les fermes & domaines du roi.

Quant à l'intelligence des commis avec les marchands pour frauder les droits, elle doit être punie bien plus féverement : c'eft le réfultat de la déclaration du roi, du 20 feptembre 1701, qui fixe également les peines à prononcer contre les marchands. Elle porte qu'il fera procédé extraordinairement contre les négociants, mar-

chands, leurs facteurs & commiſſionnaires, les voituriers, conducteurs, guides, entremetteurs & autres, qui,
d'intelligence avec les receveurs en titre ou par commiſſions, contrôleurs, viſiteurs, brigadiers, gardes &
autres employés des fermes ; & moyennant une ſomme
d'argent, ou autre récompenſe équipollente, auront fait
entrer des marchandiſes, de quelque qualité qu'elles
ſoient, en fraude des droits, ou par contravention aux
défenſes, enſemble contre leſdits receveurs, contrôleurs
& autres employés deſdites fermes. Elle veut que, pour
réparation, leſdits négociants & marchands ſoient déclarés indignes & incapables d'exercer le négoce & la marchandiſe leur vie durant, avec défenſes à eux de le continuer ; & à toutes autres perſonnes d'entretenir aucun
commerce ni correſpondance avec eux pour fait de marchandiſes : qu'à cet effet, leurs boutiques ſoient murées,
les enſeignes & inſcriptions ôtées, & leurs noms, ſur-
noms ſoient écrits dans un tableau qui ſera affiché dans
l'auditoire de la juridiction conſulaire, s'il y en a une
établie dans la même ville, ſinon dans la plus prochaine.
Elle porte également que leurs facteurs, commiſſionnaires,
non négociants, ni marchands, les voituriers, guides,
conducteurs & autres qui auront eu part auxdites ſubor-
nations, ſeront appliqués au carcan pendant trois jours
de marché. Quant aux receveurs, contrôleurs, viſiteurs,
brigadiers, gardes, & autres employés des fermes, qu'ils
ſeront condamnés aux galeres pour neuf ans ; le tout ſans
préjudice des amendes, confiſcations, & autres peines
pécunieres portées par les ordonnances.

Malgré ce réglement, pluſieurs marchands & autres
ne laiſſerent pas d'être d'intelligence avec les commis
établis aux entrées de Paris : une nouvelle déclaration du
12 octobre 1715, regiſtrée en la cour des aides le 24,
a cherché à contenir les uns & les autres ; elle a étendu
la diſpoſition de celle du 20 ſeptembre 1701, à toutes
les fermes : elle a voulu en conſéquence, ſur la plainte
& à la requête de l'adjudicataire, qu'il fût procédé extraordinairement contre les marchands de vin, d'eau-de-
vie & autres boiſſons, bouchers & autres marchands,
leurs garçons, facteurs & commiſſionnaires, les voituriers, tant par eau que par terre, que les entremetteurs,
& tous autres qui, en fraude des droits, d'intelligence

avec les receveurs & autres employés, auroient fait entrer à Paris, ou dans les autres villes du royaume, des vins, eaux-de-vie & autres boissons, bœufs, vaches, veaux & autres marchandises, & autrement fraudé les droits des fermes, ensemble contre lesdits commis; elle a disposé que les uns & les autres seroient condamnés aux peines portées par la déclaration de 1701.

Cette peine n'est pas comminatoire, comme le justifie un arrêt de la cour des aides de Paris, du 14 mars 1776. Il a condamné les nommés Binet & Lecomte, précédemment employés des fermes aux portes de Paris, à la marque & aux galeres pour neuf ans, pour s'être laissés suborner par promesses, & à prix d'argent, pour laisser entrer à Paris des vins en fraude des droits.

Le même arrêt a prononcé contre Pipe Traingault, la peine de carcan pendant trois jours de marché, comme suborneur de commis. Il a interdit de leur commerce, Jean Couard & Antoine Douchain, marchands de vin à Paris, pour avoir fait entrer des vins à Paris, de concert avec les employés; savoir, Couard pendant un an, & Douchain pendant six mois. Il a ordonné que, pendant ce temps, leurs boutiques seroient fermées, & l'enseigne de Couard ôtée.

X I X.

Les marchands ou propriétaires des marchandises seront responsables civilement du fait de leurs facteurs, serviteurs ou voituriers, en ce qui concerne nos droits, les confiscations, amendes & dépens.

Ces dispositions étoient d'autant plus justes, que le fermier, par l'article 17 ci-dessus, est déclaré garant du fait de ses commis.

X X.

Ce que nous avons ordonné pour les marchandises dans le présent réglement, sera observé pour les denrées.

Les mêmes formalités exigées pour les déclarations des marchandiſes, doivent être remplies pour celles des denrées, les unes & les autres étant aſſujetties aux droits.

X X I.

Voulons, au ſurplus, que ce qui a été ordonné par notre réglement, du mois de juillet 1681, pour toutes les fermes, ſoit exécuté en ce qui ne ſera pas contraire aux préſentes. Si donnons en mandement, &c.

Il étoit naturel que le titre commun pour toutes les fermes, de l'ordonnance de 1681, continuât à avoir ſon exécution, en ce qu'il n'y étoit pas dérogé par ladite ordonnance.

TABLE

Des matieres contenues dans le titre commun & l'ordonnance de 1687.

A.

Celui

B.

Bureau. La marchandise qui y est trouvée au-de là sans déclaration, doit être confisquée, tit. commun., art. 23, p. 32 ; tit. 2, art. 2, p. 76.

C.

D.

E.

tées aux visites, art. 10, p. 148. ═Démarquées avant le transport , art. 7 , p. 146.

G.

GAges des employés , ne sont saisissables, tit. commun , art. 14 ; p. 22.

Galeres. Cette peine est prononcée contre les commis qui se laissent suborner, tit. 14, art. 18, p. 251.

Gardes & employés. Leur âge & capacité , tit. 14, art. 8 , p. 236. ═ Comment, par qui reçus , art. 9 , p. 239.

Garde. Le fermier & ses employés en font exempts, tit. commun, art. 11 , p. 20.

Gardiens , (des marchandises qui seront saisies) tit. 11 , art. 1 , p. 169.═Il est bon qu'ils signent leur charge sur leur procès-verbal , p. 169.

Gardiens des marchandises sauvées du naufrage , tenus d'en faire déclaration au fermier ; dans quel cas , dans quel temps , tit. 5 , art. 6 , p. 124. — Lui dénommeront la vente des marchandises périssables art. 7, p. 125. ═ N'en délivreront aucune qu'en sa présence, art. 10 , p. 127.

Garantie du fermier pour le fait de ses commis , tit. 14 , art. 17 , p. 249 , tit. commun , p. 19.

Garantie des marchands pour le fait de leurs factures , tit. 14 , art. 19 , p. 252. ═ Nécessité & justice de cette disposition , *idem.*

Gardien des marchandises saisies, tit. 11 , art. 1 , p. 169.

Gens de guerre. (logement de) Fermiers , sous-fermiers, & quels commis en font exemps, tit. 14, art. 14, p. 246 ; tit. commun , art. 11 , p. 20.

Glaces de miroirs. L'entrée dans le royaume en est défendue , tit. 8 , art. 7 , p. 155.

Gouverneurs des provinces , ne peuvent donner des passeports , tit. 8 , art. 8 , p. 155.

H.

I.

L.

M.

N.

P.

Q.

R.

S.

Tome IV. V

T.

V.

Fin de la table des matieres.